イエスの挑戦《チャレンジ》

イエスを再発見する旅

N・T・ライト［著］
飯田 岳［訳］・鎌野直人［監訳］

いのちのことば社

This translation of ***The Challenge of Jesus*** first published in 2000
is published by arrangement with
The Society for Promoting Christian Knowledge, London, England.

目次

第二版への序文

イエスは、私たちみなに様々な方法で挑戦《チャレンジ》を投げかけ続けています。

この書のもととなった講演は一九九九年一月の会議でなされたものです。私はその会議に間に合わせようと、多少急ぎながら、そのとき原稿を書き上げました。ですから、夜明けをまもなく迎えようとしていた二一世紀がどれだけ危険に満ちたもので、学問の世界、クリスチャンの世界、そしてより広い世界にこれほどの紆余曲折をもたらそうとは、そのとき想像すらしていませんでした。それでもなお、本書で私が描いたイエスの姿と、今日の世界で自分に従う者たちに向けてイエスが投げかけた挑戦《チャレンジ》が、歴史的にも神学的にも、また実践的にもその意義を全く失っていないという確信に、私は今も立ち続けています。

もちろん、新しい動きもありました。学問の世界は立ち止まってはいません。教会がどのように進むべきかについての議論やパウロの研究など、他の分野でも私は研究を進めてきましたが、本書で取り扱ってきた三つの分野において、本書の発表（初版）後、継続してなされてきた議論に私は注目しています。

第一に、神殿という分野です。私が研究を始めたときには、イエスと神殿の関係について論じる人はほとんどいませんでした。ゲザ・ヴェルメシはその著名な著作『イエスとユダヤ人』（*Jesus and the Jew*）においてでさえ、イエスの神殿における行動が注目に値するものであると考えていませんでした。エド・サンダースは『イエスとユダヤ教』（*Jesus and Judaism*）で、神殿における出来事を議論の中心に据え、研究の流れを大きく変えました。しかし、そのサンダースでさえも、イエスが神殿で行った主張がどれだけ驚くべきものであるかを十分には評価しませんでした。

神殿は、何よりも天と地が出合う場所であり、そこで重要なわざがなされる場であると考えられています。ところが、現代のクリスチャンの多くは、神殿が壮大な教会のような建造物にすぎないと考えています。礼拝の場であることは確かですが、小宇宙、つまり天と地が非常に小さな空間にまとめられた、世界の縮図だとは理解していません。「神殿」という用語は受肉について語る場合によく用いられます。ですから、イエスの神殿への関わりのみならず、イエスが暗黙のうちに行った、神殿を後方に押しやったり、それを何かで置き換えたりするという主張にも、もっと注意を払うべきですし、それらとイエスの自らに関する主張との関係をも考えるべきです。当然、最初期のクリスチャンたちはエルサレム神殿に集まり、礼拝をし続けていました。ですから、イエスと神殿が、単純に取り替えられたというわけではありませんでした。しかしパウロのころまでには、クリスチャンたちは、（彼ら以前にクムラン共同体〔訳注＝死海文書を生み出した人々〕がそうしたように）自分たちの新しい宣教運動《ムーブメント》自体が、ある意味で新しい神殿であると考えていました。

私が探求し続けている第二のテーマは、神殿の分野と密接に結びついています。拙著『イエスと神の勝利』（*Jesus and the Victory of God*）の中では詳細に、また本書『イエスの挑戦《チャレンジ》』の中では簡潔に、イスラエルの神ヤハウェのエルサレムへの帰還について示してきました。つまり、イエスの自己理解を把握するための方法として、イスラエルの神ヤハウェは栄光に満ちた姿でエルサレムへ、神殿へと帰還すると長年にわたって約束をしていたという古代のユダヤ人の信念と関わらせて探求したのです。第二神殿時代の文献のどこを探しても、このことが実際に起こったと述べている人はいません。しかし、福音書はイエスの物語を、ヤハウェのエルサレムの帰還という枠組みの中で組み立てているのです。マルコの福音書は、ヤハウェの帰還のための備えを明確に求めているマラキ書とイザヤ書の引用から始まります。ヨハネの福音書のプロローグは、出エジプト記四〇章において幕屋へ、列王記第一、八章においてソロモン神殿へ、そしてエゼキエル書四三章で預言された新しい神殿へ、神の栄光が到来する記事と共鳴する節（一・一四）をもってそのクライマックスを迎えています。このテーマを学べば学ぶほど、すべてとは言わないまでも、ほとんどの新約聖書におけるキリスト論の中心にこのテーマがあると私は考えるようになりました。そして、イエスを理解することにおいても、これが中心的なテーマであると考えます。

ヤハウェのエルサレム帰還に関して、コメントを二つ述べておきましょう。

まず、「イエスは神について語ったが、教会はイエスについて語った」という使い古された嘲りに、依然として出くわすことがあるかもしれません。弟子たちがイエスについて語ることがあまりに奇妙なため、彼らの師がそれを聞いたらショックを受けるにちがいない、というニュアンスでこのことばは語られています。しかし、この嘲りのことばは大切なことを見落としています。イエスはいつも神について語り、父について語り、神の国について語りました。そして、イエスがこれらのことを語ったのは、自身が今このとき、何をしているかということと、なぜそのようにしているかを説明するためでした。長く待たれた「神の国」を、自分は今、地において、天で行われているのと同様な形で立ち上げようとしているのだ、とイエスは確かに信じていました。そしてそのために自身のいのちが犠牲となることも信じていました。

二つめのコメントは、一つめと密接に関わっています。イエスは「自分が神であると知りながら」、地でそのわざを行っていたのだという、第一のコメントとは正反対の考えを依然として聞くことでしょう。だからといって、私がこの立場に舞い戻るわけではありません。エビオン派的な観点の現代版、すなわち「イエスは単にとても良い人間だった」に陥る危険性がありますし、仮現論《ドケティズム》の現代版である「イエスは全くの『神』であって、人間であるかのように『思える』が、実際にはそうではない」に陥る危険性もあります。当然、注意深くあらねばなりません。本書で論じているように、イエスが福音書に書かれているようなわざを行い、ことばを語りつつ、その働きを進めたのは、長く待望されていたイスラエルの神の到来を、それも癒し、救い、さばき、いのちを与え、知恵をもたらすその到来を体現することが自身の使命である、と確かに信じていたからです。私が強調したいのは、イエスが知っていたのは、「このような種類の」知識であったという点です。ゲッセマネの場面や十字架の上の場面（また、イエスのバプテスマ後の誘惑やピリポ・カイサリアでペテロが同じ危険な誘惑を繰り返したことは言うまでもなく）が示しているのは、自分の使命についてのイエスの自覚が信仰に基づいたものであるということです。それは、試され、挑戦され、果ては疑われうる自覚です。ただし、疑われることがあるからといって、そのような自覚などなかったと言うわけでもありませんし、そのような自覚は偽りであったと言うわけでもありません。

私自身が、信仰に基づいた使命への自覚を高く評価していることを、ここで述べておくべきでしょう。自分の人生に対する神の召しについて葛藤を覚える多くの人々といっしょに働く特権に、これまであずかってきました。彼らはしばしば、「私は、神が私を召しておられると『信じる』」と言います。そのとき、神の民である教会には、彼らの奉仕のわざを受け入れ、彼らの使命が真実であることを認め、それを「知る」と宣言する務めがあります。これはもちろん、部分的なアナロジー（類推による説明）にすぎませんが、このアナロジーが理解を助けることを願っています。イエスをしっかりと見つめるまでは「神」がだれであるかを明確に知ることはできない、という点を、少なくともこの議論から思い起こすべきです。教会はしばしば、神がどのような方であるかを正確に知っていると高をくくることがあります（おそらくは、理神論《ディズム》に基づく、いと高く、被造物から遠く離れた神のイメージかもしれません）。そしてこのような神理解に基づいて、この「神」が受肉したらどのように見えるのだろうかと考え、その考えをイエスに映し出してきたのです。新約聖書によれば、イエスを見ることによって神についての真実を知るのであって、自分の神理解をイエスに投影するのは順番を間違えています。「標準的」あるいは「正統的」な観点に立ったイエス理解、すなわちイエスは自分が神であると知っていて、それを人々に伝え、示そうと考えていたという主張には様々な問題点が含まれています。その一つは、そのような観点に立つと、イスラエルの神がからだをもたれた方であるイエスは何を「行う」ために来たのか、という問いかけを、その背後に隠してしまうという点です。イエスを見て、「ああそうだ、イエスこそ神だ」と言えば、その人は「健全な」クリスチャンであり、天国へ行く準備ができていて、そこに行く日を待っているのだ、と決めつけることができます。しかし、「イエスの神性」とは、イエスが神の国を地でも、天でなされているのと同様に立ち上げられたことを指しています。最近、このようにたとえて言うようにしています。イエスの「神性」はその音楽の調ですが、演奏される曲そのものではありません。むしろ演奏されているのは「神の国」という曲です、と。

この点もまた、二つの角度から反論されてきました。私の研究の第三のポイントはそこから導き出されています。イエスの公生涯において、そして究極的にはその十字架と復活を通して、いったいどのような意味で「神の国が来た」のでしょうか。イエスは数年のうちに世界が終わるか、それに近いことが起こることを望んでいた、と再び主張して、イエスの教えにおける神の国に関する私の説明に反発する人がいます。私は、この理解に対して繰り返し反論してきました。その論拠は、ユダヤ世界と初期キリスト教文書の両者において「黙示的な」用語が実際にはどのような意味で用いられているか、という点にあります。「イエスは世界が終わることを約束したが、それは間違っていた」と主張する人がいますし、「イエスは神の国は素早く来ると言っていたが、それは『変貌山の出来事』、またはそのたぐいのことを意味していたのだ」と主張する人もいます。そして後者の主張をする人は、「神の国は、イエスが再び来られる時までは、適切な形では、そして完全には、来ることがない」とも言うことがあります。このような主張は、四福音書の記者すべてがそれぞれの方法で語っていることを無視している、と私は考えます。つまり、十字架は本当にイエスの「ユダヤ人の王」への戴冠なのです。さらに、マタイの描いた復活のイエスは「わたしには天においても地においても、すべての権威が与えられています」（マタイ二八・一八、傍点筆者）と主張していますが、これは初期の教会全体の神の国理解であり、イエス自身の神の国理解なのです。この議論は間違いなく、これからも長期間にわたって続いていくでしょう。

しかし、神の国のテーマこそが、それほど学問的でない教会の歩みに驚くような影響を与えてきました。私自身の教派以外の様々な伝統に属しているたくさんのリーダーや教師たちが私の研究に価値を見いだしてきたことを、常々嬉しく思っています。ヴィンヤード・クリスチャン・フェローシップや、いわゆる「エマージェント」チャーチや、

「自分たちが生まれ育った教会に対して不満がある」という合言葉以外には何の印もないような様々なポストモダン的なクリスチャンの集会に招かれました。多少笑みを浮かべながらですが、この出来事に驚きも覚えています。「英国国教会の中年の主教に群がって、彼らは何をしているんだ?」と。実は、『イエスと神の勝利』や本書で提示している、神の国についてのイエスの教えが、これらの人々にとっては、あたかも暑い日の冷えた清涼飲料水のようなのです。彼らはこれを待ち望んでいました。彼らはこれを知らなかっただけなのです。再三、「私の教会はこれを教えてくれなかったし、これについての説教もなかった。今まで聞いてきたものの中で最も的を射ているのはこれだ」と人々は言います。多くの人にとって、神の国は完全に閉じられてしまった本でした。そして私は偶然にも、それをほんの少しだけこじあけたのです。

このことから直ちに、最初期の教会にとって神の国が何を意味していたか、そして私たちの生きる今日において何を意味するのか、という問いが生まれてきます。

まず、最初期の教会について考えましょう。使徒の働き一章六節の弟子たちの質問に対するイエスの答えは何を意味していたかを問うことによって、神の国の意味が明確になります。彼らは、「主よ。イスラエルのために国を再興してくださるのは、この時なのですか」と尋ねました。イエスの答え(「いつとか、どんな時とかいうことは、あなたがたの知るところではありません。……しかし、聖霊があなたがたの上に臨むとき、あなたがたは力を受けます。そして、……わたしの証人となります」）を多くのクリスチャンたちは、基本的には「いいえ、しかし……」だと考えます。つまり、「いいえ、神の国はまだ来ていない。しかし、あなたはそれまでの間になすべきことがあるのだ」とイエスが答えたと考えるのです。その一方で私は、基本的には「そうだ、しかし……」だと考えます。つまり、「そうだ、神の国は確かに今、確実に始められている。そして、あなたがたがなすべき仕事は、尊大な廷臣たちがわたしの右と左に座って、一般的に考えられているようにして王国を運営するのではない。あなたがたは、聖霊の力によって、出て行って、証し人となるのだ」と。このようにイエスは答えたのです。

世界の課題を整理し、解決したいと願っているとき、山上の説教の八福の教えが明らかにしているように、神は世界に戦車など送り出されません。へりくだった者、心貧しい者、義に飢え渇いた者、平和を作り出す者、心のきよい者を送り出されます。使徒の働きを読み、弟子たちが行っていることを見てください。初めからイエス自身の心にあったのがこれなのだ、と私は確信しています。イエスは神の国を今、自分がこの地で立ち上げていると本当に考えていました。しかし、決定的な戦いに勝利する方法を本質的な意味で再定義したように（つまり、十字架による勝利）、その勝利をこの世界に満たす方法も本質的な意味で再定義したのです（つまり、しもべの使命）。マルコの福音書一〇章三五～四五節が語っているのは、まさにこのことです。教会はこの箇所を誤解して読んできました。「贖い」（「人の子も、多くの人のための贖いの代価として、自分のいのちを与えるために来たのです」）だけを探し求めた結果、この重要な文章に含まれている権力の再定義を見逃してしまったのです（「この時代の支配者たちはある方法でそれを行いましたが、わたしたちは別の方法でそれをしていきます」）。十五年前に見ていた時よりも、今もっとはっきりとこのことを私は理解できるようになりました。イギリス社会で権力をもつ政界の高官たちとその後、関わりをもつようになったので、福音に基づいて再定義された権力とはどのようなものであるかについて、かつてよりもいっそう注意を払うようになったのでしょう〔訳注＝ライトはダラム主教として貴族院の議員であった〕。

再定義された権力に関しての理解が深まったからこそ、私たちが生きている新しい世紀を、私は私なりの視点で考えていくことができるのです。本書のもとになる講演がなされた一九九九年の一月に、三年も経たずして旅客機がビルディングに突っ込んで世界を永遠に変えてしまうとは、いったいだれが想像できたでしょう。西欧世界は、そして西欧の教会は、あきれるほど備えができていなかったのです。二〇〇一年九月一一日の恐ろしく邪悪な行いに対してだけでなく、それがもたらした世界観の変化に対しても備えられていませんでした。あまりに長い期間、西欧キリスト教は宗教と政治は二つの分離したものであると、少なくとも暗黙のうちに信じてきたからです。つまり、宗教と政治が深く互いに関連していることを考察する必要がある、などとだれも思っていなかったのです。ですから、かの暴虐に対するリアクションは、当然、予想できるものでした。中東は十五年前よりもさらに不安定なものとなってしまいました。

この奇妙で、暗く新しい世界において、新しい光が喫緊に必要です。遠い昔に、ナザレのイエスはそのような光をもたらしました。現在の世界、そして教会は、その光をあまりにも眩しいと感じています。その光に覆いをかけようと一生懸命です。ですから、今このときの自分にだけ注目する霊性と、将来「天国に行く」という救いばかりを話してきたのです。しかしイエスは、神の国が来るように、またみこころが天で行われるように地でも行われるように祈りなさい、と教えたとき、そのとおりのことを意図して語ったのです。天にあっても「地」にあってもすべての権威が与えられていると言ったとき、彼はまたそのとおりのことを意図して語りました。イエスのこのことばを現実の世界で実現するにはどうしたらよいのかが、私たちにわかり始めた、と言えないのが現実です。しかし、この小著が少なくとも幾人かにとって、イエス自身がどのような意味でこのことを彼の時代の文脈の中で語ったのかを考える入り口となり、それゆえにイエスの語ったことが今日と将来の文脈の中で何を意味するかを熟考するための招きとなるように、と望み、祈っています。イエスは依然として、地の果てまでも自身の証人となるよう、私たちに呼びかけているのですから。

セント・メアリー・カレッジ、セント・アンドリューズ

N・T・ライト

第二版への序文

私は三つの関心事をもって本書を執筆しました。第一に、歴史的な面で誠実にイエスについて語る、ということです。率直に言うと、多くのクリスチャンたちは、イエスについていい加減に考え、いい加減に話しています。そしてそのことのゆえに、悲しいことですが、祈りにおいても、弟子としての修練においても、いい加減です。「イエス」と言いさえすれば、いや、ましてなおさら「キリスト」と言いさえすれば、自動的に一世紀のパレスチナを歩き、そこで語った本当のイエス、ヘブル人への手紙によれば「昨日も今日も、とこしえに変わることがない」イエスに触れることができるのだ、などと思い込んではなりません。自分独自の、他の人のものとは異なったイエスを勝手に作り上げることはできません。さらに、新約聖書の四福音書を読むことができるのだから、イエスについて知るべきことはみな知っている、とも言えません。本書で提示される内容が示し、私のより長い著作がより詳細に明らかにしているように、キリスト教の伝統は福音書中のイエスの肖像をしばしば極端なまでに誤解してきました。ですから、歴史的研究に力を注いではじめて、四福音書が言わんとしていることを十分に理解することができるのです。

第二の関心事は、本物のイエスに従っていくことを告白する弟子の修練です。祈りとみことばの学びの訓練は、それ自体が偶像崇拝的なもの、あるいは利己的なものになってしまわないために、イエス自身に本当に根ざしているかどうか、繰り返し点検する必要があります。私たちはイエスの厳しい挑戦《チャレンジ》の声のボリュームを落としがちです。そして、私たち自身のイメージにイエスを作り直しておきながら、自らの霊性が心躍るものでなく、自分の人生を変えるものにもなっていないのはなぜだろうか、と思うのです。この課題について、本書を通して少なくとも間接的に取り組もうと願っています。ある会合での講演の後に、ある方に「あなたの描くイエスは、非常に興味深い人間だ」と言われました。カトリック、プロテスタント、正教会、福音派のどの伝統にあったとしても、その伝統にあるクリスチャンの想像力が生み出した、ステンドグラスに描かれたようなキリスト像に対して、だれもそのようには言わないでしょう。

第三に、私は次世代のクリスチャン、その中でも自分の頭で考えて物事に取り組もうとしているクリスチャンたちの精神と心と手に、イエスの形をしたモデルと動機を手渡すことに関心があります。つまり、イエスの福音の力によって私たちの世界を変革する宣教のモデルと、そのような変革をもたらす宣教への動機を彼らに手渡したいのです。忠実で献身的なクリスチャンでありたいと願う大学人や職業人は、イエスへの忠誠を自らの置かれた立場で具体化するとはどういうことなのかという課題を、新鮮な目で再考する必要があります。個人的に祈り、高い倫理基準に則って生きているのに、その仕事ではバベルの塔を再建していたとしたら、それはクリスチャンとして不十分です。イエスだけしか実現できなかった独自のわざがなされたという光の下で、さらにイエスが当時イスラエルに遣わされたように私たちがこの世界に遣わされているという光の下で、私たちの世界の本質と構造の様々な側面が問い直されるべきです。

私のこの三つめの関心事の意義がわかれば、なぜ私が最後の二つの章において、簡潔ではありますが、手間をかけて、現在の西欧世界の文化的な風潮にまつわる問いかけをあえて取り上げたのかが理解できるでしょう。漠然としているため、ときには誤解を生んでしまうポストモダンというラベルは、人々を不安にさせたり、逆に人々に挑戦《チャレンジ》したりするような、私たちの文化の多くの特徴を表す道標として用いることができます。このポストモダンを脅威あるものと考えるクリスチャンたちがいます。しかし、イエス・キリストのメッセージには、これらの課題を真っ正面から見据えることを可能とする力がある、と私は信じています。つまり、私たちが無視してはならない問題点をポストモダンがどのような方法で突いているかを認識しつつも、このポストモダンを越えて、その向こう側に行き、そこで新しい仕事と可能性に私たちは取り組むのだと主張する力を、イエス・キリストのメッセージは与えてくれるのです。誠実さは、私たちがイエスについて明確に、そして厳密に考えることを要求します。同様に誠実さは、私たちが今日、イエスに従っている場所、すなわちこの世界についても明確に、そして厳密に考えることを要求します。この世界を、愛と変革をもたらす福音のメッセージをもって形造っていくように私たちは召されているのですから。

一九九九年五月

N・T・ライト

第一章　イエス研究の挑戦《チャレンジ》

イントロダクション

ケニアの神学校で教鞭を取っていた友人が、「史的イエスの研究」を学生たちに紹介したときのことでした。

「史的イエスの研究とは、学問研究と思索の一つの潮流であって、一八世紀から一九世紀に主にドイツでまず進められてきました」と説明して、友人は講義を始めました。ところが、講義がまだあまり進んでいない段階で、まだこの研究そのものを説明しているのに、一人の学生が彼の講義をさえぎったのでした。

「先生。」（後に友人は「彼が〝先生〟と言った瞬間に、これは困ったことになったとわかったよ」と述懐しています。）

「ドイツ人がイエス様のことを見失ったとしても、それは彼らの問題です。けれども私たちはイエス様を見失っていません。またイエス様のことをよく知っています。私たちはイエス様を愛しているのです。」

イエスに関する研究は、長年物議を醸してきました。特に敬虔なクリスチャンたちの間で論争の種でした。相当数のクリスチャンは、イエスについての新しい発見などあるはずがないと思っています。彼らは、イエスについて何か新しいことを言おうとすること自体が、教会の伝統的な教えを脅かすのではないか、あるいは、聖書の十全性を否定することに繋がるのではないか、と心配します。

私は決然と、イエスに関する研究という困難に取り組みたいと思っています。そして、イエス研究が許されるべきどころか、必須であることを明らかにしたいのです。「イエスは何者であったのか、そうであるがゆえに現在イエスは何者であるのか」という問いに、あらためて取り組む必要があるからです。

イエスの歴史的研究の重要性をこのように主張するからといって、ケニアの学生が語ったようなイエス理解を否定したり、批判したりするわけではありません。イエスについてのこのような理解は、教会に共通するもので、幾世紀にもわたって伝えられ、ほかの文化にも広まっています。それでもなお私は、歴史的なイエス研究はむしろ知識と愛を適切に用いる行動であると思っています。私たちが従っていくべきイエスという人物を、より深く知っていくためのものだからです。ある人を知ったり愛したりするときでさえ、誤解や間違った印象や思い込みが起こるため、じっくりと耳を傾けて、それら誤解や間違いや思い込みを解決しなければなりません。私たちの関わる相手がイエスであった場合には、なおさらじっくりと取り組み、解決すべきです。

史的イエスの研究は、クリスチャンが弟子として成長するうえで不可欠である、と私は信じています。さらに、この時代においては、弟子であることの意味とその宣教《ミッション》が新しくされる機会を、イエス研究によって得ることができるとも信じています。この私の主張の理由を最初から説明していきたいと思います。ただし、イエスの歴史的研究は、神の国のために用いられる可能性がある様々なものと同様に、問題や危険をも多くはらんでいます。ですから、イエスの歴史的研究がはらむ問題点についても少し触れなければなりません。

イエスの歴史的研究を語ろうとするだけでも、周知の数多くの落とし穴に直面しますから、どのような落とし穴があるかをも明らかにしておく必要があります。似たような意見の者同士が集まって議論すると、それはひとりよがりなものになりがちです。ですから、イエスに関する大胆な新説が次々と聞こえてくるのです。一、二か月ごとに、いくつかの出版社が、次のヒットを狙う新説を持ち出してきます。たとえばイエスは、ニューエイジの導師《グル》、エジプト人のフリーメイソンの会員、革命家のヒッピーだったといったものです。また、学者たちも一、二年ごとに脚注がいっぱい付いた新しい本を出して、新しいイエス像を提示してきます。たとえば、キュニコス的な考えをする農民、弁の立つ放浪人、時節を逃して生まれてきた、リベラルな価値観に立った説教家というようなイエス像です。私が出版のためにこの章を推敲しているその日に、新しい議論を載せた新聞記事が手もとに届きました。そこでは、動物愛護活動家が、イエスはベジタリアンだったかどうかについて議論を始めています。

この手の数々の説に対して、「これらに関わるのは時間の無駄だ。イエスについて必要なことはすべて知っているので、これ以上付け加えることなどない」と、反論するかもしれません。多くの敬虔なクリスチャンたちは、こうすることで、努力なしに自らの優位を確立し、それで満足しています。「私たちは真理を知っている。ばかげたリベラルの連中の言うことなんて、すべて間違っている。新しく学ぶことなどない」と。私のような者は、「伝統的なキリスト教」の真理と人々が考えていることについて説明してほしいと依頼され、引っ張り出されることもあります。ただし、「イエスに関するつまらない歴史的な問題をこれ以上考えることはやめて、代わりに何か他のこと、もっと有益なことに取り組みましょう」という結論を述べることを暗黙のうちに期待されています。

しかし、別の典型的な間違いに陥る人もいます。「超自然的なイエス」像を守ろうとして、「一世紀版のスーパーマンであるイエス」像をいとも簡単に提示してしまうのです。このようなスーパーマン神話が、最終的にはキリスト教を二元論的な物語に貶めていることに、彼らは気がついていません。

敬虔そうに思われるイエス像も提唱されています。しかし、新約聖書がナザレのイエスという人間について実際には何を言っているのか、あるいは、その歴史的文脈において新約聖書は何を意味していたか、ということを無視したものばかりです。

今述べた中のどの態度を取ることもお勧めしません。繰り返しになりますが、私は、イエスを歴史的な観点から研究し続けることは、クリスチャンが弟子として成長することには不可欠だと考えています。イエスがどういう方であるかについて、知るべきことをすべて知り、理解すべきことをすべて理解した、と現代の私たちが言いきれるとは思っていません。けれども、正統的なキリスト教は「イエスを知れば神を知ることができる」という基本的な信仰にいつも堅く立ってきていますから、私たちはイエスの研究をこれからも続けていかなければなりません。このような研究こそ神ご自身をさらに探求していく行動にほかならない、と私は確信しています。

このように考えるならば、当然次のような帰結へと導かれます。イエスの歴史的研究なしにキリスト教の信仰がありえない一方で、完全に客観的な立場でイエスに関する歴史的な研究を行うことなどできません。私たちは啓蒙主義の影響をあまりに受けてしまっていて、「歴史と信仰は相反するものである」と決めつけています。その結果、歴史を強調するなら信仰から遠ざかり、信仰を強調するなら歴史から遠ざかる、と考えてしまっています。ですから、歴史家たちは信仰共同体を疑いの目で見、世俗的な歴史学研究の共同体を信仰者たちは疑いの目で見るのです。しかしキリスト教の本当にあるべき姿は、歴史と信仰の対立そのものを拒絶します。信仰の共同体と歴史学の共同体の両方の世界に住み、両方に対して同時に対話しようと考えている者にとって、これはあまり心地の良い状況ではないかもしれません。

実のところ、この「居心地の悪さこそ」が、現代に生きるクリスチャンの使命の一つの側面だと考えています。世界が啓蒙主義の深く激しい断末魔の痛みを経験しているとき、クリスチャンはこの痛みから遠ざかるのではなく、むしろその一部を自ら味わうようにと招かれています。このことは、本書の最後の章で詳しく語ります。

私は、たまたまイエスを信じている世俗の歴史家でも、たまたま歴史に夢中になってしまったクリスチャンでもありません。むしろ、「クリスチャンであるならば、必然的に歴史と関わらなければならない」と信じている者であり、歴史研究が全力を尽くしてなされるとき、それが見せかけのキリスト教に挑戦《チャレンジ》を投げかけてくると信じている者です。これまで、自分は正統的な信仰にあると考えていた人には、その考えに挑戦《チャレンジ》が投げかけられることになるでしょう。このような歴史研究は、より深い、まことの正統的信仰を生み出します。もちろんこのプロセスはいつも私たちを驚かせ、私たちに挑戦《チャレンジ》を投げかけてくるものです。[*1]

次に、肯定的な面を見ていきましょう。イエスを歴史的に研究することが、なぜ私たちに必須のことと言えるのでしょうか。

歴史的研究の必要性

イエスの歴史的研究に取り組む一番の理由は、私たちが神のために造られた、ということにあります。私たちは神の栄光のため、神を礼拝し、神の似姿を映し出すために造られています。このことが私たちの心の一番奥底にある欲求であり、私たちの一番重要な使命を生み出す源です。キリスト教が常に言ってきたことですが、ヨハネの福音書一章一八節にあるとおり、「いまだかつて神を見た者はいない。父のふところにおられるひとり子の神が、神を説き明かされた」のです。イエス自身を見ようと覚悟をもって取り組むときにこそ、活けるまことの神が実際にどのような方であるのかを発見することができます。これが、イエスをめぐる現代の議論がなぜそこまで重要なのか、に対する答えです。イエスをめぐる議論は、究極的には神に関する議論でもあるのです。

イエスの歴史的研究に真剣に関わろうとする二つめの理由は、それが聖書に対して忠実であるからです。これは、保守的な人やリベラルの人への皮肉としてとらえられるかもしれません。史的イエスの研究をしてきた多くの学者たちは、ここ二百年の間に、聖書を窓から投げ捨て、新約聖書に見いだされるものとはまったく違うイエス像を作り上げてきました。だからといって、「私たちは聖書を信じているから、イエスについて新たな問いを考える必要などない」とただ主張するだけでは、二百年間の研究に対する適切な応答にならないでしょう。神に向き合うように、聖書に対しても向き合いたいのです。伝統がこの聖書箇所はこういう意味なのだと主張していたからといって、私たちがその箇所に関して新鮮な観点から研究し直す必要はないのだ、と言うことはできません。むしろ聖書の世界とその文脈について、私たちが手にし得る知識に照らし合わせて、伝統として教えられてきたことが真実かどうかを確かめるべきなのです。
私が聖書への熱意《コミットメント》を言葉にするとしたら、「私たちは聖書を信じている。だからもう学ばなくてよい」という姿勢ではありません。むしろ、「私たちは聖書を信じている。だからもっと探求したい。〝自分たちは聖書的である〟と思ってきた〝プロテスタント〟や〝福音派〟の伝統であっても、実際には聖書的でないところも確かにある。〝聖書的である〟と言うことによって私たちの目が皮肉にも聖書に対して閉ざされてしまっているかもしれない」という姿勢なのです。

このように自らの立ち位置を見直すことは簡単ではありません。時にはこれまで伝統にしたがって「文字どおり」に読んできた部分を、「暗喩」として読み直さなければならないかもしれませんし、その逆を考えなければならないかもしれません。そして、どの箇所にそのことが当てはまるのか、検討する必要も出てきます。このような形で自らの伝統的な立ち位置が脅かされる問いかけをする可能性もあります。

このことが三つめの理由に繋がっていきます。それは、クリスチャンは真理を追い求めるべきである、ということです。真理が明かされることを恐れてはいけません。もちろん、これは多くの還元主義者たち〔訳注＝複雑な物事を要素に分解して、その要素だけを理解すれば元の複雑な物事全体をすべて理解できるはずである、という考え方をここでは指している」が言ってきたことでもあります。彼らは福音の意味を切り刻み、いくつかの口当たりの良い決まり文句にした結果、イエスの鋭くごつごつしたメッセージをどこかに捨ててしまったのです。しかし、私が行いたいことはそれとは異なります。むしろ私が行いたいことは、まず福音の意味を以前よりもより深く探求し、そして福音を新たに再提示することです。そのために、イエスについて私たちがこれまで信じてきたこと、つまり、十字架、復活、受肉について、さらに深く、もともとの文脈に根ざして理解することが必要となります。

日々礼拝の中で、使徒信条などを含むキリスト教の信仰告白を行うとき、私は心からこれを告白しています。しかし、二十年に及ぶイエスの歴史的研究の後に気づいたことは、これらの信仰告白を告白し始めたときよりもっと深いもの、もっと挑戦的《チャレンジング》なものを表すものとして、これらを告白するようになっているということです。「私にならうように」と、この個人的な巡礼の旅を読者に強いることはできません。しかし、招待状を送ることはできるでしょう。これはイエス、福音書、私たち自身、世界、そして何よりも神を見ることへの招待状です。この研究を通して間違いなく新しい光の中で、そしておそらくは衝撃的な光の中で、あなたはこれらを見るのです。

イエスの研究を行う四つめの理由は、クリスチャンとしての宣教《ミッション》への献身《コミットメント》のゆえです。この本を読むクリスチャンのほとんどは、イエスが何年もの間、熱い議論の的であり続けるこの世界での宣教に取り組んでいます。特にアメリカでは、イエスと彼に関する探求は、「タイム」誌で特集され、テレビやその他のメディアなど、至るところで見かけます。ですから、普通のクリスチャンの周囲にいる、福音を伝えられなければならない人々は、数々の最新の本を取り上げるメディアによって間違ったことを繰り返し教えられています。「福音書が描くイエスは、史実として信じ難いものであり、したがってキリスト教信仰は誤りの上に成り立っている」と聞かされているのです。

「このような問いは不適切です」と宣言し、「教会の教えで十分です。だから、歴史的な問いかけなど必要ありません。もう結構です」と言ったとしても、無意味です。列車で乗り合わせた人から真剣に尋ねられたとき、また、日曜日に教会にふらっと入って来た人からキリスト教信仰について尋ねられたとき、あなたはそんなふうには答えられないはずです。

もしキリスト教信仰が、一世紀のパレスチナで実際に起きた出来事に基づいていないのならば、仏教徒やマルクス主義者、あるいは他宗教を信奉する人と私たちは何ら変わりません。イエスが本当は実在しなかったならば、あるいは福音書や教会の礼拝の中で語られている人物と実際のイエスが大きく違っているならば、私たちはおとぎ話の中に住んでいるお気楽な人々としか言いようがありません。
懐疑的な人に対して私たちは答えることができます。そして彼らに答えなければなりません。そして、そのような質問に答えようとするならば、プロテスタント、カトリック、福音派、その他の教派を問わず、自分たちの伝統が何であるのかをただ再確認するだけにとどまることはできません。自分たちの伝統を必死に再解釈して、これまで想像もしてこなかったほど深い意味を伝統の中に発見するのです。

本来は存在していたその深みを想像してこなかった理由の一つは、私たち自身の歴史的・文化的な状況によるものである、と私は考えています。私は一世紀を専門とする歴史家であり、一六世紀の宗教改革や一八世紀の専門家ではありません。しかし、過去五百年間のヨーロッパやアメリカの歴史について私の知るかぎり、次のことを確信しています。一八世紀の啓蒙主義は、本来、当然問われるべき問いを、誤解を招く形で投げかけることによって、歴史的キリスト教に挑戦《チャレンジ》した、ということです。

現代のキリスト教に存在しているリベラル派と保守派の意見の食い違いの多くは、次のようなグループ間で起きています。歴史的な問いの必要を認めるからこそ「それは啓蒙主義の方法論に則って問われるべきだ」と思っているグループと、啓蒙主義の方法論に則った問い方が誤解を招くことを見たので「歴史的な問いは不要だ」と考えるグループです。どちらも誤った態度です。それでまず、啓蒙主義が生み出した歴史的な問いが必要であることについて述べます。次に、その問いが残念なことに誤解を招くような方法でなされてしまったことを説明します。

「なぜ啓蒙主義が生み出した歴史的な問いが必要か」を理解するために、私たちは一六世紀の宗教改革にまでさかのぼらなくてはなりません。中世の教会に対する宗教改革者たちの抵抗運動《プロテスト》は、少なからず歴史的で終末論的なキリスト教理解を支持してなされたものであり、宗教改革者たちは「キリスト教は時間に縛られない」という中世の教会の考えに逆らったのです。

聖書のテキストの意味を文字どおり、歴史的な文脈において理解していくことを、歴史的な読解《ヒストリカル・リーディング》と言い、宗教改革者たちは聖書をそのように読むべきだと主張しました。彼らは、イエスやパウロがその歴史的な文脈の中でどういう意味で言っていたのかを問うたのです。この歴史的な読解は、イエスやパウロから長い時間を経ている中世の教会の理解とは対照的なものでした。宗教改革によって、このような読解が劇的に重要なものとなりました。そして、宗教改革者たちは「原点に戻れ。そうすれば、ローマ・カトリックの作り上げた制度が誤りの上に築かれていることに気づくだろう」と言いました。このような姿勢で取り組んでいましたから、宗教改革者たちは終末思想を強調したのです。神のみわざの達成である十字架はたった一度きりで十分なものであり、決して繰り返される必要がありません。宗教改革者たちは、相対するカトリックがミサの中で、あたかも十字架を繰り返すような行為をしているのに気づきました。ただし、これがイエス自身に関わることであったので、宗教改革者たちは「歴史的である」という知見を徹底的に推し進めることを許さず、妥協点に落ち着いてしまったと考えられます。ですから、その後も福音書は依然として、真の教理と倫理の宝庫として考えられていました。福音書は歴史ではありますが、神の時間に縛られない真理があえて時間と空間の中に根ざした時の歴史であり、時代に縛られない贖いが特定の時間の中でたまたま起こった時の歴史です。この説明は単純化しすぎたものですが、続く出来事の中でそのことが実証されると私は考えます。

宗教改革後の神学は、宗教改革者たちの発見をまとめて、時間に縛られない真理として理解し、この発見を用いて新しい教義体系、倫理、教会規則を作り上げていきました。そして、その新しく作られた体系の中で、同じことが起こりました。今回も同様に当時の教会の既得権益が満たされ、新しい思考が窒息させられていったのです。

啓蒙主義には様々な意義がありますが、ある制度に対する抵抗《プロテスト》であったと言うことができます。宗教改革後の教会の制度自体が抵抗《プロテスト》することから始まったので、自身がさらに改革されるべきものであるということに気がつかずにいたためです。（啓蒙主義がどの程度、宗教改革の世俗版であったのかという問いは、たいへん面白い問題提起です。これは本書で扱うよりは、勇気のある博士課程の学生が取り組むほうがよいでしょう。しかしもし、私たちがどこから来て、今後どの方向へ進んでいこうとしているのかを知りたいなら、こういった話題も考える必要があります。）

ハーマン・ライマールス（一六九四〜一七六八年）の言葉を借りれば、啓蒙主義は、永遠なる神の御子と、この神の御子が立ち上げたキリスト教という名の抑圧制度についての、思慮の浅い、いわゆる「キリスト教教義」に挑戦《チャレンジ》しました。ライマールスは、歴史の名の下にキリスト教教義に挑戦《チャレンジ》したのです。宗教改革者たちがローマ・カトリックに対抗した時と同じ武器を彼は用いました。「原点に戻れ。そうすれば、キリスト教は誤りの上に築き上げられたことがわかる。イエスは、過去に存在した、革命に失敗した多くのユダヤ人の一人にすぎない」と主張しました。私たちが知っているキリスト教は、初期の弟子たちによってでっち上げられたものである、とライマールスは考えていたのです。[*2]

私は、ライマールスの提示した問いかけそのものは必要であると思っています。なぜなら、ヨーロッパ中のキリスト教に揺さぶりをかけ、その教義中心主義《ドグマティズム》に気づかせ、新しい挑戦《チャレンジ》に向かわせるものだからです。この問いかけは、イエスはいったい何者であり、何を成し遂げたのかについて、理解を深めて成長させるための挑戦《チャレンジ》です。生き生きとしたリアリティーをもって、味気ない教義《ドグマ》への挑戦《チャレンジ》が必要です。また、偶像崇拝と言えるほど歪められたイエス像や、そのイエス像から導かれる神観念を、新鮮な目でとらえ直す挑戦《チャレンジ》が必要です。ライマールスは自身の問いかけに対して、歴史学的な観点からは今日ではもはや通用しない返答をしました。だからといって、彼の投げかけた問いかけが間違っていたことにはなりません。

「いったいイエスとは何者であったのか。そして、何を成し遂げたのか?」

この問いかけの必要性は、二〇世紀において強調されました。エルンスト・ケーゼマンは、そのことを明確に理解していた人です。教会がイエスについての研究を放棄していた一九五三年、ケーゼマンは有名な講演の中で、「二つの世界大戦の間、イエスに関する研究が行われず、結果として歴史とは無関係のイエス像が乱立する神学的空白が作り出された。この神学的空白がナチスの政治信条《イデオロギー》を正当化してしまったのだ」と言っています。

ケーゼマンにならって、私も以下のことを提唱します。「イエスがだれであったかについてより深く理解することへの招きに、教会が応えることを忘れるときには、必ず偶像崇拝と危険な政治信条が忍び寄ってくる。」　歴史家たちが過去に提案してきたことが気に入らないからといって、その理由だけで研究を放棄したところで、何の解決にもなりません。

しかし、啓蒙主義が立てたイエスについての問いかけは、根本的に間違った方法でその答えが提案されてきました。それが今日の研究にまで重大な影響を及ぼしています。啓蒙主義は、そのことのゆえに悪名が知れ渡るほどに、「切り離すこと」を主張しました。つまり、歴史と信仰を、事実と価値観を、宗教と政治を、自然と超自然を切り離しました。そのことによってもたらされた重大な結果が、過去二百年間の歴史に刻まれているのです。歴史と信仰のように、本来は二つで一つとして考えられていたものさえも、「それらは互いに敵対するものに違いない」と考えられるようになりました。そして、そのような考えが世界中の人々の頭の中に植えつけられてしまったのです。その結果、この二つは互いに関連していて、分けて考えることのできない概念であると理解することに、大きな困難を覚えるようになってしまいました。別の言い方で言えば、リベラル派と保守派の間では、この間違った対立軸のもとに議論が数多く行われてきたのです（「歴史か信仰か」「宗教か政治か」というように）。その一方で、より統合された世界観をより明確に表現するという挑戦《チャレンジ》には、いまだに取り組まれてはいません。それに加えて、極端に分離されてしまった世界観よりもさらに深刻な問題が、啓蒙主義にはあります。それは、啓蒙主義がキリスト教の終末論に対抗する終末論を提示している点です。これには少し説明が必要でしょう。

キリスト教は、これから見ていくように、「世界の歴史とは、ある特定の地域とある特定の期間に焦点が当てられたものである」という、徹底したユダヤ的な思想から始まっています。ユダヤ人は、自分たちの国と首都に焦点が当てられており、いつかはわからないが歴史のクライマックスがまもなく、それも自分たちが生きているこの時に来るに違いない、と確信していました。生きておられる神は、やがて悪を徹底的に打ち負かし、平和と正義の新しい世界を再創造されるのです。初期のクリスチャンたちは、このことがナザレのイエスにあって、そしてこの方を通して起こったと信じました。

初期のクリスチャンたちがそのように信じたのは、イエス自身もそのように信じていたからです。そして、そのイエスが正しいことは、十字架の死の後に神がイエスを復活させたことによって立証されたからです。

これが初期のキリスト教の終末論です。終末論といっても、時空を持つこの世界の文字どおりの終わりを期待しているのではなく、世界の歴史が備えられたクライマックスに達しつつある、あるいはすでに達した、と意識していることを指しています。

これまで私たちが見てきたことを、宗教改革者たちも理解していました。マルティン・ルターは、自身の教会史理解を記述するために、イスラエルのバビロン捕囚を比喩として用いました。つまり、教会はイスラエルのように、ルターの時代に至るまで何百年も「バビロン捕囚」の苦しみの下にあったというのです。ルターはイエス自身に照準をしっかりと合わせていたので、その主張が一世紀の終末論からかけ離れたものにならずにすみ、結果的にキリスト教の終末論に対抗するものとなりませんでした。ルターは自分の生きていた時代を、神が新しいことをする特別な時代と考えたのです。しかし同時に、その時代はルターにとって、あくまでキリスト教の終末論から生み出された時代でした。本当の新しい時代は、イエスとともに確かに来たからです。このようにしてルターの提唱した新しい「大きな光」は、まことの世の光であるイエスを舞台の後方に押しやったりはしませんでした。

しかし、その後の啓蒙主義が行き過ぎたのです。啓蒙主義の視点に立つならば、過ぎ去ったものはすべて、捕囚にあったもの、暗黒時代のものです。「ついに、光と自由の夜明けが来たのだ。世界の歴史はついに、新しい真の出発というクライマックスに達したのだ。エルサレムではなく西ヨーロッパとアメリカにおいて、一世紀ではなく一八世紀に！」と主張しました。

（啓蒙主義以降の思想家たちが「二千年前のエルサレムで世界の歴史がクライマックスに達した、とは馬鹿げた考えだ」と蔑んでいたことに対して、苦笑を浮かべてもいいでしょう。この考えは馬鹿げていると言っている彼ら自身が、現代に生きる私たちが見たら同じくらい馬鹿げている思想を握りしめているのですから。）

したがって、啓蒙主義においての必須であった史的イエスについての問いかけが、啓蒙主義自体の枠組みの中で取り扱われていたので、必然的にキリスト論の研究が、自然主義者《ナチュラリスト》か超自然主義者《スーパーナチュラリスト》かという敵対し合う二つの立場に完全に分裂してしまったのです。つまり、イエスが平凡な一世紀のユダヤ人か、スーパーマンのどちらかであるという極論への二分です。それに加えて、リベラル派、保守派のどちらも、史的イエスが実際に生きていた一世紀のユダヤ教の終末論的な世界を思い描くことがほとんどできなくなっていました。イエスはリベラルな、不変の真理を語る教師か、保守的な、不変の真理を語る教師かのどちらかにならざるをえません。イエス自身が歴史の転機であったのではないかという考えは、両陣営の多くの人にとって、文字どおり想像を絶することだったのです。イエス研究に、終末論の観点を見事に取り戻したアルベルト・シュヴァイツァーでさえ、この部分では完全に誤解をしています。

しかしながらシュヴァイツァーは、「イエスが生き、そして、神の国のメッセージを語った一世紀の世界における最大の関心事は、『神が歴史の中でクライマックスと言うべき決定的な行動をなされる』という、ユダヤ人たちが保持していた期待である」とクリスチャン思想家たちに警告しました。この主張が理解されるまでおよそ百年を要しました。しかしシュヴァイツァーのこの主張こそが、イエス研究に新たな勢いを与え、私たちにこの研究が必須であることを教えてくれる、と私は考えています。

ライマールスの問いかけである「イエスとは、いったい何者であったのか」へのシュヴァイツァーの答えは、「イエスは、一世紀のユダヤ人たちの期待が満ちている世界に生きた者である」です。この答えからイエス研究を進めるならば、「イエスの生きていた世界では、神がただ一度、特別な方法で行動されることにはどういう意味があるのか」と問いかけることになります。そして、私たちはより適切に、事実、宗教改革者たちよりも適切にイエスを理解することができます。さらに私たちは、この神の決定的な行動に対して、それを繰り返すのではなく、それが生み出したものを自らに当てはめ、そしてそれをこの世界で実現していくという応答をするようになります。

以上のことから、神が現代の教会を招いておられる働きの中で、啓蒙主義の問いかけに取り組むことが何よりも不可欠であると私は考えています。「イエスはいったい何者であったのか、何を成し遂げたのか」という問いかけに私たちは取り組まなければなりません。この取り組みにあたって、啓蒙主義の時代の物事のとらえ方を単純に並べ直して事をすませるという罠に陥らないようにする方法がいくつかあります。そして、私たちの世代は、自分たちの思索、祈り、クリスチャンとしての生き方全般を前進させる新しい機会を手にしています。そのことを可能にする多くの方法の中でも何よりも重要なのは、史的イエスに関する問いかけに斬新で創造的な方法で応えることです。

これまで述べてきたことのすべてに後押しされて、私は、四つの福音書がイエスについて語っていることがどのような歴史、文化、政治の背景に置かれ、どのような意味があるのかを探求していきます。この研究が正統派のクリスチャンにとっての脅威であると考えるべきではありません。仮にそうだとしても、私や多くの読者が受け継いでいる今日の正統派のキリスト教の伝統が、実は世俗的な還元主義者をその背景にし、この考え方に対抗するものとして生み出され、語られてきました。ですから、聖書が神から与えられたことや、イエスの神性などを肯定していくことは、この二百年ほどの間に正統派のクリスチャンがしてきたように、大切であったのです。しかし、古代教会の信仰の先人たちは、それとは反対の方向に行く間違いがあることを知っていました。イエスをもはや人間としてではなく、ほとんど神である存在としてみなすような思考や行動に陥る間違いです。彼らは、イエスがこの世界に来た神的な存在であり、また英雄であるから、人間的な問いに悩むことも、自分の使命に葛藤することもなく、自分がまったく別世界から来たものだと理解していた、と考えました。ですから、イエスは人々に、どうすれば邪悪なこの世から逃れて、別世界で永遠に住むことができるのかを告げている、というのです。これはグノーシス主義という異端をこれまで生み出し、また今もなお生み出している世界観です。グノーシス主義とは、多方面にわたる思想や霊性を含んでいますが、失ってしまった秘密のアイデンティティーを取り戻すことを可能とする秘密の知識《グノーシス》を得ることによって、現世界から逃れて、それとはまったく異なる別世界で無上の喜びを味わうことができるという思想をいいます。

グノーシス主義にはいろいろな形があり、近年、再び勢いが増してきています。人々に「本当の自分」を探すようにと励ますニューエイジ運動や同じようなスピリチュアルな思想のように、わかりやすい形で現れてくるときもあります。しかしそれと同じくらいの頻度で、違う種類のグノーシス主義が、〝自称〟正統的キリスト教の本流からも登場するのです。その背景には、多くのクリスチャンが、イエスを人間のように見えるだけの存在と考え、聖書を実際は神が書いたのだが、人間が書いたかのように見える書物として読み、神が創造した秩序とはまったく無関係な救いを探している現実があります。その結果、救いを、肉体的なものか霊的なものかという極端な二元論の中で考えているのです。

還元主義者の提唱するキリスト教と戦う決意をしたとしても、未来に起こる、過去のものとは性質のまったく異なるものとの戦いに加わろうとしないならば、私たちは重大な過ちを犯すことになります。

探求に関する新しい機会

それではなぜ、イエスについて何か新しいことを主張することができると考えるべきなのでしょうか。この質問を私はよく受けます。ジャーナリストも尋ねてきますし、学的な探求心はないけれども、いろいろなことで当惑しているクリスチャンたちもよく質問してきます。それに対して私は、新しい主張は「ある」し、また「ない」と答えます。

これまで聞いたこともない奇抜なだけの主張は、ほぼみな間違いです。たとえば、「イエスは神の国を宣べ伝えなかった」と言ったり、「じつは、イエスは二〇世紀の思想を持っていたが、たまたま時節を逃して二千年前に生まれた人だ」と言ったりしたなら、すぐにその主張は否定されます。

では、イエスにとって「神の国」とは、いったい何を意味していたのでしょうか。「神の国」についての質問は数限りなく存在するうえに、それらの質問に答えることは想像以上に難しいのです。そして、これらの質問に対する新しい光を見つけようとしたら、イエスが実際に生きていた時代の歴史に向かう必要があります。つまり、多様な複雑さを持つ一世紀のユダヤ教に取り組む必要があります。さらに、このユダヤ教の再構築には様々な曖昧さが含まれています。

もちろん、イエス像をつかんでいくために助けとなる新しいツールもたくさんあります。いまや私たちは、死海写本のすべてを自由に閲覧することができます。今までは入手困難だった多くの古代ユダヤ教文書の最新校訂版が手もとにあります。それらの資料についての研究は急激に進展しています。さらに、数多くの考古学上の発見もありました。ただし、これらの発見の意義の解釈は複雑なものです。

もちろん、必要以上に単純化してしまう危険も、必要以上に複雑にしてしまう危険も、常にあります。現存している歴史的資料だけでは、イエスの時代のガリラヤとユダヤについて、その社会学的特徴を表現した地図を完全に描くことはできません。しかし、たとえばパリサイ派の人々の思想については、ある程度の主張をするに十分な情報を持っています。黙示文学と呼ばれるものにどのような願いが秘められていたのか、さらになぜそのように願いを秘めたのかについても、十分に情報を持っています。また、パレスチナ地方を統治するローマ帝国の政策についても、そして、その支配下で祭司長たちやヘロデ王朝が妥協しながらどのように不安定な政権を継続させていたのかについても、十分に資料があります。言い換えれば、イエスを理解するための情報は十分すぎるほど揃っているのです。

私たちはガリラヤの農民についてさえも、ある程度の主張をするに十分な情報を持っています。もちろん、現代の著述家たちのように、「われわれはすべてを知っている」とは主張しませんが。イエスの時代のガリラヤに最も重要な影響を与えたのは古代の地中海世界での農文化である、と考えている人もいます。そして、この農文化がユダヤ教の黙示的思想よりも大きな影響を与えたと言うのです。だからある学者は、イエスの神の国の宣言は、ユダヤ人の待望と特別には関係がなく、むしろどの文化でも起こり得るような社会的な抵抗運動に近かったに違いない、と考えます。*3

私はこの見解は間違いであると考えます。それと同時に、社会的な抵抗運動の要素も神の国の宣言の中にあることも強調したいと思っています。イエスの行った神の国の宣言は、社会的な抵抗運動としてはもっと幅広いものであり、農文化よりは神学的な根拠に基づくものだからです。さらにイエスが生きた農村社会についてわかっていることは、彼らの文化は口頭伝承だったこと、特に即興の語り部文化があったということです。これらを正しくとらえるならば、イエス・セミナーに代表されるような、極端な還元主義を避けることができます。イエス・セミナーは、一世紀のユダヤ人はイエスが発した言葉の断片を記憶しただけであり、イエスが語った一連の話全体を覚えていなかったという前提に立つことによって、イエスに関するほとんどの物語を「本物でない」と断定しようとしています。*4

ですから、私は全体を通して次のことを強調したいのです。検討され、書物にまとめられるべき歴史の課題はかなり多く存在しています。それとともに、そのすべてを知り尽くすことなどできないほどの資料を手にしています。もしことばが受肉したことを信じるのなら、その受肉した「肉」について私たちは真剣に考えるべきです。その「肉」とは、一世紀のユダヤ人という「人間」ですから、一世紀のユダヤ教についての理解がどのような形であれ深まることは、私たちにとって喜びとなるはずです。そして、得られた知識を使って福音書をより理解しようと努めるべきなのです。

そのような作業をするのは、福音書が語っていることの権威を蝕むためでも、福音書を捻じ曲げて、自分たちに都合のよい物語にするためでもありません。福音書が語っていることを適切に理解できるようになるためなのです。史的イエスの研究に反対する意見としてよく聞かれるのは、「神が私たちに福音書をお与えになったのだから、自分たちに都合のよい考えを組み立てて、それを福音書の代替とすることはできないし、そうするべきではない」です。しかしこの反論は、史的イエスの研究を誤解しています。福音書は二千年もの間、教会で聖なる書物として読まれ、説教されてきました。その間に、間違った読み方が忍び込んできて、結果として間違った読み方が教会の伝統の中に根深く入り込んでいきました。歴史家たちは、福音書自体を認めないとか他に取って代わられるべきとは言いません。しかし、福音書が実際には意味していなかったことを後のキリスト教の伝統が生み出した、とは主張するでしょう。

わかりやすい例を一つ挙げてみましょう。ここでの課題を考える取っかかりとして、興味深い話でもあります。マルティン・ルターは、中世のカトリック教会がギリシア語「メタノエイテ」（マタイ四・一七、マルコ一・一五）の訳語を、「懺悔・告解をする」としてきたことは間違っている、と指摘しました。この言葉は本来、人の心の深いところで起こることを表現する「悔い改め」を意味し、擬似的な罰則として定められた表面上の行動を指すのではないと言ったのです。ルターは、自らが指摘したことが、「イエスが悔い改めを命じている言葉」の個人主義的で敬虔主義的な解釈を支持するために後の時代に用いられるとは知りませんでした。個人主義的で敬虔主義的「悔い改め」の解釈は、一世紀におけるその言葉の意味を十分に表現しているわけではありません。イエスは聴衆に対して、これまでの生き方や、国や社会の考えや目的を手放し、まったく異なる考えと目的のためにイエス自身を信頼するようにと勧めました。それが「メタノエイテ（悔い改め）」の意味です。これはもちろん、ルターが説いたような心の変革を含んでいますが、それをはるかに超えるところにまで及んでいるのです。[*5]

これは、本書でこれから何十回と繰り返される重要なポイントの一例です。私が今まで、いろいろな場で説明してきたイエスの歴史的研究は、福音書を捨て去れとも、自分たちで作り上げた物語を福音書の代わりにしろとも言いません。しかし、「今まで馴染んできた読み方や解釈が、真剣な挑戦《チャレンジ》と問いの前に敗れ去ることもある」と私たちに警告しています。そして、福音書のお気に入りの話さえ、最終的には、これまで想像もしなかったような読み方に導かれることもあるのです。このようにして聖書の読み方が拓かれることとは、じつにプロテスタント的でありカトリック的であり、福音的でありリベラルであり、またカリスマ的であるとさえ言うことができます。そして、すべての教会の流れを汲む者が自分のこととして受けとめるべきことだと思います。だから、今まで馴染んできた聖書箇所を新しい方法で読むためには、勇気が必要です。そしてそれには、途方もない価値があります。いつもと同じような読み方をすることによって失うものは、あなたが得るものよりも大きいのですから。

間違った歴史的探求

今日の史的イエス探求は、いくつも選択肢がある複雑な現状に置かれています。そこで、自分たちがどこに置かれているのか理解するために、百年前の状況を検討することは有益でしょう。[*6] その時代、三人の特筆すべき人物がいました。

一人目のウィリアム・ヴレーデは、一貫した懐疑主義を主張しました。彼は、「私たちはイエスについて十分に知ることなどできない。イエスは自分のことを、メシアとも神の子とも考えていなかった。福音書は、神学的な動機に基づいたフィクションである」と主張しました。

二人目のアルベルト・シュヴァイツァーは、一貫した終末論を主張しました。そして、「イエスは、あらゆるものの終わりを待望する一世紀の黙示的終末論を共有していた。イエスはすべての終わりが来る前に死んでしまったけれども、後にキリスト教と呼ばれる終末運動を開始した。さらにマタイ、マルコ、ルカの共観福音書はおおむね正しくイエスを理解していた」と主張しました。

三人目のマルティン・ケーラーは、この二人とは対照的に、「史的イエスの探求は、誤りを土台としている。なぜなら、教会の中で説教され、信じられてきた、教会の信仰に基づくキリストこそが、キリスト教の心臓部に置かれている人物のまことの姿であり、歴史家が想像した虚構のごときものではないからである」と主張しました。

これら三つの立場は、二一世紀になった今でも生き続けています。イエス・セミナーやそれと同じような立場の著述家たちは、ヴレーデの系譜に連なっていると言えます。サンダース、マイヤー、ハーベイや何人かの主要な学者たちは、私自身も含め、シュヴァイツァーの流れに立っています。ルーク・ティモシー・ジョンソンは現代のケーラーとも言える存在で、自分の立場以外のすべての学説を批判し続けています。*7

ところで、このような形での学問の現状分析は、時に厳しく批判されてきました。そこで、ここでいくらかの説明と少しの弁明をしておきたいと思います。

シュヴァイツァーのイエス像は、よく知られているように、当時の神学的な権威者たちにはまったく歓迎されず、結果的に本格的なイエスの研究がそのあと半世紀ほどなされない状況を招いてしまいました。一九五〇年代と一九六〇年代のいわゆる「新しい探求」（New Quest）と呼ばれる状況は、歴史的研究を新たに再開し、いくらかの進歩を遂げました。しかしそれは、歴史的研究の回復と呼べるまでには至りませんでした。その時代の著作や学術論文は、福音書に含まれる資料の信憑性をどのようにして測るのか、という議論に費やされたため、イエスに関する主要な仮説が提出されることがなかったからです。一九七〇年代の半ばに至るまで、このような停滞状況が続きました。

そして、いわゆる「新しい探求」とは明確に一線を画す、まったく新しい形のイエスに関する歴史研究が誕生してきました。この時代の最高の著作はベン・マイヤーの『イエスの目的』（*The Aims of Jesus*）だと私は考えています。[*8] 本来ならばもっと注目されるべきこの本は、残念ながらあまり取り上げられませんでした。これまでの型を壊したからです。マイヤーは、新約聖書学の世界に、哲学的な厳密さをもって、自らの前提や手法を考え直すようにと強く迫っていたからとも考えられます。マイヤーの著作から六年後に出版されたE・P・サンダースの『イエスとユダヤ教』（*Jesus and Judaism*）もこれを引き継いでいました。[*9] これらの著作は両方とも、「新しい探求」の方法論を拒否し、シュヴァイツァーと同じように、ユダヤ教の黙示的終末思想を持つイエス像を再構築したのです。また両方の著作は、一世紀のユダヤ教という文脈の中で十分に筋が通る仮説を展開しました。あちらこちらに分散している信憑性の高いイエスのわずかな発言に基づいた寄せ集めのような再構築である「新しい探求」とは大きく異なっています。

このような観点から一九八〇年代前半に、「第三の探求」（Third Quest）と呼ばれるイエス研究が今このとき進められている、と私は提唱しました。「第三の探求」は、単に一九八〇年代と一九九〇年代のイエス研究を総称しているわけではありません。私が先ほど述べた新しい動きを指しており、一九五〇年代から変わらず続いている「新しい探求」とは違ったものです。

過去三十年間に起きた出来事は、私の判断が正しかったことを十分に立証してくれたと思います。マイヤー、サンダースと何人かの学者たちが行っている研究は、議論するまでもなく、いろいろな意味で今までの学説とは著しく異なります。シュヴァイツァー以前の『初期のイエス研究』（*Old Quest*）とも違うし、エルンスト・ケーゼマンによって始められ、ジェームズ・ロビンソンによって継続された「新しい探求」とも違います。[*10] イエス・セミナーやそのメンバーであるドミニク・クロッサン、さらにイエス・セミナーの創設者でありリーダーでもあるロバート・ファンクは「新しい探求」の仕事を続けています（ファンクはまさにそう主張しています）。[*11] ですから、当然私は「第三の探求」を彼らの「新しい探求」と区別し続けます。もちろん、現在進行中の出来事であるイエス研究の歴史は止まっていませんし、綺麗に整理できるわけでもありません。幾人かの学者たちは、様々な形で境界線を越えて、この二つの「探求」の間を行ったり来たりしています。しかし、私はヴレーデの流れとシュヴァイツァーの流れを区別し続けますし、歴史の再構築に真剣に取り組むには、後者であるシュヴァイツァーの流れが最善であると主張し続けています。

私はイエス・セミナーの陣営、特にクロッサンと、いろいろな場所で詳細な論争をしてきました。その議論をここで繰り返す必要はないでしょう。しかし明確にしておきたい点があります。私はクロッサン、ファンク、そしてイエス・セミナーに同意できませんし、異なった観点からマーカス・ボーグの意見にも同意できません。それは、彼らが投げかけている問いが間違っていると思うからではありません。その前提条件、方法論、議論の展開、そして結論自体が、歴史的な観点からして疑問の余地が残るからです。ある神学的な前提に立っているゆえに反論しているわけではありません。このような著述家たちを、ただ不満を抱えたリベラル派もしくは「信仰がない人たち」とみなすのは、十分ではないし正しくもありません。むしろ、実際に取り上げられている課題に対する彼らの議論そのものと向き合わなければなりません。

最も良い議論の方法の一つは、対案として新しい仮説を提案することです。良い仮説は以下のような特徴を持っています。[*12]

●データと整合性があること
●本質的にシンプルであること
●他分野にも光をあてること

そしてこのような仮説をこの本において提案したいと考えています。

この章の締めくくりにあたって、イエス研究に対して単に興味を持っているだけでなく、実際に自分自身でこの歴史的研究にも取り組んでいる人たちへの励ましの言葉を述べておきます。

私はこれまでも、イエスを歴史的に探求することは、教会の健全さのためにも必須だと主張してきました。英国であれアメリカであれ、こういった議論がとても少ないことは嘆かわしいことです。他の分野では教育水準が高い教会の中でも、かつてないほどにたくさんの教育資源や教育支援を受けているにもかかわらず、これらの価値ある問題に対して時間と労力がほとんど費やされていません。神学校の学生たちが、一世紀の歴史の、詳細で心躍る研究に再び喜びを見いだしていく日を、私は心待ちにしています。あの一世紀が歴史上最大の転換点でないとするならば、教会はただ時間を無駄に過ごしていたにすぎません。しかし、一世紀は確かに最大の転換点なのです。

イエスの歴史的研究は単に、奥の部屋にこもっていて表に出てこない少数の専門家のための仕事ではありません。教会の指導者たちが、イエスと福音書の学びと教えることに時間をもっと費やすならば、現代の教会で日常的に起こっている多くの課題を、ふさわしい光のもとで見ることができるでしょう。教会の指導者たちは聖書学と神学の細かい研究が自分たちの働きとは無関係であると、あまりにも頻繁に考えてしまいます。彼らはその働きに就く前に聖書学や神学の学びは完全に終えたので、これからはそれらが「意味するところ」を実践するだけだ、と口外はしないまでも考えているのです。教会をビジネスのようにただ運営することに膨大な時間を費やし、献金を集め、またそのほかの大量の仕事をこなすのです。ところが、本当の土台となる文書をより深く読むことに力を注ぎません。従うべきイエスについて、さらに探求しようとはしません。会衆に対しても、イエスに従うことを教える責任があるにもかかわらず、イエスを探求しようとしないのです。

「イエスがだれであるか」という問いに対して、それぞれの世代が新しい目で取り組まなければならない、と私は考えています。もし本物の「教会」になりたいのであれば、特に自分たちの聖書的なルーツに取り組まなければならないのです。世の中と関わりを持つことの妨げとなるような、抽象的な教義に一生懸命取り組むのではなく、「イエスとはいったい何者だったのか」、そして「現代にとってイエスはどんな存在であるのか」をさらに見いだしていくべきです。イエスが救おうとして来られた世界に、私たちがさらに深く関わっていくよう整えられるために、探求がなされるべきです。そしてこれは、公同の教会全体のための仕事です。特にその中で、人々を指導し、教える人たちのための仕事です。

そういうわけですから、私たちの歴史的研究はすべて、世界に対する宣教《ミッション》へと教会を押し出していくものとしてなされなければなりません。それとともに、これからなされていく議論がどのように展開していったとしても、それに対して簡単に心を閉ざすことなく、むしろオープンになっていくべきです。歴史研究を導いてくれるのであれば、正典に含まれる文書も、正典以外の文書も、どの文献も利用すべきです。オープンでありつつ、なぜこの研究に取り組むかを考えるべきなのです。

この世界に仕える神の民となるよう召されていると信じているからこそ、徹底的に、真剣な歴史的研究に私たちは取り組むべきです。入手できるすべての事実を学び、なされたすべての議論を考え抜いていくのです。私は、英国国教会あるいは聖公会と呼ばれる伝統に加えられていることを誇りに思っています。この教会は今述べたような学び方をしてきた、長く気高い歴史を有しています。（最近はこの伝統も霞んできていますが。）この伝統はその最盛期に、物事を新しい眼をもって考えるような人々が出てくるのを待っていました。英国国教会の伝統のこうした良いところを他の伝統、特に「プロテスタント」や「福音派」を自認する人たちが見習ってくれることを期待しています。

この研究をするうえで、「私たちはイエスの物語を語るとき、この物語を生き、世界に対する模範となる使命が与えられている教会という共同体の一人として語るのだ」ということを、繰り返し思い起こさなければなりません。伝統的な教会の典礼も、様々な形でこのことを私たちに思い出させてくれます。イエスの研究に関われば関わるほど、私は個人としても教会の信者としても、多くの挑戦《チャレンジ》を受けるようになりました。伝統的な正統主義神学を密かに否定していくようなことを見いだすからではありません。むしろ歴史的研究を通して、そこから豊かで血の通った正統主義神学が次々に浮かび上がってくることを発見するからです。そして、それらが私に対して個人的に挑戦《チャレンジ》を投げかけ、私の関わる会衆にも挑戦《チャレンジ》を投げかけるのです。これらの挑戦《チャレンジ》は、多くのことを要求します。なぜなら、これらは福音の挑戦《チャレンジ》であり、神の国の挑戦《チャレンジ》であるからです。この点で、探求者《クエスター》（イエスの学問的・歴史的研究を行う者）になるということは、イエスの弟子になることと同じです。この研究は、十字架を負ってどこへでもイエスの導くところに従っていくことを意味します。そして、十字架を負ってイエスに従ってはじめて、私たちは歴史を真に理解したと人々に示すことができるのです。これはある人たちにとっては良い知らせでしょうし、ある人にとっては悪い知らせでしょう。このような研究をしてはじめて、人々は私たちの神学的議論や歴史学的議論を真剣に受けとめてくれます。さらに、私たち自身が「史的イエスの探求《クエスト》」の果たしてきた不思議な目的の手段になります。啓蒙主義が計画していたことの一部として、曖昧な姿で始まった探求でしたが、それさえも神の導きのもと与えられた目的を達成するために存在しているのだと私は考えています。

「史的イエスの探求《クエスト》」を恐れてはいけません。この探求は、教会が私たちの時代に新しいビジョンをいただく手段の一つとなり得るものです。その新しいビジョンとは、イエスについてのビジョンのみならず、神についてのビジョンでもあります。

私たちが取り組む課題に話を戻しましょう。イエス・キリストに従い、神のみこころに従って、私たちのこの世界を本来の姿に戻す探求に取り組むとき、その一環として一連の問いに答えることになります。それらの問いは、特に以下の五つに分けられます。そしてこれら一つ一つについて、次章以降で見ていくこととします。

一　イエスはその時代のユダヤ人世界の中で、どこに属していたのか。
二　イエスが告げ知らせた神の国とは、どんなものであったのか。彼は何を意図してそれを語っていたのか。
三　なぜイエスは死んだのか。最後の一週間という重大なときに、エルサレムに向かった意図は何であったのか。
四　なぜ初代教会は始まったのか、そしてなぜあのような形を取ったのか。イースターの朝、何が起こったのか。
五　これらすべての課題は、現代のクリスチャンの働きとビジョンにどのような関わりがあるのか。つまり、歴史的であり、特に深く神学的であるこの本のアプローチは、いったいどのようにして私たちの心を燃やし、力を与えて、この世界を変革するために私たちを遣わすのか。

これらの課題をすべて同時に扱うことはできません。全体を見てはじめて、読者が各部分の意義を理解できるという面があります。人間の成熟度が、忍耐できるかどうかで測られるとしたら、クリスチャンの成熟度は、議論を最後まで見届ける姿勢があるかどうかで測られるのかもしれません。短絡的で、その場しのぎの霊性や宣教学に飛びついて近道を探すのではありません。忍耐は、他の分野においてもそうであるように、歴史や神学の分野においても美徳なのです。

注

1　このことに関しては次の本の第二章にさらに詳しく書かれている。Marcus J. Borg and N. T. Wright, *The Meaning of Jesus: Two Visions* (London and San Francisco: SPCK and HarperSanFrancisco, 1999).

2　史的イエスの探求について全体を概括するために、次の本が広範囲を網羅した素晴らしい説明をしている。Charlotte Allen, *The Human Christ: The Search for the Historical Jesus* (New York: Free Press; Oxford: Lion, 1998).

3　様々な研究の中で、私はクロッサンの以下の著作を挙げておく。John Dominic Crossan, *The Historical Jesus: The Life of a Mediterranean Jewish Peasant* (San Francisco: HarperSanFrancisco; Edinburgh: T. & T. Clark, 1991).

4　イエス・セミナーの代表的な著作は、Robert W. Funk and Roy W. Hoover, *The Five Gospels* (New York: Macmillan, 1993)である。これに対する反論としては、N. T. Wright, "Five Gospels but No Gospel: Jesus and the Seminar" in *Authenticating the Activities of Jesus*, ed. Bruce Chilton and Craig A. Evans (Leiden: Brill, 1999), pp. 83–120 を参照せよ。

5　N. T. Wright, *Jesus and the Victory of God* (London and Minneapolis: SPCK and Augsburg Fortress, 1996), pp. 246–58. また本書第二章を参照せよ。

6 ここでは以下の拙著の内容を概括している。*Jesus and the Victory of God*, chapter1–3 および 'Historical Jesus (Quest for)' in *Anchor Bible Dictionary*, ed D. N. Freedman, 6 vols. (New York: Doubleday, 1992), 3: pp. 796–802.

7 Luke Timothy Johnson, *The Real Jesus* (San Francisco: HarperSanFrancisco. 1995; London: Fount, 1997) を参照せよ。

8 Ben Meyer, *The Aims of Jesus* (Philadelphia: Fortress, 1978; London: SCM Press, 1979).

9 E. P. Sanders, *Jesus and Judaism* (London and Philadelphia: SCM Press and Fortress, 1985).

10 James M. Robinson, *A New Quest of the Historical Jesus* (London: SCM Press, 1959) を参照せよ。

11 Robert W. Funk, *Honest to Jesus: Jesus for a New Millennium* (San Francisco: HarperSanFrancisco, 1996) を参照せよ。

12 N. T. Wright, *The New Testament and The People of God, Part II* (Minneapolis: Augsburg Fortress, 1992; 2nd ed, London: SPCK, 1996)〔なお、本書は邦訳されている。N・T・ライト『新約聖書と神の民　上巻 —— キリスト教の起源と神の問題１』山口希生訳、新教出版社、二〇一五年および『新約聖書と神の民　下巻 —— キリスト教の起源と神の問題１』山口希生訳、新教出版社、二〇一八年。第二部は上巻に収載〕を参照せよ。

第二章　神の国の挑戦《チャレンジ》

イントロダクション

イエスが「神の国は近づいた」と言ったとき、そのことばは何を表現していたのでしょうか。

あるいは、若き預言者が町にやって来て、「イスラエルの神が今、ついに王となろうとしている」と宣言したとき、ガリラヤの普通の村人たちは、いったい何を思い浮かべたのでしょうか。

近年の学者たちの多くは、イエスのメッセージの中心は神の国であったという見解で一致しています。しかし、「神の国」という言葉とそれに関連する概念が厳密には何を意味していたか、については見解はほとんど一致していません。したがってこの章では、まず一世紀のユダヤ人にとってこの言葉が持つ意味を説明します。次に、三つの異なる角度からイエスが宣言したことを考えます。

一世紀のユダヤ教の内側

現代の西欧世界に生きる私たちが、先に挙げた問いの答えを見つけるためには、長く困難な旅をしなくてはなりません。それは、東方の博士たちがベツレヘムへ行ったときと同じくらい困難な旅になります。自分の世界から離れて、別の人の世界に入り込んでいかなければならないからです。一世紀のユダヤ人が感じ、生きた、旧約聖書の世界に入り込むのです。そここそイエスが語りかけた世界であり、イエス自身が自らの課題として受けとめた世界です。イエスと同時代に生きた人々がどのように考えたのかがわからなければ、「神の国」という言葉によってイエスが意図したことを理解するのは、難しいでしょう。それどころか、まったく不可能だと言えます。それは、悪気はないのですが、幾世代にもわたるキリスト教の指導者たちが誤解へと導かれたことを証明しています。

このように語ると、次のようなつぶやきが聞こえてくる気がします。

「なるほど、わかったよ。一世紀のユダヤ教の資料を研究する必要があるんだろう？つまり、当時の文化にイエスがどのように関わったかを見て、私たちも自分の文化に同じように関わることを学ぶってことだろう？」

この言い方には一抹の真理があります。しかしそれ以上に、大きな誤解が含まれています。最も重要な真理は、とても深いところに眠っているものです。私たちは現代にどう適用するかを考える前に、まずイエスが置かれた状況や立場の独自性に、もっと目を向けなければなりません。つまり、イエスは、物事を正しく理解している人の模範としてだけ存在したのではないのです。イエスはきわめて重要な二つのことへの確信を持って行動しました。その二つを抜きにしては、イエスが何をなしたのかを理解し始めることはできませんし、それらこそが今から展開されるすべての議論の土台になります。

第一に、創造主である神はご自分の造ったこの世界で起きている問題を、イ、ス、ラ、エ、ル、を通して取り組み、解決しようと最初から計画しておられた、とイエスは信じていました。イスラエルは、神の支配の下にある国家の「模範」になるためだけに存在していたのではありません。世界が救われていくための手段になるとの使命が与えられていました。

第二に、同時代の多くの人々と同様、イスラエルの使命はその歴史がクライマックスを迎えるときに果たされる、とイエスも信じていました。そのクライマックスの日、イスラエル自身が贖われるのです。そしてこの出来事を通して、創造の神であり、契約の神であるお方は、神の愛と正義、その恵みと真理を全世界にもたらして、そこに影響を与え、ついには、すべての被造物を新しくし、回復するのです。専門用語を用いると、これは「選び」と「終末論」を指します。つまり、世界が救われる手段となるために、神がイスラエルを選んだこと（選び）、そして、神によってイスラエルの歴史がクライマックスを迎えるとき、神の正義と恵みがイスラエルだけではなく世界全体に及ぶこと（終末論）を指しています。

イエスが信じたこれら二つのことを、一世紀の状況で考えたらどうなるのでしょうか。よく知られているように、イエスの時代のユダヤ人は、何百年もの間、諸外国の支配下にありました。その最大の弊害は、高い税金や異邦人の法律に従うことではなく、残虐な抑圧でもありません。もちろん、これらはたいへんひどいことでした。しかし、ユダヤ人を最も苦しめていたのは、この外国人たちが異教を信じていたという事実です。

「もしイスラエルが、本当に神の民であるなら、なぜ異教の民に支配されるのか？もしイスラエルに、人々を神の選んだまことの人となる使命が与えられているなら、諸外国は、アダムとエバが支配すべきだった動物のような存在ではないのか？　なぜ猛獣《モンスター》と化した諸外国が、何にも守られていない、神の選びの民を脅かし、踏みにじっているのか？」

　このような状態は、紀元前五九七年にバビロニア人がエルサレムを破壊してユダヤ人を捕囚として以来、ずっと続いていたのです。そして、捕囚の地から一部のイスラエル人は地理的には帰還しましたが、神学的な観点からは依然として捕囚状態が続いていると数多くの人が考えていました。彼らは何百年も続いているドラマの中を、いまだに生きていたのです。そして、神が最後にはイスラエルを救い出して、世界の支配者とするこのドラマの結末を待ち望んでいたのです。*1

　その当時、地方の政治においても状況は良くありませんでした。熱心なユダヤ人から見ると、地方の権力者たちはただ妥協しているようにしか見えませんでしたし、実際にイエスの時代のユダヤ人の権力者たちはそう言われても仕方のない状況に堕ちていました。権力を持つ祭司長たちは富裕層であり、貴族まがいの存在で、制度のために働き、そこから利潤を得ていました。ヘロデ・アンティパス（福音書の後半に登場するヘロデであり、その実父であるヘロデ大王ではありません）は、傀儡《かいらい》政権であってローマ帝国の言いなりであり、自分自身の富と地位を強化することしか頭にない暴君でした。私たちが聖書の証言に真実であるならば、このローマ帝国の全世界的な支配と祭司長やヘロデによる地方の支配に対する民衆の不満が示唆することを無理やり分離してはなりません。つまり、宗教と政治を分割してはならないのです。そして、神の問題と社会秩序の問題を分けてしまってはならないのです。

民衆が「神の国を待ち望む」というとき、天国という死後の世界に入れるかどうかを考えていたのではありません。マタイの福音書では「天の御国」、ほかの福音書では「神の国」という言葉がよく出てきますが、これらは、神の民が死後に行く「天国」という場所を指しているのではありません。この言葉は「天の支配」、あるいは「神の支配」を表していて、それは現在の世界にもたらされるものです。イエスは「御国が来ますように」と言い、「みこころが天で行われるように、地でも行われますように」と祈りました（マタイ六・一〇、傍点著者）。イエスと同時代の人々は、創造主である神が、正義と平和を今ここに現実の世界にもたらしてくださることを知っていました。彼らの疑問は「それがいつ、どのように、だれがもたらすのか」でした。

やや単純化することになりますが、イエスの時代のユダヤ人には、大まかに分けて三つの生き方の選択肢があったことが知られています。ヨルダン渓谷をエリコからマサダまで下る機会があれば、ここで言っていることの証拠のすべてを見ることができるでしょう。

第一は、静寂主義者であり、かつ究極の二元論者と呼ばれるような選択肢です。クムランにおいて死海文書を書いた人々がそれにあたります。邪悪なこの世界から離れて神がなさることが何であれ待ち望む、という生き方です。

第二は、妥協という選択肢です。ヘロデのとった生き方と言えます。要塞や王宮を自分のために築き上げ、政治的な権力者とできる限りうまくつき合い、そこから与えられる権力をできる限りうまく用い、神がそれすらも良しとしてくださるように期待する生き方です。

第三は、熱心主義者という選択肢です。ユダヤ戦争の間、マサダにあったヘロデの王宮と要塞を奪い取ったシカリ派がそれにあたります。祈り、剣を研ぎ、身をきよめて聖戦に備えます。そして、神が軍事的な勝利を与えてくださると説く生き方です。それは、悪に対して善が勝ち、暗闇の勢力に対して神が勝ち、獣に対して人の子が勝利を収める、という神学的な勝利でもあります。

当時の状況の中にイエスを置いたときにはじめて、その使命や構想《アジェンダ》がどれほど衝撃的で劇的なものであったかを理解することができます。イエスは、その時代の三つの生き方、すなわち、世から切り離された静寂主義者、世と妥協した者、熱心主義者のどれにもあてはまらなかったのです。イエスは自分が「アバ、父よ」と呼びかける方を深く認識していました。そして、この方を愛する信仰と祈りのうちに、イスラエルに与えられた聖書（旧約聖書）に立ち戻って、そこに別の「神の国」のモデル、それも彼らのものと同様にユダヤ教的なモデルを発見しました。このもう一つの「神の国」のモデルこそが、私たちが今から探求しようとしているものです。イエスは「神の国が近づいた」と言いました。言い換えれば、神は昔からの計画を明らかにして、これまで意図しておられたとおりにご自身の統治をイスラエルと世界にもたらし、正義と恵みをイスラエルと世界に実現しようとしておられるのです。そして明らかに、神はイエスを通してこのことを実現しようとしておられました。これはいったいどういうことを意味するのでしょうか。

神の計画が明らかにされた

イエスは短い公生涯を通して、神の救いの計画とイスラエルと世界全体のための正義が、自身の存在、働き、運命によっていよいよ明らかにされていくかのように語り、行動しました。この「神の計画が明らかにされていく」というとらえ方は、ユダヤ教特有のものです。イエスの同時代の人々は、神の計画について話すときに複合的な方法で語っていました。比喩《イメージ》を用いたのです。聖書から連想したもので、鮮やかな色彩を持つ壮観な比喩です。これを用いて、人々に知られている世界、すなわち社会や政治の世界で起きたことを描いたのです。また、それらの出来事に神学的な意味づけをしたのです。

イザヤは「バビロンはまもなく堕落する。そしてそれは宇宙が崩壊するようだ」と言う代わりに、「天の星、天のオリオン座はその光を放たず、太陽は日の出から暗く、月もその光を放たない」と言っています（イザヤ一三・一〇）。ユダヤ人の聖書（旧約聖書）はそのような「黙示的」とよく呼ばれる言葉で満ちています。その描写を文字どおり受け取るという間違いに私たちは陥りがちです。繰り返しとなりますが、この手法は、実際に歴史上、この世界で起きた出来事を描写しつつ、それらに神学的、あるいは宇宙的な意義を付け加えていくものです。イエスの時代のユダヤ人たちの多くは、この時空間を持つ世界が終わりに向かって進んでいるなどとは考えませんでした。彼らはむしろ、かつて出エジプトのような決定的な出来事を行ったように、神がこの時空間を持つ世界に劇的に働かれることを期待していました。世界が壊されて再び生まれ変わっていくという表現でしか描けないような出来事を期待していたのです。[*2]

この伝統をイエスも受け継いでおり、一つのやり方を特に用いました。多様な側面を持つ物語を用いて、聴く者たちの世界観をこじ開けたのです。そして、神の現実が彼らの只中に介入してくることを受け入れるように強く求めました。それこそ、ユダヤ人たちが長年待ち望んでいたはずのことを示したのですが、彼らが驚くようなやり方で行ったので、イエスが告げているものが自分たちの待ち望んでいたものだとは気づくことはありませんでした。たとえ話とは、危機に関するイエス自身による解説です。イスラエルが直面していた危機であり、特にイエスの存在と働きによってもたらされた危機に対して解説を加えたのです。

イエスは、私たちが考えるような「教師」ではありません。イエスはまず実際に行動を起こし、そしてそれについて説明をしました。つまり、自らの行動を説明し、その意味するところを理解するように人々に挑戦《チャレンジ》したのです。イエスは実際的にも、象徴的にも行動しました。とりわけ素晴らしい癒しのわざを通してこのことを行いました。その働きは、極端な懐疑主義者たちを除けば、原則的には歴史上、実際に起こったものであると考えられています。イエスは特に、自分が預言者であることに人々がすぐに気づくように行動し、語りました。

これから見ていくように、イエスは自分自身を単なる預言者以上の者と考えていましたが、公生涯の初期では預言者の役割を選びました。特に、バプテスマのヨハネの預言者としての働きを引き継ぐ形で働きを始めました。イエスは、神の国を宣べ伝える預言者とみなされることを意図していましたし、実際に人々からそう思われていたのです。

しかし、イスラエルの古代の預言者たちの多くがそうであったように、イエスは預言者として働くことによって、「他の王国」の夢と「他の王国」のビジョンと対決することになりました。神の国をもたらそうとするイエスの方法が正しいとしたら、ヘロデのやり方は間違っています。クムランのやり方も熱心党のやり方も間違っています。そして、イエスの時代において、その多くが熱心党に近い考えを持っていたパリサイ派の人々は、イエスをすぐ妥協する危険人物とみなしたに違いありません。[*3] このことが何を生み出していったかについては、次章で詳しく見ることにしましょう。まずここでは、イエスの神の国のメッセージの要点を、簡潔に三つの見出しでまとめます。

- 捕囚の終焉
- 新しくされた民への招き
- わざわいと来るべき正しさの立証に対する警告

一つずつ見ていきましょう。

捕囚の終焉

イエスは神の国の設立を宣言することから公生涯をスタートさせました。イエスの宣教活動《ムーブメント》は、ヨハネによるバプテスマとともに始まりました。そのバプテスマは、イエス自らがドラマを一演者として演じ、このことを通して出エジプトを暗示するものとして解釈されるべきものです。そして、イエスのバプテスマは新しい出エジプト、つまり捕囚からの帰還がこれからまもなく起こることを強く示唆していたのです。

しかしイエスはすぐに、バプテスマよりも癒しによって有名になっていきました。間違いなく、イエスの驚くべき癒しのわざが、たくさんの聴衆をひきつけていったのです。イエスは、癒しを行うことができる教師ではありません。神の国の預言者です。まず神の国の到来を自らのわざをもって示し、次にそれを説き明かしたのでした。癒しの奇跡については、読者が福音書を読んだことがあると考えて、ここではすぐに解説に進んでいくことにしましょう。

イエスのたとえ話は、私たちの生活とその動機を鋭く描写して刺激を与えるためだけのものではありません。また、子どものための例話でもなければ、天上の事柄を解き明かすための地上の物語でもありません。これらのたとえ話のルーツは、祭儀において、そしてそれぞれの家庭でも繰り返し語られていたユダヤ教の物語《ナラティヴ》、すなわちユダヤ人の聖書（旧約聖書）にあります。たとえ話を一つずつ見ることができたらよいのですが、紙面に限りがあるため、ここではよく知られた二つを選び、読者にとってあまり馴染みがないいくつかの側面を示唆します。

まずマルコの福音書四章一～二〇節の種蒔く人のたとえ話から始めましょう。*4 このたとえ話は、福音のメッセージをたくさんの人が聞くが応答することに失敗する、ということを単にユーモアを込めて言っているだけのものではありません。あるいは、ガリラヤの農業の様子からとられたありふれた例話でもありません。どのように神の国が到来するか、その方法を描いた、典型的なユダヤ文化に根ざした物語です。種蒔く人のたとえには、二つのルーツがあり、それぞれがイエスが何者であったのかを説明する助けになります。

まず、このたとえ話は、捕囚からの帰還を預言する言葉に基づいています。エレミヤやほかの預言者たちは、神は種蒔く人であって、再び神の民を彼ら自身の地に「蒔いてくれる」と語りました。詩篇は、捕囚からの帰還を祝い、帰還が完遂されることを祈っている姿を、「涙とともに種を蒔く者は、喜びを叫びながら刈り取る」と歌っています。

特にイザヤ書が、この「種蒔く人、刈り取る人」というイメージを用いて、その語り全体を支配する比喩として、神が捕囚の後に成し遂げられる、新しい創造の大いなるわざを表現しています。

「草はしおれ、花は散る。しかし、私たちの神のことばは永遠に立つ。」

（イザヤ四〇・八）

「雨や雪は、天から降って、もとに戻らず、地を潤して物を生えさせ、芽を出させて、種蒔く人に種を与え、食べる人にパンを与える。そのように、わたしの口から出るわたしのことばも、わたしのところに、空しく帰って来ることはない。それは、わたしが望むことを成し遂げ、わたしが言い送ったことを成功させる。」

（同五五・一〇～一一）

「（捕囚から帰還するときに）茨の代わりに、もみの木が生え、おどろの代わりにミルトスが生える。」

（同一三節参照）

これらはすべて、預言者イザヤの召命を記したイザヤ書六章と繋がっています。そこで預言者イザヤは、イスラエルをさばきによって切り倒された木と、さらには焼かれた切り株とみなします。聖なる新しい種がその切り株であり、新しい若木がそこから芽吹いてくるのです（イザヤ六・九～一三、一〇・三三～一一・一も参照）。

マタイの福音書一三章一四～一五節、マルコの福音書四章一二節、ルカの福音書八章一〇節では、種蒔く人のたとえの解説のために、イエスはイザヤ書六章九～一三節を引用しています（ヨハネ一二・四〇、使徒二八・二六～七参照）。このたとえ話は、イエスの働きを通して、神が何をなしておられたのかについて語っているのです。神は当時のイスラエルを今の状態のままで、ただ強化しようとしておられたのではありません。イスラエル国家の野心や民族としての自尊心の回復などを助けていたわけでもありません。これまでの預言者たちが常に警告してきたことを語っているのです。神は、イスラエルをその偶像礼拝のゆえにさばき、同時に新しい神の民、新しくされたイスラエル、捕囚から帰還した神の民となるように招いておられるのです。

種蒔く人のたとえ話の、旧約聖書におけるもう一つのルーツは、ダニエル書などに見られる黙示的な語りの伝統です。ダニエル書二章では、ネブカドネツァルは四種類の金属でできた巨大な像の夢を見ます。頭部は純金、そして一番下の足元は鉄と粘土が混ざったものでできています。その像は取り壊され、粘土の足は山から切り出された石によって破壊され、今度はその像を打った石が山となって全土を覆います（三四～三五節）。

同様にダニエル書七章では、四頭の獣が「人の子のような方」(一三節)と戦いを始め、その戦いは、最終的に神が王座につき、人の子が獣を征服して高く上げられるまで続きます。

イエス自身の働きの中に神の民の物語が内包され、要約されている、とイエスは語りました。「いくつかの種は道端に落ち、いくつかは岩地に、そしていばらの中に落ちる。しかし、良い土地に蒔かれた種は、三十倍、六十倍、百倍の実を結ぶ。」神の国が、捕囚からの帰還が、イスラエルの歴史の大いなるクライマックスが、今ここに実現した、とイエスは語っています。しかしそれは、当時の人々が期待していたものとは違っていました。種蒔く人のたとえ話は、たとえ話についてのたとえです。つまり、たとえ話の効果について説明しているのです。このような方法でしか、壮大な真理は語れません。そして、このような方法が用いられるとき、「見るには見るが知ることはなく」(マルコ四・一二)とあるように、真理が覆い隠されている人が生まれます。その一方で、秘められていたことが突然明らかにされ、神が何をしておられるかを理解する人も生まれるのです。

ドラマという窓を通して神の国を私たちに見せてくれる二つめのたとえ話は、ルカの福音書一五章にある「放蕩息子」と呼ばれるものです。[*5] このたとえ話については数多くの考察がなされ、そのほとんどは、この話をある程度までは適切に理解しています。ただし、一点だけ、ほぼすべての解釈者たちは気づいていませんが、一世紀に生きたユダヤ人ならば、火を見るよりも明らかなことがあります。つまり、遠い外国に行って放蕩の限りを尽くしたのに、驚くほどの喜びをもって家に迎え入れられた若い青年の物語は、当然のことながら、捕囚とそこからの回復の物語です！

これこそ、イエスと同時代に生きた人々が聞きたいと切望していた物語です。そして、このたとえ話を語ることによって、イエスは自身の働きを通して、今まさに捕囚からの帰還が起こっていることを伝えたのです。このたとえ話は、罪人を赦す神という、時代を超越した真理を説き明かすための一般的な例話ではありません。もちろん、そのことを説明することにも使えますが。むしろ、このたとえ話は、イエスの働きを通して起こっていることを鋭く一世紀の文脈に根ざして語っているのです。語られた文脈によりしっかりと根ざして考えるならば、イエスが差別されている人たちを迎え、罪人たちと食事を共にすることによって、何が起こっているのかを、このたとえ話が説明していることがわかります。

放蕩息子の話には影の側面があります。この物語に登場する兄息子は、今まさに起こりつつある捕囚からの帰還に反対している人々を表しています。ここにおいては、それはパリサイ派の人々と律法学者たちです。彼らはイエスの行動を容認しがたいものだと考えました。イエスは、自分自身の働きを通して、待ち望まれていた捕囚からの帰還が今まさに行われていると主張しました。しかしそれは、人々が思い描いたものではありませんでした。捕囚からの帰還は、父祖たちの伝承を受け継ぐ者であると自称している人々の目の前で起こっています。けれども、それが自分たちの期待に沿った形ではなかったために、「見るには見るが、決して知ることはない」ままでした。

イエスは、この二つのたとえ話、あるいはほかの数十に及ぶたとえ話の中で、「長く待たれた時がやって来た」と謎めいた形で宣言をしたのです。これが、「良き知らせ」あるいは「福音（ユーアンゲリオン）」でした。イエスはこの福音を宣べ伝えながら、村から村へと移動し続けました。ただし、私たちの知るかぎりでは、ガリラヤの二つの大きな町セフォリスとティベリアには近づきませんでした。このことに驚く必要はありません。イエスはあちらこちらをさまよう説教者ではなかったし、同様にあちらこちらをさまよいつつ格言を提供する哲学者でもありませんでした。イエスは、大きなリスクを伴う新しい宣教活動《ムーブメント》のために支持者を集める政治家のようでした。イエスが自分の行動を説明するためにイザヤ書からの引用を選んだ理由も、そのあたりにあったようです。「見続けよ。だが知るな」（イザヤ六・九）とイエスは言いました。そうでなければ秘密警察に見つかってしまうからです。ここでもう一度言いますが、政治と神学を切り離すことができると考えるべきではありません。イエスは、イスラエルの神が確かに王となると信じて、自分のわざを進めていました。

イエスはその働きの間ずっと、自らの神の国の宣教活動《ムーブメント》への支持者を集めようとしました。新しくされた神の民になるようにと、人々を招いていたのです。これは次に学ぶべき、神の国の宣言の二つめの側面です。

新しくされた神の民への招き

神の国を宣言したとき、イエスが語った物語は、出演者を探している演劇のような働きをしました。つまり、イエスのメッセージを聞いた者たちは、神の国という舞台で演じる配役のためのオーディションに招かれたのです。彼らは、神のドラマが上演されるのを切望しており、いよいよ上演されるときには、自分がどのような配役を演じるのかを見いだしたいと待っていました。そして、彼らが自分の配役を発見する時が来ました。彼ら自身が神の国の民となるのです。イエスは、真に新しくされた神の民であるとイエス自身が信じている姿になるように、とバプテスマのヨハネにならって人々を招いたのです。

福音書に描かれているように、イエスがその働きの開幕に選んだ挑戦《チャレンジ》は、「悔い改めて、福音を信じること」への招きでした。このフレーズは、前章で私が言及したように、長い年月の間に意味が変わってしまったものの典型的な例です。私が自分の住む街で、「悔い改めて、福音を信じなさい」と宣べ伝えたらどうなるでしょうか。個人的な罪深い行為（現代の文化においては、性的な逸脱や、アルコール依存症が真っ先に思い浮かべられるかもしれません）をやめて、何らかの宗教に入信するようにと勧めていると人々は考えるでしょう。その宗教とは、自らのうちに存在する神の体験であったり、新しい教義を信じることであったり、公同の教会や何らかの教団に加わることであったりするかもしれません。しかしこうしたことはどれも、一世紀のガリラヤにおいて「悔い改めて、福音を信じなさい」という言葉が意味したことではありません。

どのようにしたら先入観を取り払い、一世紀の人々が聞くようにこのフレーズを聞き直すことができるのでしょうか。イエスと同時代に同じ地域にいて、このフレーズを用いた著者を見いだすことができれば、それが助けになるかもしれません。それでは一例として、ユダヤ人の貴族であり歴史家であるヨセフスを見てみましょう。

イエスが十字架にかけられた数年後に生まれたヨセフスは、紀元六六年にガリラヤで起きた独立運動を制圧するため、若き軍司令官として派遣されました。『自伝』にも書いていますが、[*6] そのときのヨセフスの仕事は、暴徒化したガリラヤ人たちを説得して、反ローマ帝国革命運動へと暴走するのをやめさせ、むしろ自分や他のエルサレム在住の貴族たちを信頼するように導き、暫定協定を結ばせることでした。反乱軍のリーダーに対峙したとき、「あなたの構想《アジェンダ》を捨て、この私を信頼するように」とヨセフスは勧めました。そのときに使ったのが、福音書を読む者に馴染みのある言葉です。ヨセフスは、独立運動のリーダーに、「悔い改めて、私を信じなさい」（メタノエセイン・カイ・ピストス・エモイ・ゲネセスタイ）と言ったのです。

ヨセフスはそのリーダーに（混乱を招くのだが、彼の名前も「イエス」でした）、「罪を犯すのをやめ、宗教的な回心を体験しなさい」と勧めているのではありません。この言葉には、明らかに、それよりもはるかに具体的で、政治的な意味合いが含まれていました。ヨセフスの四十年前に、ガリラヤを巡り、人々に、「悔い改めて、わたしを信じなさい。福音を信じなさい」と言っていたナザレのイエスについて検討するときに、ヨセフスが語った意味合いを排除すべきではない、と私は主張します。つまり、ヨセフスが言った以上のことをイエスの言葉は意味しているという結論に達することがあったとしても（たしかにイエスの招きには宗教的・神学的な側面があります）、ヨセフスの言葉を過小評価してはならないのです。イエスは聴衆に対して、彼ら自身が持っていた構想《アジェンダ》をあきらめて、この「わたし」を信頼するようにと求めました。そして、イエスが考えるイスラエルのあり方、神の国の実現の方法、神の国の構想《アジェンダ》を彼らが自分のものとするようにと説いたのです。

ヨセフスがそうしたように、イエスも、民族主義的な革命というありえない夢を捨てるようにと特に要求しています。ただし、ヨセフスは裕福な貴族であったために武力による革命に反対しましたが、イエスは違う理由でこれに反対しています。イエスは、武力による革命がイスラエルの神への不忠実な行動であり、そしてイスラエルがこの世の光になるという神の計画への不忠実な行動であると考えたからです。ヨセフスは、反乱軍の人々にとっては妥協としか思えない、継ぎはぎだらけの危うい政治的解決を対案として提示しました。その一方で、イエスは、かなり危険《リスク》があるように思える、イスラエルのあり方についての対案を提示したのです。イエスの提案は、右の頰を打たれたら左の頰を向ける道であり、一ミリオン行けと強いるような者とは一緒に二ミリオン歩いていく道であり、いのちを得るためにそれを捨てる道でした。これこそ、イエスが提示している神の国への招きなのです。これこそ、イエスがオーディションを開いて、上演しようとしている演劇です。

神の国への過激とも言うべきこの招きは、過激とも言うべき歓迎とセットになっていました。イエスが行くところにはどこでも、祝宴が開かれました。祭りの食卓に、イエスがいろいろな人を招いていたという伝承を、最近の学者たちはイエスを描く際に必ずその一部に加えています。つまり、多くの学者たちによって含まれているもので、実際に起こった出来事として理解されています。当時の人々がこの光景を見て侮辱的だと考えた理由は、比較的明白です。（もちろん、いつものように人々から理解されていたわけではありませんでしたが。）　イエスという人が評判の悪い人たちの仲間となっていたからだけではありません。それ自体は、大した問題ではなかったでしょう。問題はむしろ、イエスがその行為を神の国の預言者として行い、いろいろな人々を自由に迎えて食事を共にすることを、自らの働きの中心的な特徴とした点にあります。この食事は、イエスの思い描く神の国がどのようなものであるかを力強く証ししていました。この食卓が証ししていることは、他の王国の構想《アジェンダ》をひっくり返すようなものでした。イエスがすべての人を歓迎したこの行為は、神の過激なまでの受容と赦しを表しています。イエスと同時代に生きた人々は、赦しとそれを通して神が与えた再スタートを神殿と祭儀との関わりの中に見いだしてきましたが、イエスはそれらをご自身の権威に基づいて与えました。エルサレムにいる祭司たちとの交渉など必要としなかったのです。（例外こそが、この原則の正しいことを示します。ツァラアトに冒された人を癒したとき、イエスは彼に祭司のところへ行って、求められているきよめのささげ物をしなさいと命じています。つまり、癒された人が共同体に再び迎え入れられるには公的にその健康状態を証明する必要がありましたから、イエスはそのように語ったのです〔マルコ一・四四参照〕。）

神がキリストを通して演出する神の国という劇のオーディションに招かれていることに気づいた人たちは、イエスからの挑戦《チャレンジ》に向き合っていると自覚していました。救われたばかりのクリスチャンは、この挑戦《チャレンジ》を、新しいルールブックが与えられたように受けとめがちです。イエスの意図が、ただ新しい道徳規範をもたらすことであるかのように思うのです。このことは、特に宗教改革の伝統の中で問題となってきました。なぜなら、信仰により義とされるということよりも、人間の「良い行い」が論理上、先行するものと考える危険性に宗教改革の伝統は敏感だったからです。

しかし、「良い行い」が先行することが問題なのではありません。イエスの時代の人々は、ほかのどの民族のものよりもはるかにまさった道徳の基準をすでに持っていました。また、イエスを含むユダヤ人たちは、神に受け入れられるために何かをしなければならないとは考えませんでした。彼らやイエスにとって、良い行いとは神の主導権と契約から生み出されるべきものでした。

ですから、宗教改革の伝統から生まれる不安に基づく神学的論争は、本当の問題を見失っています。イエスが告げた神の国はこの世に介入し、新しい世界を、つまり新たな文脈をもたらすこと、そしてイエスが人々に対して、その新たな文脈が要求する「新しい神の民」、つまりこの新しい世界の住民になるように挑戦《チャレンジ》を投げかけたことこそが重要な手がかりなのです。イエスは同時代の人々に、どう生きるのか、どのように赦し、祈るのか、どのようにヨベルの年を祝うのかについて挑戦《チャレンジ》しました。そして、それを人々が今住んでいる村でこのことを実践するよう挑戦《チャレンジ》したのです。

この文脈を理解したうえで、私たちが山上の説教と呼んでいるもの（マタイ五～七章）を考えるべきです。山上の説教を詳細に見ていくには紙面が足りません。（イエスによってこの説教のすべてが一度に語られたかどうかはわかりません。しかし、これはイエスが同時代の人々に向けて発した挑戦《チャレンジ》を確かに表してはいます。）さて、山上の説教は第一に、救いを捜し求める個人にイエスが私的に語ったメッセージではありません。もちろん、この説教は広範囲に届くものですから、そのようなことも含まれてはいます。さらに、単に重要な道徳律を与えるものでもありません。（もちろん、優れた道徳の教この説教は全編を通してイエスの神の国の宣言に依《よ》っています。そして、イエスが神の国の到来を告げ知らせることを通して、神の国の生き方という新しい生き方をもって自分に従うように人々を招いているという事実に依っています。これらのことを考慮すれば、山上の説教の様々な特徴を理解することができます。

山上の説教は、挑戦《チャレンジ》です。特に、今までなされてきた革命以外の方法で、新しいイスラエルとなる道を見いだすという挑戦《チャレンジ》です。「悪い者に手向かってはいけません」や「あなたの右の頬を打つ者には左の頬も向けなさい」、「あなたに一ミリオン行くように強いる者がいれば、一緒に二ミリオン行きなさい」（マタイ五・三九、四一）という命令は、イエスのために人々に踏みつけられる者となることへの招きではありません。むしろ、いつもなされている政治的な抵抗運動《レジスタンス》に巻き込まれるな、という意味の警告です。イエスのことばを聞いたなら、抵抗運動をする代わりに、世の光、地の塩になるというイスラエルの真の使命を見いだすべきです。隠れることのできない「山の上にある町」とは、明らかにエルサレムのことを指しています。そこは、唯一のまことの神が、ご自身を全人類に啓示するために定められた場所です。エルサレムの中心にあるのは神殿、すなわち岩の上に建てられた家です。山上の説教は、神殿に対しての非常に辛辣な警告を暗示して終わっています。新しい本物の「神殿」は、本物の岩の上に建てられた家であり、イエスのことばの上に人生を建て上げていく共同体から成っています。新しいイスラエル、新しい神殿を作ろうとするほかの試みは（イエスの時代、ヘロデの神殿がまだ建っていたことを思い出してください）、それが純粋で画期的な共同体であっても、砂の上に家を建てるようなものです。風が吹いて洪水が押し寄せたとき、ひどい倒れ方をします。イエスは聞く者たちに、神の新しいドラマに参加するように招きました。それは、世の光となるという、イスラエルに古くから与えられた使命がついに果たされる大いなるドラマです。真実の愛と正義という生き方を通して、イスラエルの神は、イスラエルに注目している世界にご自身を啓示されます。

聴衆の多くはイエスの旅についていくことができませんでした。しかし、まさにイエスのあとに従うようにと幾人かには命じました。親しくイエスと交わりを持った十二弟子と同様に（この「十二」とは、もちろん象徴的な意味を持つ数字で、自らの周りにイスラエルを再編成しようとするイエスの意図を表しています）、すべてをささげて従うようにと、イエスから挑戦《チャレンジ》を投げかけられた人はたくさんいました。神の国の到来を告げ知らせる働きには、種々の行動と癒しと食事の交わりが含まれています。そして、このような形で神の国の宣言は、それを象徴する実践へと進んでいきます。イエスは、自らとともにこの宣言のわざに加わるように、ある者たちには命令したのです。なお、これらの実践については後に詳しく扱うことにします。

自分の十字架を負ってイエスに従うとは、革命を望んでいた者たちが夢想もしなかったような方法でこの世の光になる、というイエス自身の危険に満ちた使命を受けとめ、自分の使命としていくことです。イエスに従い、政治的な脅威と死の可能性の高いところに行くことへの招きでした。そして、この招きに応えることを可能にするのは信仰、すなわち、イスラエルを、現在直面している患難を通り抜けさせ、その向こうにある新しい時代の夜明けへと連れて行くことができるのはイスラエルの神であるという信仰でした。

したがって、もしイエスが神の民の再編成と、歴史の転換点における神の民の進むべき新しい方向を体現し、宣言し、これに加わるようにと人々を招いているとしたら、何がわかるでしょうか。イエスによる神の民の再編成がユダヤ人以外の異邦人の歴史と生活にも大きな方向転換をもたらすということです。イスラエルの神がついにイスラエルに対する約束を果たされるとき、その波紋は全世界へと及ぶ、と多くのユダヤ人たちは考えていました。旧約聖書が多くの箇所で語っている（たとえばイザヤ四二章）来たるべき王は、神の正義を、イスラエルだけではなく世界全体にもたらすのです。東と西から大勢の人々が集まり、族長たちとともに神の国の座につく、とイエスは言いました。イエスはこの話題に関して、ほかにはほとんど何も言わなかったように思われます。(これは、福音書の記者たちが様々な新しい発言を創作して、それを自らの状況に合わせ、イエスの口を借りて語らせることには躊躇したことを示しており、近年の研究潮流に反するものとなっています。たとえば、教会は異邦人への宣教に大きく関わっていくようになり、そのことによって教会は様々な問題に関わらざるをえなくなりました。しかし、そのことを福音書からはほとんど見ることができない点は、この一例でしょう。)

イエスは、イスラエルに焦点を当てて働くことが自分の使命であることをはっきりと自覚していたように思えます。ですから、イエスの決定的な働きがなされたとき、神の国への招きはさらに拡大していきます。しかし、その時はまだ来ていませんでした。[*7]

それでは、イエスは次に何が起こると考えていたのでしょうか。イエスによる神の国の宣言は、どのようにしてその決定的なクライマックスに達するのでしょうか。

わざわいと正しさの立証

これまで、イエスによる神の国の宣言について論じてきました。その宣言には物語、つまりイエスの同時代の人々が聞きたいと切望していたものに、予想外の新展開を加えた物語を告げることが含まれていました。それに加えて、その物語をイエスの時代に再演することも含まれていました。神の国は来ようとしていました。それも、イエスの働きにおいて、そしてそれを通して、確かにやって来たのです。しかし、人々が期待していたようなものではありませんでした。この章の最後では、神の国の物語の結末に焦点を当てて、イエスの語りを見ていきます。

イエスと同時代の人々は、聖書に描かれている壮大な物語《ナラティヴ》、それも自分たちの時代の難問が何であるのかを識別できるようにする物語《ナラティヴ》の中に生きていました。この物語は彼らのものの見方全般を支配していました。(どのようにして難問を識別するべきなのか、そして、その結果、何が生み出されるのか、といったことは、激しく論争されてはいましたが。)

彼らのものの見方を支配していた物語は、しばしば「新しい出エジプト」という形で語られました。出エジプトの時代のエジプトでは、特に王であるファラオが、神の民を苦しめて、自らの力を誇示していました。そのとき、神が自らの全能のわざをもって歴史に介入し、イスラエルを救い出し、多くの試練の中を通り抜けた神の民の正しさを立証されました。

この物語は、黙示的な言い回しで語られることもあります。紀元前二世紀に起きたシリアへの反乱の結果、黙示的な言い回しで語り直されるようになったのです。権力志向の強い独裁者アンティオコス・エピファネス四世がその時代のファラオを演じ、ある物語の語り方によれば、マカベア戦争の戦士たちが、奴隷を解放する道を開く勇敢なイスラエルを演じました。シリア人たちは猛獣《モンスター》である一方、戦士たちこそが人であり、脅威にさらされて敵から包囲されても、最終的にはその正しさが立証される存在でした。イエスの同時代の人々にとって、このような物語と比喩を自分たちの時代の現状にあてはめ直すことは難しいことではありませんでした。かつてのエジプトが演じ、やがてバビロン、シリアが演じた物語は、イエスの時代に至ってローマ帝国が演じるようになりました。

イエスは、当時の人々が慣例のようにして行ってきた、同じ物語を単純に語り直すことに、断固として反対しました。神の目的は、結局のところ、イスラエルの正しさを立証することではありませんでした。たとえ神の目的を実現するという神学的な戦いであったとしても、その戦いにおいて武力によって異教徒の大群を打ちのめし、彼らに対抗する国家にイスラエルがなったとしたら、神の目的は実現されないのです。その真逆です。つまり、イエスが徐々に明らかにしていったように、神のさばきは、周辺の異教の国々にではなく、世界の光となることのできなかったイスラエルに下るのです。

その来たるべき大いなる崩壊の日に、だれが正しい者として立証されるのでしょうか。その答えは、次第に明らかになっていきます。イエスとその弟子たちこそが正しいと立証されるのです。今や彼らこそ真の、再構成されたイスラエルです。彼らは苦しみます。それもひどく苦しみます。しかし、最後には神が彼らを正しいと立証されます。

共観福音書の中の多くの記事が、この来たるべき大いなるさばきを取り上げて、警告しています。クリスチャンはその初期から、これらの記事を、人間が死後どうなるのかという問いに結びつけてきました。また、歴史の終わりに待ち構えている最後の審判のとき、世界全体に何が起きるかという問いにも結びつけてきました。けれども、これらの記事を一世紀の文脈に置いて読むとき、異なる姿が浮かび上がってきます。イエスが発している警告は、かつての偉大な預言者たちと同じく、歴史の中で行われるヤハウェによるさばきの警告なのです。エレミヤがエルサレムの崩壊を預言したのと同様の警告です。エレミヤは、強情な神の民を罰するために、神がバビロンを自らの使いとして用いたと考えました。イエスは、ローマ帝国に同じ役割を果たさせようとしていたと思われます。そして、審判が来ることは避けられません。倫理基準に従うことに失敗してしまったイスラエルを神が気紛れに罰したのではありません。来たるべき審判は、イエスが自らの生き方とメッセージを通してとらえ、明らかにした道には従わず、むしろ暴力の道を、そしてローマへの抵抗の道をあえて選んだイスラエルに対して必然的に与えられたものです。（ただし、必然的と言っても、神がそこに関与されなかったのではありません。）平和の道に従わない者たちは、その結果を刈り取ることになるのです。

その明らかな例を挙げておきます。ルカの福音書一三章では、弟子たちがイエスに、ピラトによって、こともあろうに神殿で殺されたガリラヤ人たちについて報告しています。彼らに対するイエスの応答は興味深いものです。

「そのガリラヤ人たちは、そのような災難にあったのだから、ほかのすべてのガリラヤ人よりも罪深い人たちだったと思いますか。そんなことはありません。わたしはあなたがたに言います。あなたがたも悔い改めないなら、みな同じように滅びます。また、シロアムの塔が倒れて死んだあの十八人は、エルサレムに住んでいるだれよりも多く、罪の負債があったと思いますか。そんなことはありません。わたしはあなたがたに言います。あなたがたも悔い改めないなら、みな同じように滅び

（二一〜五節）

ます。」

これは、「死んだ後に地獄で釜茹《かまゆ》でになるぞ」という警告ではありません。イスラエルがこのままローマ帝国への国家的な反逆をし続けて悔い改めを拒むのであれば、神殿にまでローマの剣が及び、エルサレム中のレンガ造りの家々が崩されることによってさばきがもたらされる、という警告なのです。

この警告は、ろばの背中に乗ってエルサレムにやって来たイエスが、涙を流すときに最高潮となります（ルカ一九・四一〜四四）。

「もし、平和に向かう道を、この日おまえも知っていたら――。しかし今、それはおまえの目から隠されている。やがて次のような時代がおまえに来る。敵はおまえに対して塁を築き、包囲し、四方から攻め寄せ、そしておまえと、中にいるおまえの子どもたちを地にたたきつける。彼らはおまえの中で、一つの石も、ほかの石の上に積まれたまま残してはおかない。それは、神の訪れの時を、おまえが知らなかったからだ。」

繰り返しますが、これは個人が死後に受けるさばきについての警告ではありません。多くのキリスト教の伝統の中で考えられてきた、終末において全世界にもたらされるさばきについての警告でもありません。イエスが与えた平和への道を拒むことによって、エルサレムが自らに招こうとしている運命に関する、厳粛で悲劇的な警告なのです。これらの警告は、状況を細かく特定しています。イエスは自分自身を、偉大な系譜に連なる最後の預言者とみなしていたようです。メッセージのある部分では、はっきりとこれ以降は悔い改めのチャンスがないだろうと語っています。イエスを拒んだ世代は、審判を受ける世代となるのです。

これらの警告は、一般に「小黙示録」とも呼ばれるマルコの福音書一三章に集中しています。その並行記事は、マタイの福音書二四章とルカの福音書二一章です。これらの章全体は、世界の終わりの予告ではなく、エルサレム陥落の予告として読まれるべきだと私は考えます。ここでもほかの箇所でも、どのように黙示の言葉が使われているのかを理解することが重要です。すでにこの章の初めで論じたように「太陽と月が暗くなる」などの言葉は、聖書の中では政治的、または社会的な動乱を記すために使われるのが一般的でした。つまり、帝国が勃興しては衰退していくことをこれらの表現を用いて記したのです。さらに、このような言葉を用いることによって、この動乱に帰されるべき宇宙論的、もしくは神学的な意義を示唆して*い*ます。

ですから、マルコの福音書一三章に出てくる「人の子が雲のうちに、偉大な力と栄光とともに来る」（二六節）を、字義どおりの言葉として受け取るべきではありません。もちろん幾世代にもわたって、批評学者たちも、無批判に信じている者たちも、この言葉を字義どおりに受けとめてきました。ここで用いられている「人の子」という表現は、ダニエル書七章から取られたものであり、そこで言及されているのは、神の民に敵対してきた強大な帝国の敗北と崩壊、そして、真の神の民、すなわち、いと高き方の聖徒たちが正しいと立証されることです。この「人の子が雲のうちに、偉大な力と栄光とともに来る」というフレーズを、ダニエル書に熱中している一世紀のユダヤ人は、実際に雲に乗って地上に降りて来る人間を指しているとは読みませんでした。むしろ、苦難の後にご自身の民の正しさを神が立証する、そのような大いなる出来事を予告していると考えていました。神の民は地へと「降る」のではなく、神のところへと「行く」のです。

イエスは、第二神殿時代のユダヤ人が持っていた期待という定番の話題を、徹底的に新しいやり方で表現しました。イエスはバビロンやシリア、そのほかの諸国の崩壊について用いられている題材を使い、それをエルサレムにあてはめたのです。そして、神による正しさの立証という預言者的な予告を、自分自身と弟子たちに関わるものだという形に向け直したのです。

このようなものの見方は反ユダヤ的ではないか、と指摘されることもありますが、それは重要なポイントを見落としています。ユダヤ主義の中で最も深く根づいている、最も高貴な伝統は、「内部からの批判」です。パリサイ派は、同時代の多くのユダヤ人に対して非常に批判的でした。エッセネ派は、自分たちを除くすべてのユダヤ人を、神のさばきへと向かっているとみなしていました。エッセネ派は、神による正しさの立証と救いの約束をみな自分たちのものとする一方で、ほかの人々の上には呪いを積み重ねました。この攻撃は特にパリサイ派に向けられていました。だからといって、パリサイ派あるいはエッセネ派が「反ユダヤ主義」というわけではありません。

イエスがあらゆる人を自由に招いたことには、もう一つの側面があります。それは、イエスが導いた道についていかない人々は、まさにその拒絶によって、異教国家であるローマ帝国と対決するという形で表現されるユダヤ人としての道に自らを位置づけているという警告です。このような行動の結果、彼ら自身は悲惨で深刻な歴史的破滅に向かっていたのです。そして、エルサレムの崩壊が実際にやってきたとき、イエスが提示した道が正しかったことが十分明らかにされるのです。エルサレムの崩壊は、単にイエスと彼による神の国の宣言が正しかったことを立証しているだけではありません。この崩壊こそ、イエスのメッセージの中心であり、本質であったのです。そしてこれは、一世紀のユダヤ人が採用するには、非常に特徴的で極端な立場でした。

結論

イエスが告げた神の国の到来について、これまで述べてきたことをまとめましょう。イエスは神の国の物語を、イスラエルの長い捕囚がついに終焉するという形で語っています。しかし「イエスの構想《アジェンダ》に対してどのような態度をとったとしても、これはすべてのユダヤ人にとって福音（良き知らせ）である」ということではありません。イスラエルの同じ物語を様々なユダヤ人が別の形で語っていましたが、それらとは鋭く対立する形でイエスは物語を語り直しました。それらの代替として自らの物語を提示したのです。イエスは、イスラエルが受け継いできた本物の伝統を自分は語っていると主張し、イスラエルの現在の生活の真ん中に逸脱と堕落を見いだして、それらを非難したのです。

この図式は、歴史の観点からは非常に納得のいくものです。なぜなら、徹底して、イエスを一世紀のユダヤ教の世界の中にいた者として考えて、かつ、そのことを十分に論じることができるからです。イエスは同時代の人々を、当時存在した「内部からの批判」の一つとして批判しました。イエスは、ユダヤ主義を捨てて別のものを試すことを勧めているのではなく、むしろ本物の神の民、すなわち、捕囚から帰還した、唯一のまことの神の民になるようにと招きました。その狙いは、神がイスラエルを再構築するための手段となることでした。イエスは、イスラエルそのものに影響を与えている悪に挑み、それを解決しようとしました。イスラエルの神がシオンに戻っていくための手段となろうとしたのでした。短くまとめるならば、イエスは神の国の到来を告げました。それは単なる強硬派が語る革命的なメッセージではありません。むしろ、そのような革命的なメッセージを含むほかの構想《アジェンダ》すべてをひっくり返す、別の意味で革命的で、かつ二重の意味が込められた神の国のメッセージでした。第四章でさらに詳しく見ていきますが、イエスはメシアとしての役割と、贖いの犠牲の使命の両方を自分は帯びているのだと主張しました。また第五章で見ますが、イエスはこのことがイスラエルの神ご自身の使命であるとも主張しました。

一世紀における歴史上のイエスの姿から、現代に生きる私たちの使命と働きを考えることには、大きな隔たりがあるように思われるかもしれません。それは、現代の私たちの職業的、実践的、学問的な使命や働きとは大きな違いがあるからです。二つの考えるべき道を紹介して、この章を終わりたいと思います。詳細は本書の最後の二章で述べますが、これらの二つの道を通して、今日のクリスチャンが自分のこととしてこれらのことすべてを考えてもらいたいのです。

第一に、私たちがクリスチャンとしてなすべきことのすべては、イエスがたった一度成し遂げられたことを土台としています。イエスが神の国を打ち立ててくれたので、私たちが神の国に生きることができるようになりました。またイエスが、神とイスラエルの物語、あるいは神と宇宙の物語を、計画されていたクライマックスへと導いてくれました。そのことによって、私たちは今、その働きをこの世界に満たすことができるのです。もし私たちが自分たちの立つべき土台が何かを理解したのならば、クリスチャンとしての使命を最大限に発展させることができるはずです。もしイエス・キリストに従っていくならば、私たちはそのイエス・キリストについて、より多くを知るべきだと考えます。

第二に、この土台は、建物全体の模範としても機能します。イエスがイスラエルに対してどうであったかということは、教会が今日の世界に対してどうあるべきか、ということと結びついています。私たちがイエスの働きやその語ったことについて一世紀のユダヤ教の中で見いだしたことはすべて、教会がこの世界に対して何を行い、この世界の中でどうあるべきかを考えるときに、十分に検討されるべきです。私たちの使命が現在の世界を形造り、私たちの世界の贖いをこの世界に満たしていくことであるならば、その実行のためにこの検討は不可欠です。

注

1　このことの最も明確な例がダニエル書九章二節、二四節にある。エレミヤが預言したように、捕囚が七十年続くと考えられていたが、それは、実際は「七十週の年月、すなわち四百九十年」続くのだ。また、「いまだ続いている捕囚」という隠喩をもって記述される神学的な状態が続いているという、ダニエル書と同様の信仰は、第二神殿時代のユダヤ教の時代に文字どおり多数証言されている。参考文献は以下のとおり。Craig, A. Evans, "Jesus and the Continuing Exile of Israel" in Jesus and the Restoration of Israel: A Critical Assessment of N. T. Wright's *Jesus and the Victory of God*, ed. Carey C. Newman (Dower Grove, Ill: InterVarsity Press, 1999); and cf. *The New Testament and the People of God*, pp.268-72; *Jesus and the Victory of God*, pp xvii-xviii, 126-9; and N. T. Wright, *Paul and the Faithfulness of God* (London: SPCK. 2013), 114-63.

2　この題材についての参考文献は、*The New Testament and the People of God*, Chapter 10.〔邦訳、『新約聖書と神の民　上巻 ―― キリスト教の起源と神の問題1』四九七頁以下〕もっと一般的なレベルでは、*The Millennium Myth* (London and Louisville: SPCK and Westminster John Knox, 1999).

3　パリサイ派に関しては以下の参考文献を見よ。*The New Testament and the People of God*, pp.

181-203.〔邦訳、『新約聖書と神の民　上巻――キリスト教の起源と神の問題1』三二六～三六四頁〕

4 *Jesus and the Victory of God*, pp. 230-39 を参照せよ。

5 *Jesus and the Victory of God*, pp. 125-31 を参照せよ。

6 Josephus, *Life*, 110.〔邦訳、フラウィウス・ヨセフス『自伝』秦剛平訳、山本書店、七五頁〕

7 マタイの福音書一〇章六、二三節、一五章二四節、それから八章一一～一二節も参照。この考え方は初代教会にも見られる。たとえば、ローマ人への手紙一五章八～九節参照。

第三章　象徴《シンボル》の挑戦《チャレンジ》

私はこれまでの章で、イエスの活動を考えるときには、一世紀ユダヤ教の文脈に照らし合わせて、神の国を告げる預言者と考えるべきだと論じてきました。さらに言うと、イエスは、捕囚からの本当の帰還は、自分の働きを通して実現すると理解していました。さらに、イエスは神の国の到来を宣言することには、二重の面において革命的な意味があると考えました。ローマ帝国とヘロデを批判し、そのことによって暗に神殿の体制を批判するとともに、これらの体制を批判していた普通の革命家たちをも批判したからです。すでに指摘したように、これらすべては、イエスが語った様々な物語からわかります。これらの物語には、まず本格的で物語形式のものであるたとえ話が含まれます。それとともに、物語形式では語られていない物語も含まれています。〔訳注＝この物語は、第二章では「壮大な物語《ナラティヴ》」と呼ばれている。〕　イエスが語った神の国の宣言は、たとえそれが簡潔なものであったとしても、この物語の一部であり、かつ、その決定的なクライマックスを担っています。この章では今までとは違った「象徴《シンボル》の実践」という観点から、イエスの活動の全体像を描き出してみたいと思います。

象徴《シンボル》は、常に議論の的になります。親しい間柄にあり、あなたに寛容であることがわかっている人に対してならば、その人の出身国についての冗談を言って、からかうこともできるでしょう。しかし、どれだけ仲が良くても、その人の出身国の国旗を目前で焼くことなど、考えもしません。また、教会に通う人たちは、牧師の語る奇妙な教理や行動に対して、けっこう寛容です。しかし、その牧師がいつもとは違う場所に花を飾ったとき、何が起きるでしょうか。きっと論争が起こるでしょう。そして、このことを通して象徴《シンボル》というものがどれだけ人の感情に訴えるのか、気がつくに違いありません。

私は今までの議論の中で、イエスに関する二つの問い――

一　イエスは一世紀のユダヤ教の中のどの位置に属していたか

二　イエスの目的は何だったのか

について答えようとしています。そして、この二つの問いに対する答えが、次に取り組む問いの土台を築くのです。それは、「なぜイエスは死んだのか?」という問いです。

　以下では、次のように論じていきます。第二神殿時代のユダヤ教の世界観においては当たり前だった象徴《シンボル》の数々を、イエスは暗に、また公然と非難しました。イエスは象徴《シンボル》自体を悪いものと考えたのではなく、時代に合わなくなったと考えたのです。つまり、イエスが非難したユダヤ教の象徴《シンボル》は、神の国が到来する前の時代に属するものであり、今や新しい時代が始まった時点で捨て去られるべきものなのです。そのうえ、イエスの働きから生まれた新たな象徴《シンボル》は、とても挑戦的なものでした。あらゆる点において、イエスとその働きを中心にし、かつその周りに神の民であるイスラエルが再定義されるとほのめかしたからです。

　詳細を論じる前に、イエスに関する議論について少し紹介しておく必要があるでしょう。伝統的な福音書の読み方では、イエスのことを、表面的な律法の遵守よりも内面のあり方を説く、愛と恵みの宗教の教師と考えます。このような読み方は、イエスをパリサイ派の人々と対立した者とみなしています。パリサイ派の人々は律法と表面的な行いの宗教を信じており、無償の赦しという考えや、愛と恵みという考えに我慢することができない、と決めつけているからです。

　ここ近年、頻繁に言われるようになりましたが、じつはこの図式は、一六世紀の宗教改革の論争に少なからず影響されたものです。宗教改革の文脈では、プロテスタントは、愛と恵みと心の宗教を望ましいものとして自分たちは選んでいると考える一方で、カトリックは律法、功績、外面的な実践の宗教を広めるものとみなしていました。さらに、啓蒙主義やロマン主義の世界観に則って、概念を強調したり（啓蒙主義）、感情を強調したり（ロマン主義）しました。その結果、外的な行動や物質的な何かを軽視するようになったのです。

二〇世紀後半における偉大な歴史家であるE・P・サンダースは、不正確な歴史知識を基盤としたこのような伝統的な読み方に反対しました。サンダースは、「律法に反することをイエスは決して言っていない」と主張しています。つまり、パリサイ派の人々を苛立たせるようなことをイエスは言っていなかったというのです。サンダースの考えによれば、福音書の重要な物語は、教会が後に勝手に作り上げたものであって、イエスとパリサイ派の人々の間の論争よりも、後のユダヤ教と教会の間の論争を映し出したものなのです。

この議論に関しては、多くの説明を要します。ここでは、要点をいくつかだけ述べることにします。まず初めに、伝統的な「様式史批評」という研究方法は、「福音書はイエスの出来事というよりも、初代教会の状況をより色濃く反映しているものだ」と語ることによって、様式史批評では見いだすことができないはずのことをあたかも知ることができるかのように主張しています。初代教会が抱えていた多くの重要な課題の中で、福音書に記述されていないものはたくさん存在しています。たとえば、割礼がそうです。異言の問題もそうでしょう。また、福音書の物語《ナラティヴ》の中では大きく取り上げられていますが、初代教会で問題となっていなかったものもあります。そのうえ、ある人たちが主張しているほど、初代教会とユダヤ人の間で後になされた論争についてよくわかっていません。

サンダースの主張したイエスとパリサイ派の人々の姿は、事実、非常に影響力のあるものです。しかし、そのすべてが十分な証拠に基づくものとは言えません。四つのポイントにまとめてみましょう。[*1]

第一に、パリサイ派はサンダースの主張とは違って、エルサレムにのみ存在する小さなグループではなかったということです。イエスの時代、パリサイ派は数千人という規模で存在しており、ガリラヤやそれ以外の地域でも活動していた証拠があります。

第二に、この時代のパリサイ派の人々の構想《アジェンダ》は、彼らの「きよさ」や他人の「きよさ」といった、「きよさ」に関わるものだけには限定されていませんでした。あらゆる証拠が指し示しているように、パリサイ派の大多数がハスモン朝時代やヘロデ王朝時代を経てユダヤ戦争（紀元六六〜七〇年）に至るまで、きよさよりも「きよさが象徴《シンボル》として表すこと」に主眼を置いていました。それは、ユダヤ人としてのアイデンティティーを保ち続けることであり、国の解放という悲願を達成することでした。ほとんどのパリサイ派の人々は、紀元七〇年まではシャンマイ派に属していました。〔訳注＝シャンマイは、紀元前五〇年〜紀元後三〇年に生きた、一世紀のユダヤ教の重要人物であり、古代ラビ文学のミシュナに登場する主要人物である。律法の厳格な遵守を説き、同時代の寛容派の主要人物であるヒレルの最大の論敵であった。〕この時代のパリサイ派の律法への厳格さは語りぐさとなるようなものであって、単に個人的にきよさに関わる律法を守ることにとどまりませんでした。むしろ、タルソのサウロに見られるように、イスラエル国家全体を異教からきよめ、洗い、守りたい、という動機に結びついていました。同時代に生きた、シャンマイ派の対抗勢力である寛容なヒレル派は（ガマリエルのような人もそこに属していたと考えられていますが）、紀元後六六〜七〇年と一三二〜一三五年の二つの破滅的な戦争によってパリサイ派というより厳格なグループの士気が破壊されるまで、その主権を握ることができませんでした。

第三に、厳格なパリサイ派といっても、人々の思想を取り締まる「思想警察」のようなものではなかったという点をサンダースは強調しており、このことは正しいでしょう。

彼らは、パリサイ派であること以外、何の権限も持っていませんでした。タルソのサウロは草創期の教会を迫害するにあたって、祭司長たちから許可を得る必要がありました。それにもかかわらず、非公式の自称「圧力団体」として、パリサイ派の人々はユダヤ人の法である律法に反した人々を探り出すことをやめませんでした。サンダースは取り上げていませんが、フィロンの著作に、何千人ものパリサイ派の人々について、「律法に対して熱心であり、先祖伝来の伝統の最も厳格な守護者たち」という一節があります。これは、フィロンとヨセフスの両者において、パリサイ派の人々を指す定番の表現として用いられていました。パリサイ派とは「常にその目を違反者に向け、律法を損なう者に対しては容赦がない存在」でした。[*2]

第四に、サンダースは、「イエスは律法に反することをはたして言ったのか、言っていないのか」という問いを繰り返すことによって、問題を単純化してしまいました。この問いは必ずしも重要ではありません。もしイエスが「モーセ五書（トーラー）は余分なものである」と言っていたなら、初代教会がモーセ五書を依然として守るべきかどうか議論していたという事実は、奇妙なことだと言えるでしょう。サンダース自身も別のところでは認めているように、イエスの成し遂げたことは、「新しい時代が幕を開け、神の国が確かに到来し、その結果、すべてはこれまでとは異なるものとなる」と宣言したことでした。パウロの律法に関する議論は、単に律法が現在、有効か無効かというものではありません。律法が、異邦人が神の民に加えられるための条件であるかどうかというものでした。そして、イエスはこのことについては何も言っていないのです。

ここで重要なことは、いわゆる宗教ではなく終末論です。道徳ではなく、神の国の到来です。神の国の到来を宣言したとき、イエスは同時代の人々に挑戦《チャレンジ》を投げかけ、自身の構想《アジェンダ》を投げかけました。「伝統の今までの解釈を捨て去りなさい。それはあなたを破滅へと導くから」と。自分の伝統についてそれまでとは異なった解釈を受け入れていくことは一見損失に見えますが、じつは真の勝利への道でした。この挑戦《チャレンジ》が象徴《シンボル》を実践することによって裏づけられた結果、イエスとパリサイ派の人々の間に激しい論争が生じ、そして最終的には、この論争はイエスの命を奪おうとする陰謀に発展したのです。

イエスとパリサイ派の人々の間に起こった論争は、きよさに関する律法に特に集中していました。先述したように、きよさに関する規則は、単に個人的な清らかさについてのものではありません。社会人類学者が主張するように、これらは、部族、家族、民族全体をきよめて、それらを維持するために存在する規則の形をした象徴《シンボル》でした。この時代のユダヤ人の著述家や近年のユダヤ教研究家による多くの文献を見ると、ユダヤ教の律法とは、「律法主義者が天国に上って行くための梯子《はしご》として想定されているもの」ではなく、むしろ「非難されるべき人はだれかを決める境界線」です。イエスがパリサイ派の人々と衝突した理由は、イエスが律法を無視している無律法主義者だからではありません。パリサイ派の人々が行いによる救いを信じ、イエスが信仰による救いを信じていたからでもありません。イエスがパリサイ派の人々と衝突したのは、自らが語る、イスラエルに与えられた神の国の構想《アジェンダ》のゆえでした。イスラエルは、古代からの律法によってより堅固にされた、熱狂的かつ偏執的な自己防衛から離れて、世の光、地の塩となる新しい使命を受け入れていかなければならない、と神の国の構想《アジェンダ》をイエスは要求したのです。

以上のことから、イエスと同時代の人々、特にパリサイ派の人々との間の衝突は、神の国の到来という、これまでとは異なる終末観と終末への期待から生み出される、これまでのものとは異なる政治的構想《アジェンダ》という観点で検討されなければなりません。イエスは神の国の到来を宣言しましたが、そのメッセージは、パリサイ派の中の主流派が抱いていた、革命への熱心という構想《アジェンダ》を堅固にすることはありませんでした。むしろそのような構想《アジェンダ》に疑問を投げかけました。この時代における象徴《シンボル》は、イエスと同時代の人の間に革命への野心を掻き立てる規則と化してしまっていました。ですから、そのような象徴《シンボル》をここまで強調することに、イエスが疑問を投げかけたのは驚くにあたりません。

これらのことを念頭に置きつつ、この時代におけるユダヤ教の主要な象徴《シンボル》を見ていきましょう。そして、その象徴《シンボル》とイエスとの関連を考慮に入れて、なぜイエスがその働きを行ったのかを理解していくことにしましょう。

イエスとユダヤ教の象徴《シンボル》

①安息日

安息日論争の物語を検討するにあたって（最も知られているのはマルコの福音書二章二三節～三章六節でしょう）、再び、サンダースと彼に賛同する学者たちの考えに反論したいと思います。

サンダースは、安息日論争は実際に起きたことではないと主張します。なぜならパリサイ派の人々は、些細な違反を犯している人々を捕まえるために、わざわざグループを作って畑に出かけて行くことはしなかったと考えているからです。サンダースはここでも、自らの立場である、「イエスは、ユダヤの回復を期待する終末思想に立つ預言者である」という前提から離れてしまっています。しかし、イエスがある構想《アジェンダ》を持った運動《ムーブメント》のリーダーであり、その構想《アジェンダ》がパリサイ派の人々と対立するものならば、彼らが自発的に働きを進め、イエスを調査しようと決めることは十分にありうることでした。

『イエスと神の勝利』（*Jesus and the Victory of God*）の中で、すでに指摘したことですが、危険を承知のうえで、このパリサイ派の行動とよく似た現代の現象を思い浮かべてみましょう。現代社会において、公職として選ばれたり任命されたりしていないのに、自分から進んでだれかの生活、特に時流にそぐわない意見を持った人の生活をあれこれ詮索し、あら捜しをしている人々がいます。自著の中で、ジャーナリストを例に挙げてみました。彼らは、皇太子妃の名誉を傷つける写真を撮るためであれば世界の果てまでも行き、ガリラヤの畑に限らずどんな不快な場所にでも身を隠していることができるのです。[*3] 一九九六年に私がこの言葉を書いたときには予想もしていなかったことですが、その一年後に、カメラを持ったジャーナリストたちが元皇太子妃を追い回して、死に至らせる事態が起こりました。

パリサイ派の人々を宗教的な「思想警察」の一種として考えるならば、福音書のパリサイ派像はこっけいなものになってしまうでしょう。しかし、もしも彼らを、明確な構想《アジェンダ》を持ち、自発的な圧力団体であるとみなすなら、どうでしょうか。彼らにとってライバルとなるような計画を持つ他の運動《ムーブメント》に疑念を抱き、世に知られたいという野望を持つ人々を暴き出し、その人たちは実際はたいしたことのない者であることを示そうと躍起になっている集団と考えたら、どうなるでしょうか。そうであれば、パリサイ派の人々がイエスが何をしようとしているのかを嗅ぎ回り、排除しようとしたことは、非常に納得がいきます。

圧力団体としてのパリサイ派の人々は、彼らの文化とその文化の切実な希望を表現するために一般的に用いられている「象徴《シンボル》」に焦点を当てていました。「イエスは、愛国心を示したか。イエスは、律法を遵守する忠実なユダヤ人だったか」と彼らは嗅ぎ回っていたのです。（もう一度ここで思い出しておきたいのですが、この質問は「イエスは行いによって義と認められようとしたか、立派な道徳的なわざによって神の恵みを得ようとしたか」ではありません。むしろ「忠実なユダヤ人が神に感謝を表すために行う象徴的な行動を、イエスも行っていたのか」という問いです。）

これらの象徴《シンボル》の中で、ユダヤ教についてほとんど知らない異教徒さえよく知っていた最重要なものの一つが、ユダヤ人による安息日の遵守です。現在でも、安息日にエルサレム市内のある場所を車で走ったら、石を投げられることがあるかもしれません。だとしたら、一世紀のガリラヤで安息日の遵守を破ったとき、人々の間で激しい感情が湧き起こらないことがあるでしょうか。

イエスが安息日に対して権威を持つ者として自由に行動したことを、すべてのしるしは指し示しています。さらに言えば、イエスは自分の行動を弁明しましたが、それでも、権威者への反抗を促しているのではないかというイエスへの疑念は静まることはありませんでした。パリサイ派の人々から、「なぜ彼らは、安息日にしてはならないことをするのですか」と問われたとき（マルコ二・二四～二八）、イエスはダビデが行った同様のことを引き合いに出して答えています。油注がれたまことの王であったダビデがサウルから逃げていたとき、通常は禁止されているはずのささげ物のパンを食べたのです。この例で言えば、パリサイ派の人々の行動は、サムエル記第一、二一章に登場するエドム人ドエグの、ダビデに対する行動のようなものです。ドエグは、ダビデが何をしているかを観察し、そしてサウルに告げるためにそこから立ち去って行ったからです。

イエスの「人の子は安息日にも主です」ということばは、当時の人に謎めいた響きを残したに違いありませんし、現代の学者たちにとっても謎めいたものです。しかし、そのことばを聴いて、この暗号のようなことばの背後に「イエスこそがイスラエルの真の代表であり、いま悪の力に脅かされているものの、神によってその正しさが立証されるはずだ」というメッセージを聞いた人もいたでしょう。

ルカの福音書に記されている安息日の戒めを破った二つの物語は、安息日こそが癒しの行われる最も適切な日であることを強調しています（ルカ一三・一〇～一七、一四・一～

六)。安息日は、束縛と捕囚からの解放を表現しています。イエスは、イスラエルが待ち望んでいた真の安息日が自身の働きを通してやってきたということを、ここで示したのです。問題となっていたのは、観念としての「宗教」でも「倫理」でもありません。安息日は、終末論的な希望と神の国の構想《アジェンダ》に関わっています。イエスは、イスラエルの使命と、イスラエルの神に対する信仰と、イスラエルの終末論的な希望を擁護しているのです。しかし、この使命と神学と熱望は、始まりつつある新しい時代にふさわしい形で、新しい象徴《シンボル》をもとに再定義されなければなりませんでした。

②食事の規定

似たようなことを、複雑な箇所であるマルコの福音書七章と、その並行記事であるマタイの福音書一五章から読み取ることができます。これらの章には、きよさに関する律法、特に食事に関する規定が書かれています。近年においても古代においても、この食事に関する規定は、安息日と同じようにユダヤ人とその隣人である異教徒を区別するためのしるしでした。繰り返しますが、ここで重要なのは、律法主義という些細なことではありません。むしろ、イスラエルを異教徒から区別する先祖伝来の規定に、イエスが忠実であったかどうかなのです。

食事の議論は、マルコの時代に問題となったことが過去のイエスの時代に投影されたものであって、イエスとは関係ない、などと考えてはなりません。マルコは読者のために、章の初めに、手を洗う規則について説明しなければなりませんでした。もし、当時の教会で、ユダヤ教の食事規定が重要な課題として真剣に議論されていたなら、この説明は必要なかったでしょう。ですから、食事規定に関する議論はマルコの時にはもうされていなかったのです。

イエス自身が食事の議論を行っていたということは、マルコの物語《ナラティヴ》の特徴に注目するとき、より明確になります。マルコの立場では、イエスが食事やきよさについてどのように考えているか、隠す必要はありませんでした。ですから、イエスがいつもの行動のパターンに従っていたことをも記録しています。つまり、イエスは、群衆には謎めいた言い方をしましたが、そのあと弟子たちにはきちんと説明をしているのです（七・一四〜二三）。もし、イエスが道の真ん中で「ユダヤ人と異邦人を区別するために神が与えた禁忌は、今や時代遅れである」などと言ったなら、そのことが暴動を引き起こしかねなかったことでしょう。イエスは、謎めきつつも明確に自分の信念を示しました。始まりつつある新しい時代において、イスラエルは神の光を自らのうちにとどめるためにだけ存在しているのではなく、世界にまでその光を分かち合うために存在しているのです。

③国と土地

安息日と食事規定に加えて、イスラエルのアイデンティティーに関わるゆえに非常に大切にされていた他の二つの象徴《シンボル》に、イエスは時限爆弾をしかけました。この二つの象徴《シンボル》とは、イスラエルがアブラハムを共通の父祖とする子孫であることと、異邦人との食事や結婚が禁止されていることです。これらとイスラエルのアイデンティティーとの関わりは、イエスの時代にあらゆる種類のユダヤ教の中で一貫していたわけではありません。しかし、これらが十分な影響を持っている点は実証されています。ですから、イエスの発言や行動がこれまでの教えを覆すような危険なものとみなされていたのです。

ユダヤ人の血縁意識は、象徴《シンボル》の中でも特に重要なものだと言えます。そして、非常に注目されるイエスの発言を検討すると、その中には血縁意識をないがしろにしているかのように聞こえるものもあります。

「死人たちに、彼ら自身の死人たちを葬らせなさい。あなたは出て行って、神の国を言い広めなさい。」
（ルカ九・六〇）

両親の葬儀を無視することは、私たちの文化においても無礼な行為だと考えられています。ましてやイエスの文化では、父親を葬ることは一日に三度祈るシェマーよりも優先されました。ところが、イエスは神の国を告げることは、それよりさらに重要だと言うのです。また、「わたしの母とはだれでしょうか。わたしの兄弟たちとはだれでしょうか」（マタイ一二・四八）というイエスのことばはどうでしょうか。近代の西洋文化に同化した若いユダヤ人男性であっても、イエスと同じことを言うことはありません。まして一世紀の若いユダヤ人がこのような言葉を発することなど、まずありえません。当時のユダヤ教において、血族と民族のアイデンティティーは何にもまして重要だからです。イエスは「わたしは、人をその父に、娘をその母に、嫁をその姑に逆らわせるために来たのです」（同一〇・三五）と言っています。来たるべき時代を受け継ぐには、人はその家族を離れなければならないというのです。イエスは弟子たちに、ユダヤ人における大切な象徴《シンボル》の一つを手放すように、挑戦《チャレンジ》を投げかけたのでした（マタイ八・二一〜二二、一二・四八、一〇・三四〜九、ルカ九・五九〜六〇、マルコ三・三三参照）。

この挑戦《チャレンジ》と密接に繋がっているのが、財産を手放せという命令です。このことばは今まで、後の修道士的な生活をするための挑戦《チャレンジ》に繋がっていくものと受けとめられてきました。個人の献身の究極のテストとして考えられてきたのです。イエスの意図を考えてみたときに、イエスの時代においてこの命令はまったく違ったことを指していると考えられます。この文化において主要な所有物は、なんといっても土地であり、その土地こそがユダヤ人のアイデンティティーに関わる大切な象徴《シンボル》の一つなのです。

土地と家族への挑戦《チャレンジ》が同時に投げかけられている不可解な箇所があります。ルカの福音書一四章の後半では、迫り来る危機に際してイスラエルに備えがあるかどうか、二重の警告がなされています。イスラエルが全力を尽くして建設している神殿は、本当に完成するのか？　聖戦を戦おうとしているイスラエルは、勝つことができるのか？　イエスは、ユダヤ民族のアイデンティティーを保つための、ゆずることのできない象徴《シンボル》となったこれらのものを手放すように、と同時代の人々に勧めているのです。自分たちの構想《アジェンダ》を追い求めるあまりに、すべてを失うことにならないようにと警告しているのです。

今まで述べたことはすでに、最も主要な象徴《シンボル》、すなわちエルサレム神殿を指し示しており、神殿との関わりの中でなされたイエスの行動をも指し示しています。

④神殿

現代におけるイエスに関する著作のほとんどは、神殿に重点を置き、そこでイエスが何をし、その結果、何が起きたかを検討するという形で、適切な方向にその研究を進めています。神殿は、一世紀においてユダヤ教の心臓であり、中心であり、すべてがその周りを回っているような最も大切な象徴《シンボル》です。

まず神殿は、唯一の神ヤハウェが住まわれる場所、もしくは、少なくとも、かつては神が住んでおられ、再びそうする場所と考えられていました。また、そこは犠牲がささげられる場所です。このことによって罪が赦されるのみならず、イスラエルと神が結び合わされ、二者の間の交わりが絶え間なく、色あせることなく完成されるのです。

神殿はこのような二つの特徴を持つ場所でしたから、イスラエルの国家的・政治的な中心となったのです。その結果、神殿の責任を持つ祭司長たちは、その基盤が不安定であったヘロデ王朝とともに、国家全体の責任をローマ帝国の監督のもと、持つことになっていました。

それに加えて、神殿は王政と様々な点で関わりを持っていました。神殿はダビデによって計画され、ソロモンによって建てられ、ヒゼキヤとヨシヤによって修復されました。その初期の歴史は、イスラエルの初期王政時代の輝かしい日々と繋がっています。ゼルバベルは、バビロン捕囚の後に神殿を再建すると考えられていました。ゼルバベルの神殿再建の失敗は、王政を再建できなかったことに決して無関係ではありません。マカベア朝のユダ・マカベアとその仲間たちは、シリアの侵入の後に神殿をきよめました。ダビデの直系ではないため、王家を継ぐ資格を持っていなかったマカベア家は、神殿をきよめたという一点のゆえに百年間も続く王朝を設立できました。ヘロデが神殿を再建したことは、伝統的なユダヤ文化の枠組みで考えると、自分の王位を正当化することを見据えてのことでした。

第一次ユダヤ・ローマ戦争（紀元六六〜七〇年）のとき、メナヘムとシモン・バル・ギオラというメシア志望の人物が二人現れました。彼らは神殿において自らをメシアとして人々の前にあらわした後、一人は敵対するユダヤ人によって、もう一人はティトゥスがイスラエルを陥落させたときにローマ人によって殺されます。この時代の最後の偉大なメシアは、シモン・バル・コクバです。コクバは、神殿の外観を刻んだ硬貨を鋳造させます（この行為自体がそもそも反乱に値します）。それが神殿の再建と自らを王とする王国の設立を意図することは明らかです。このように、神殿とメシアは切っても切れない関係にあるのです。

その一方で、当時のユダヤ人の多くが、既存の神殿を認めていませんでした。エッセネ派は、その時代の権力を握る上流階級に強い反感を抱いていました。ですから、彼らエッセネ派はほかの集団と離れて存在していたのです。エッセネ派にとって既存の神殿は、敵たちの本拠地でした。それで、新しい神殿が造られる時を彼らは待ち望み、その新しい神殿の主導権を自分たちが握るのだと考えていました。

パリサイ派は、神殿への参拝によって得られると考えられている祝福が、律法の探求と実践によってむしろ得られるという考えを形成し始めていました。「もし二人が共に座って律法を学ぶなら、神の臨在は彼らと共にある」という言葉があります。[*4] 初期のラビによる言葉で、神の臨在と共にあるという神殿の特権が世界中どこでも経験できるようになったことを説くものです。これは言うまでもなく、特に離散のユダヤ人、「ディアスポラ」のための神学でした。彼らは神殿へ行くことができなかったからです。この神学は紀元七〇年以降に重要なものとなります。そして、エルサレム神殿の崩壊という大惨事の後に、パリサイ派の後継者となるラビたちが再び集まり、グループを存続させることを助けるのです。したがって、パリサイ派自身は当時の神殿に反対していたわけではありませんが、神殿はすでに絶対的なものではなく相対化されていました。ですから、パリサイ派の人々がイエスを綿密に調べ上げて批判したのです。イエスもまた、神殿に代わるものを提供していました。

ユダヤ人の中には、神学的というよりは、むしろ社会的・経済的な理由で既存の神殿を批判した人もいました。ユダヤ教社会においてあまり優遇されない人たちは、自分たちを抑圧するあらゆるものを神殿は代表している考えていた、という記録が残っています。金持ちや堕落した貴族たち、そして彼らによる組織的な不正によってその人たちは抑圧されていました。反乱を起こした人が戦争中に行った訳《わけ》ありの行動を見ると、彼らは神殿を占領したとき、銀行の中央コンピューターを破壊するのと等しい行動を古代の文脈の中で行っています。神殿のすべての債務の記録を焼いたのです。それは、神殿が抑圧を示すしるしであることを示唆しています。

不満がこのように蔓延していた状況を踏まえると、イエスの神殿における行動が不自然なものではないことと、他とは異なる側面を持っていることがわかります。イエスは神殿に対して、「この組織は改革が必要だ」でもなければ、「間違った人々がこの場所を運営している」でも、「信心深さは神殿以外の場所で見られる」でもない態度をとっています。イエスの神殿についての考えの奥底にあったものは、終末論的なものでした。神が神殿という組織全体をさばく日がついにやって来た、ということです。神殿は、社会の内部を特徴づける不正の象徴《シンボル》となっていました。さらに、社会の外部に対しては世の光、山の上にある町となって、世界中の人を神に引きつける使命を与えられているはずのイスラエルが、この使命を拒否したことの象徴《シンボル》もまた神殿でした。

今まで論じてきたことすべてを踏まえると、「イエスは神殿で何をしたか」と、「そのことによってイエスは何を表現したのか」という問いが出てきます。この問いについて現在のところ様々な意見があります。イエスの行動は、神殿の制度を改革するため、もしくは、きよめるためのものだったと主張する人もいれば、イエスの行動はあくまでもたとえであって、神殿の破壊を表現していたと言う人もいます。近年の議論においては、後者の意見に立って議論を進めるほうがより良い結果を生み出すと考えられています。しかし現段階では、この後者の意見においてすら大きな見解の違いがあります。そして、「もしイエスの行動がさばきのしるしだと言うなら、そのさばきとは何に基づいて、どんな結果を意図しているのか」という問いかけがなされています。

もう一度、サンダースの考えに戻ってみましょう。彼は、すでに広く影響を与えているモデルを示しています。サンダースによれば、イエスが神殿の崩壊を自らの行動をもって表現したのは、新しい神殿が建てられ、それもかなりの可能性で神ご自身がそれを行うと信じていたからです。（ここで注目すべきなのは、古代のユダヤ教でも現代のユダヤ教でも、神殿の建設も含めて「神が何かをなさる」という概念は、設計士や建築家など、人の手を一切借りないで事を行うことを表現しているわけではない、という点です。)

すでに示してきたことですが、ガリラヤにおける働きの間、イエスはあたかも自分が神殿と同じ役割を担うよう召されているかのような言動をとっていました。イエスが差し出す赦しは、神殿での礼拝やいけにえなどを条件として求めていませんでした。今日の世界にたとえて言えば、イエスによる赦しは、パスポートや運転免許証を一人の私人が勝手に発行してしまうことに似ているかもしれません。イエスは公的な機関の働きを邪魔する一方で、その代わりの新しい機関の設立をそれとなく主張したのです。

また、まもなく来るさばきに関するイエスの警告の多くが、神殿に焦点を当てているのを見てきました。これまで私が論じてきたことはみな、イエスの神殿でのふるまいは、行動を通して語られたさばきについてのたとえ話である、という論旨を支持しています。

イエスがエルサレムに来たとき、その町自体は、神殿とイエスの両者が共存できるほど大きくなかったと言うことができます。国民生活の中心的な象徴《シンボル》は、脅威にさらされていますし、もしイスラエルが悔い改めないなら、神殿は異教徒の手に落ちてしまいます。イスラエルの神はさばきを行い、ご自分の民の贖いを始められた、とイエスは信じていました。そして、この神のわざは数多くある出来事の一つとしてではなく、イスラエルの歴史のクライマックスである、と考えたのです。このさばきは、ローマ帝国による破壊という形を取るでしょう。ただし、そのあとに（ここはサンダースとは意見が異なりますが）新しい神殿が実際に再建されるというわけではありません。むしろメシアによる共同体《コミュニティー》が神殿の破壊のあとに設立されるのです。イエスに焦点が当てられ、これから先、永遠に神殿の代わりとなる共同体が設立されるのです。

それでは、「おまえたちはそれを『強盗の巣』にしてしまった」（マルコ一一・一七）とのイエスの告発を、どのように考えればよいのでしょうか。イエスが神殿を非難した一番の理由が経済的な搾取と関係がある、と示しているのでしょうか。イエスが神殿に出かけたのは、破壊を象徴するためではなく、神殿をきよめるためなのでしょうか。

ここでも、旧約聖書の引用（この場合は、エレミヤ七・三〜一五）の背後にある文脈が重要になります。エレミヤは、神殿の改革を提唱してはいませんでした。むしろ、神殿の破壊を予告したのです。ここでは「強盗」と訳されているギリシア語の「レステス」は、ヨセフスが、「略奪者」「反逆者」という意味でよく使っていた言葉です。ヨセフスが「レステスの洞窟」という表現でこの語を二度使っています。[*5] 絶望している革命家たちが身を隠すために使った文字どおりの洞窟をここでは参照しています。

以上のことから、イエスの神殿に対する告発は、実際にそこで行われていた、金銭を奪い取るあくどい手口に関わるものではありません。エレミヤの時代と同様に、神殿はローマへの反乱を熱望する民族主義者たちの関心の中心でした。神殿を取り仕切る人々も、革命主義者からすれば問題の一部でしたが、神殿自体がさらに大きな問題でした。神殿はイスラエルの神が住むと約束した場所であり、すべての外敵から神の民を守ってくれる場所であると彼らは信じていたからです。

神殿ははたして、イザヤが語るような神の願望、すなわち、諸国にとっての希望と光を示す旗印、隠れることのできない山の上の町となることを象徴することができたのでしょうか。「イスラエルの使命は痛ましいまでに歪められたために、彼らの現在の神殿に対する姿勢の中にとてもひどい形で象徴されている」とイエスは考えました。道を踏み外して最悪の状態となった象徴《シンボル》は、破壊される以外にありません。たとえて言うならば、山、おそらくシオンの山は持ち上げられ、海に投げ込まれてしまうほかないのです。

それでは、なぜイエスは神殿の庭から商売人たちを追い出したのでしょうか。神殿税なしでは、日々の犠牲のささげ物が供えられません。神殿用のお金がなければ、礼拝者たちは汚れのないささげ物用の動物を買うことができません。そして、動物なしでは、犠牲はささげられません。ささげ物がなければ、たとえそれが一、二時間ほどだとしても、神殿は確かに一時その存在意義を失ったのです。

イエスの行動は、自分の信仰、すなわち、ヤハウェがシオンに戻って来たとき、神殿に住まわれないという信仰を象徴していました。もしヤハウェが神殿に住まわれたとしたら、神殿を現在司っている人々や、彼らと神殿を取り巻いている愛国的な野心を正当化してしまうからです。しかし、ヨセフスが似たような状況の中で気がついたように、ささげ物をやめることは、イスラエルの神がローマ軍を使って神殿の上にその運命を下すことを意味しました。この運命は、イスラエル自らの汚れと国家主義的反乱の承認がもたらしたものです。イエスが神殿の普通の営みの中に引き起こしたこの小さな混乱は、その世代のうちに到来するであろう神殿の破壊を象徴していたのです。

安息日、食事の規定、家族と土地という象徴《シンボル》と同様のことが、神殿にも起きています。イエスが行った象徴的な行動と、それを説明するために人々に語りかけた謎かけのようなことばの数々は、私たちが今まで描いてきた絵を完成させることでしょう。それは、イエスがバプテスマのヨハネやエレミヤのような、もしくはそれ以上の預言者であるという絵です。イエスはイスラエルが待ち望んでいた神の国の到来を宣言しました。しかしそれは、まもなく到来する救済の知らせというよりはむしろ、差し迫ったさばきについての警告でした。

ここでもう一度、私の論点を強調しておきます。イエスがユダヤ教の象徴《シンボル》に反対していたのは、それが悪いものだからでも、神からのものではないからでもありません。イエスは神の国が始まる時がついに来たと信じていました。それとともに、新しい構想《アジェンダ》が出現したと信じていました。イスラエル国家の象徴《シンボル》を乗っ取ったうえに、その背後で、不正を覆い隠していたこれまでの構想《アジェンダ》とは正反対に位置するのが、イエスのこの構想《アジェンダ》でした。イエスは預言者として、またイスラエルの神のもとに、その代理として、自らの行いとことばを通して神のさばきが避けられないと厳粛に宣言しました。過去にも神殿をさばいてきた神は、今こそ最終的なさばきを行おうとしておられるのです。

イエスによる神の国の象徴《シンボル》

次に、イエス自身の働きに用いられている象徴《シンボル》に目を向けましょう。前章で示してきたように（私は十二弟子の召命を例に挙げました）、イエスは自らの目的と構想《アジェンダ》を雄弁に物語る様々なわざを成し遂げています。ここで、さらに詳細な知識を加えてその全体像を完成しましょう。イエスは土地、家族、律法、神殿などの象徴《シンボル》をその意義とともに打ち壊す一方で、これらの象徴《シンボル》を自らの働きと構想《アジェンダ》を指し示す別のものに置き換えています。

①土地と人々

イエスは、地理的な場所が持っている象徴《シンボル》としての意義を明確に認識していたようです。（福音書の記者たちがこれに気づいていたことを肯定的に受け入れるとしたら、イエスも同じことに気づいていたことを否定するのは間違っています。）イエスが重要な行動やメッセージを語るときに選んだ場所には、象徴《シンボル》としての意味があります。神殿やオリーブ山がその典型的な例です。ユダヤ人は、地理的な場所に象徴《シンボル》としての意味があることに気づいていましたので、イエスはこのことを、自らの目的のために最大限に利用したのです。

ただし、イエスが引用したと思われる聖書の箇所は、土地の回復に関わることです。それはもちろん、捕囚からの帰還という大きなテーマの一部であり、イエスはこれを、痛めつけられ、壊された人間性の回復とも結びつけました。イザヤ書三五章で、荒野と砂漠が喜ぶようにと命じられたのは、「目の見えない者の目は開かれ、耳の聞こえない者の耳は開けられる。そのとき、足の萎えた者は鹿のように飛び跳ね、口のきけない者の舌は喜び歌う」ことが実現する時であると記されています（一、五〜六節）。象徴《シンボル》の実践において、イエスは自らが行った癒しをその中心的で重要な位置に置きました。そしてそれは、初期の教父たちが考えたような「神性の証拠」と考えられるべきではありませんし、人々の物理的な必要に対して示したイエスの同情の証拠というだけでもありません。イエスの癒しは、彼自身によるイスラエルの再構築の象徴《シンボル》なのです。

このことは、イエスの構想《アジェンダ》とクムラン教団の構想《アジェンダ》を比較するときに、非常によく理解できます。死海文書の中の『会衆規定』(1QSa)に記されている、「メシアの基準」と呼ばれているものを読むと、目の見えない人、足が不自由な人、耳が聞こえない人、口がきけない人たちは、神が新しく回復する民から排除されています。頑なな、冷酷とも思えるこの文書は、「きよさに関わる律法は、共同体《コミュニティー》のメンバーを制限し、人々を排除するためにある」とも語っています。イエスの方法論《アプローチ》は、それは真逆です。イエスの癒しは包括主義を、それも徹底的で、癒しをもたらす包括主義を指し示しています。現代のような、なすがままの放任主義で何でもあり、という包括主義とは異なります。根本的な問題に取り組んだ末に生まれたものであって、真に刷新され、回復された共同体《コミュニティー》、すなわちイエスが語っている神の国を象徴し、体現する共同体を生み出すものです。

②家族

ことばとわざの両方を通して、イエスは新しいアイデンティティーを持つ民、すなわち新しい家族へと人々を招き入れていきました。

「ご覧なさい。わたしの母、わたしの兄弟です。だれでも神のみこころを行う人、その人がわたしの兄弟、姉妹、母なのです。」

（マルコ三・三四～三五）

新たにされたこの共同体《コミュニティー》は、イエスの周りに形づくられた「家族」であって、様々な人がそこに含まれていました。唯一「資格」とでも呼べるものは、イエスと彼が語った神の国のメッセージを信奉することだけでした。この共同体は、イエスのメッセージに血肉を持ったアイデンティティーを与え、パリサイ派やエッセネ派の教えを信奉する人々たちには挑戦《チャレンジ》を投げかけています。既成政党の目の前で誕生した新政党のように、イエスの共同体《コミュニティー》が脅威とみなされるのは避けられないことでした。しかし、イエスがいかにしてこの新しい家族を生み出し、それを祝ったかを見れば、神の新しい世界が開かれたことがわかります。行く先々で癒しと祝福をもたらしているからです。そして、力が危険なものであることを意味していた一世紀の世界において、癒しと祝福がイエスによって組み合わされた結果、その力ある姿が脅威となったのです。

③律法

神の民が象徴《シンボル》を通して再定義されるとともに、イエスの構想《アジェンダ》の中で、律法の実践がいくつかの新しい象徴《シンボル》に置き換えられていきました。これらの象徴《シンボル》は、回復されたイスラエルの特徴をよく表しているものです。特に、イエスの教えの中で「赦し」に特別な立場が与えられていることに気づくでしょう。人を赦すとは、繰り返しになりますが、実行が難しい倫理的な挑戦《チャレンジ》として考えるべきではありません。何よりも重要なことは、赦しとは、終末論に関わる事柄だということです。少しばかり回り道をして、このことについて説明しましょう。

今まで主張してきたように、イエスの生きていた時代において、ユダヤ人は捕囚が本当に終結することを待ち望んでいました。しかし、古典的な預言者たちや、エズラ記、ネヘミヤ記、ダニエル書では、捕囚はイスラエルの罪の結果として繰り返し描かれています。したがって、イスラエルが罪の赦しを望んでいるというとき、意味するところは、個人的なもの、すなわち心が穏やかになることの切望を表現しているのではありません。イザヤ書四〇章から五五章で、ヤハウェがついにイスラエルの罪を解決すると語られるとき、預言者が意図したものは明確でした。つまり、捕囚を引き起こした罪が最終的に赦されるならば、捕囚に終わりがやって来ます。したがって、罪の赦しは、終末論的な希望の一つの側面なのです。罪の赦しは、精神や心の状態というよりも出来事です。

赦しがイエスによって与えられることからわかるように、イエスの働きにおいて、そしてそれを通して神の国が始まりました。それと同様に（私がこの章で強調したいことですが）、イエスが弟子たちに与えた、互いに赦し合うようにという要求は、単に概念上の倫理的な構想《アジェンダ》の一部分ではありません。それは、終末論的な律法とでも呼ぶべきものです。イエスの弟子は、「イエスこそ捕囚からの回復、すなわち罪の赦しをもたらす者である」という事実によって形づくられていきます。互いに赦し合わないのは、この長らく待たれた偉大な出来事が今起こっていることを否定しているからです。別の言い方をすれば、互いに赦し合わないのは、自分が座っているその枝を切り落とそうとしているようなものです。

これは、「人を赦さないなら、あなたがたの父もあなたがたの過ちをお赦しになりません」（マタイ六・一五）という非常に厳しい警告についての説明にもなっています。もしイエスの食卓の交わりが、ユダヤ教の食事の規定に取って代わったのなら、互いに赦し合うようにとのイエスの要求は、新しい家族、新しい神の民を定義づけるものの一部となります。つまり、この要求は、イエスが新しく定義した象徴《シンボル》としての律法に属しているのです。この点においてさらに議論を深めていくには紙面が足りませんが、この赦しの要求は、イエスが弟子たちに与えた祈りの核心に位置しています。ヨアヒム・エレミアスが五十年前に指摘しているように、主の祈りは、イエスに従う者たちにとって、象徴《シンボル》としての実践を行ううえで重要なものです。主の祈りは、ほかのユダヤ教の諸運動の中からイエスの弟子たちを区別し、彼らこそが神の国の民、赦しの民、そして、イスラエルの神のまことの息子、娘であることを宣言するからです。

④神殿

これらのポジティブな象徴《シンボル》がイエスの意図のより大きな姿を描き出していると考えるならば、象徴《シンボル》のすべてが神殿に焦点を当てていることを再度見いだすでしょう。福音書が複数の箇所で示唆していますが、イエスは、通常は神殿におられるイスラエルの神が、イエスのいるところ、そしてイエスに従う弟子がいるところにも臨在し、働いておられると告げることを意図して、行動しました。今後はっきりしていきますが、イエスの構想《アジェンダ》がパリサイ派の人々の構想《アジェンダ》とは同じ傾向を持っていることを、これらのイエスの行動は意味しています。同じ傾向を持つ「代わりのもの」は、脅威以外の何ものでもありません。

手始めに、断食の問題について考えてみましょう。マルコの福音書二章一八～二二節を見ると、イエスの弟子たちと、バプテスマのヨハネやパリサイ派の弟子たちの違いは、「宗教の型」（patterns of religion）とは無関係です。外面的に規則を遵守したこの二つのグループは表面的なことに重きを置く一方で、イエスは心を重んじたということ（よく言われますが）ではありません。この時代のユダヤ人たちにとって断食とは、単に禁欲的な修行ではありませんでした。それはイスラエルの現状に関わるものでした。つまり、イスラエルは、いまだに捕囚の状態にあった、ということを意味しています。さらに詳細に目を向けると、断食は神殿の破壊に関わるものです。*6 ゼカリヤ書八章一九節は、神殿が破壊された日を覚える断食の日が、いつか祝宴になるという約束を述べています。しかし、これはヤハウェがイスラエルを回復させたときにのみ、より具体的に言うと、ヤハウェが神殿をふさわしい形で再建されるときにのみ実現するのです。神殿の再建に、ゼカリヤやほかの「捕囚後」の預言者は関心を持っていました。

イエスはこのことを指して、「花婿に付き添う友人たちは、花婿が一緒にいる間、悲しむことができるでしょうか。しかし、彼らから花婿が取り去られる日が来ます。そのときには断食をします」（マタイ九・一五）と言いました。イエスの開いた祝宴の食事が象徴《シンボル》として表現しているのは、「メシアの晩餐」です。この祝宴は盛り上がっています。

だれも陰鬱な顔を結婚式で見たくはありません。神は、今このとき、約束したことを果たしておられるのです。捕囚の終焉、ヤハウェの帰還、そして神殿の再建という大きな祝福が、今まさに人々の目の前で起こっているのです。

もし一世紀のユダヤ教の主要な象徴《シンボル》に対するイエスの態度を問い、またイエス自身が選んだ象徴《シンボル》について問うなら、予想どおりに「神殿」と「律法」が席巻してきたことがわかるでしょう。この二つを、イエスは「内部からの批判」というイスラエルの高貴な伝統に根ざして批判しました。その批判は鋭いものでした。イスラエルは、自らの国家的象徴《シンボル》を用いることによって、国を破滅へと導いています。イエスはこれを、可能な限りあからさまに警告しているのです。同時に、そのような道を進んでいた人々を悔い改めへと招き、イエスが提示する方法で自身とともにイスラエルとなる道に進むことへと招いたのです。

ここまでの一連の探求の延長線上で考えていくと、象徴《シンボル》に関わる二つの重要なイエスの行動に目を向けることになります。一つは、すでに見てきた、イエスの神殿での行動です。このことは、あとでも触れます。ユダヤ教の象徴《シンボル》体系の批判が、神殿における行動へとイエスを導きました。

もう一つ、考えるべきイエスの行動があります。イエスの働きのポジティブな一連の象徴《シンボル》をまとめて、これらすべてが重要な役割を果たす絵を描いてみたら、どうなるでしょうか。この若き神の国の預言者は、十二人の自らに近い弟子と共にイスラエルの最も偉大な祭りを祝っているのです。その祝宴は解放、出エジプト、契約、赦しを雄弁に語っています。同時代の人々への批判を体現するネガティブな象徴《シンボル》が神殿での行動に集約されているとするなら、イエスの働きのポジティブな象徴《シンボル》は、祝宴が行われる二階座敷に集約されています。このことを踏まえてはじめて、次の章で取り扱う主要な課題に取り組む準備ができるのです。

結論

この章の結論と、一章から三章までのまとめとして、これまで学んだことに対して考えたことを三つ述べましょう。

まず一つめに、私が今まで書いてきたことを踏まえると、「イエスが人々を道に迷わせている」という反応があった証拠が存在することに驚くことはありません。ユダヤ教には、今までとは違う教えを持ち、しるしと不思議によってイスラエルを先祖代々の伝統から背かせる人々を表現するためのカテゴリーが十分に備わっていました。「偽預言者」「反逆のリーダー」「反逆の息子」という表現です。これらの非難がときどきイエスに向けられた証拠が存在します。特に、後のラビの伝承においては、イエスは偽預言者としてふるまった魔術師だと記憶されています。これはカヤパの前の審問の特徴の一つにさかのぼることができるでしょう。*7

二つめに、私たちは神の国に関する古くからの問い、すなわち、「その働きから考えて、イエスは神の国を現在のことと考えたのか？　それとも、未来のことか？」に取り組み、それに正しく答えることができるはずです。*8　一世紀のユダヤ教の状況にイエスを置き、当時あった神の国の宣教活動《ムーブメント》、メシアの宣教活動《ムーブメント》とともに検討すれば、答えは明白です。もし紀元後一三三年のバル・コクバに、「神の国が現在のものか、未来のものか？」と質問したならば、彼は「両方」と答えたでしょう。神の国が現在に起こっていることを否定したならば、自分が真のリーダーであり、イスラエルの贖いをもたらすために任命された者であることを否定することになるからです。もし神の国が現在のものでないなら、なぜバル・コクバは、鋳造したコインに〝一年目〟と印したのでしょうか。

それと同じように、神の国が未来を指すことを否定するのも、それもまたばかげたことです。ローマ帝国が打ち負かされ、神殿が再建されるまで、神の国は完成しないのです。神の国が、宗教や倫理についての事柄だけではなく、終末論であり、政治であり、それらすべてを一つにする神学でもあることに気づくならば、長い間議論されてきた学者たちの論争のいくつかが、じつは的外れであったことが明らかにされるのです。

最後に、初めに設定された二つの問いに対して、私たちはどのように答えることができるでしょうか。

一つは「イエスは一世紀のユダヤ教の中のどの位置に属していたか?」、もう一つは「イエスの目的は何だったのか?」でした。

イエスが一世紀のユダヤ教の中に根ざしていたことを論じてきました。しかし、イエスの立場は預言者です。イスラエルがこのまま進めば破滅すると警告し、過激と思えるような代わりの選択肢を提示したのです。その目的は、自分の周りに神の民を再構築することでした。そして、捕囚からの本当の帰還を成し遂げて、神の国を始めることにあったのです。

けれども、イエスのメッセージと象徴《シンボル》としての行動を単に繰り返して、もっと多くの人を説得しても、神の国は始まりません。神の国は、二つの偉大な象徴《シンボル》である「神殿」「最後の晩餐」が指し示している、決定的なクライマックスの出来事を通してはじめて到来するのです。

「神殿」に関わる行為は、メシアであることを宣言しました。「最後の晩餐」は、十字架を指し示しました。この二つの概念の奇妙な組み合わせは、今まで見てきた以上に、一世紀のユダヤ教という文脈の中でより深い意味を持ち、すべてをより根底から覆すのです。次章からそれらに目を向けることにしましょう。

注

1 このこと、ならびに続いて展開される議論は、*Jesus and the Victory of God*, Chapter 9 を見よ。
2 Philo, *Special Laws*, 2. 253.
3 *Jesus and the Victory of God*, p. 392.
4 Mishnah *Aboth* 3. 2.
5 Josephus, *Antiquities* 14. 415f.; 15. 345-8.〔邦訳、フラウィウス・ヨセフス『ユダヤ古代誌』新約時代篇2、秦剛平訳、山本書店、一六八〜一六九、三三〇〜三三一頁〕
6 *The New Testament and the People of God*, pp. 234f.〔邦訳、『新約聖書と神の民　上巻 ── キリスト教の起源と神の問題1』四〇一〜四〇四頁〕を参考にせよ。
7 *Jesus and the Victory of God*, pp. 439-442 を参考にせよ。
8 *Jesus and the Victory of God*, pp. 467-472 を参考にせよ。

第四章　十字架につけられたメシア

イントロダクション

これまでの章において、ナザレのイエスを「神の国を宣言する預言者」として描いてきました。イエスは当時のユダヤ教を抜本的に批判しました。イスラエルになるために備えられた新しい方法で自身に従ってくるようにと聴衆に抜本的な命令を投げかけました。この視点に立つとき、次の二つの問いを避けて通ることはできません。まず、「イエスは自分自身をメシアと考えていたのか？」。もしそうであるなら、どういう意味で、そう考えていたのか？[*1]」、次に、「イエスは十字架で死ぬことを、自分の使命として予測、もしくは意図していたのか。もしそうであるなら、この出来事をどのように解釈していたのか？[*2]」です。この二つの問いについてこの章で検討を行います。

この問いを考えるための三つの重要な前提をまず示しておきます。

第一に、一世紀のユダヤ人たちはどのような意味であれ、「メシアとは神である」とは一切考えていませんでした。ペテロが「あなたはキリストです」と言ったときも、あるいはカヤパが「あなたはキリストですか」と尋ねたときも、どちらも三位一体の神学を思い浮かべていたわけではありません。「神の子」「人の子」という表現は、この時代のユダヤ教のある人々の間ではメシアを意味しましたが、決して神的な存在に言及するものではありませんでした。

「イエスが自分自身をメシアと考えていたのか」と、それとは別の問いである「実際にイエスがメシアであったのか」は、「イエスはイスラエルの神が受肉した存在であるのか、もしくは、そう考えていたのか」という問いとはまったく異なります。これらを一つずつ考えていきましょう。繰り返しになりますが、議論を最後まで忍耐して読むことこそが成熟さの表れです。

第二に、学者たちは、イエスが思慮深い熟考タイプの神学者であると考えることを避けてきました。このことは一見、慎重に見えますが、実際には臆病であったから、こうしているのです。今こそ、この沈黙を破る時です。私たちは近年、パウロとヨハネ、そしてヘブル人への手紙の著者だけではなく、マタイ、マルコ、ルカといった福音書の記者たちも、賜物豊かで思慮深く創造的《クリエイティブ》な神学者と考えるようになっています。そうであるならば、なぜイエスだけを「思慮深くなく、直感的で、単純な人」とみなさなければならないのでしょうか。「同時代の人々や弟子たちが思慮深い行動をとったように、イエスも当然、同じことをしたはずだ」と思いつく人はいないのでしょうか。

第三に、イエスが自分の使命をどう考えていたかを理解するといっても、イエスの心理状態を学ぼうとする必要はありません。同じ文化に生き、同じ言語であらゆる問いに答えてくれる人であっても、その人の心理状態を明確に理解することは難しいものです。異なる時代と文化に生きている人の心理的な状態を把握できると言いきることは、おそらくいないであろう黒猫を探すために、暗い部屋に目をつぶって入るようなものです。

しかし、歴史家がある人の使命への意識を学ぶことは理論的には可能です。パウロやバプテスマのヨハネに関して、このことは可能です。皇帝アウグストゥスについても、同じことがある程度はできます。自画自賛にふけるキケロに関してもそれができるでしょう。死海写本に登場する「義の教師」と呼ばれる謎に満ちた人物に、このことを試みた近年の著作があります。*3 彼らの行いと言葉を調べることを通して、かなり正確にその人の目的や意図を検討することができます。これは精神分析とは違います。歴史研究家が通常行うことです。

では、第二神殿時代のユダヤ人たちは、メシアをどのように考えていたのでしょうか。

まず最初に、一世紀にはメシアについて統一された唯一の見解などなかったと認識すべきです。メシアについて語っている文章が提示する見解が多様である以上、王制についての見解も様々なものがありました。ですから、ハスモン王朝であれヘロデ王朝であれ、王に関するイスラエルの実際の経験と、彼らが持った王への期待を考慮して考察する必要があります。様々な希望と無関係に王家への期待が高まることは、むしろ国家が全体として保持している希望、すなわち、解放と捕囚の終焉と悪の敗北と神のシオンへの帰還に対する希望全体の先鋭的なものとして高まっていきました。

様々なテキスト資料を検討し、歴史上起こった、王を自称する者たちが実際に立ち上げた運動《ムーブメント》を研究するとき、来たるべき王が二つのことを行うことが明らかになります。まず、王は神殿を建設する、または再建する。二つめに、王は敵との戦いの最終局面となる決定的な戦いを迎える。

ダビデは油注がれたとき、まずゴリヤテと戦いました。そしてその生涯の最後の仕事は神殿の建設計画でした。ユダ・マカベアはシリア人を打ち負かして、神殿をきよめました。ヘロデ王はパルティア人を打ち破り、神殿を再建しました。この時代の最後の自称メシアであるバル・コクバは、ローマ帝国の打倒と、神殿の再建を目指しました。こうしたことから、イスラエルの預言者たちがこれからなされると宣言してきたことをイスラエルのために実行するという構想《アジェンダ》をメシアは保持しており、それを達するために行動するのです。つまり、イスラエルを救い、神の正義を世界にもたらす構想《アジェンダ》をメシアたちは持っていました。ですから、「イエスは自分がメシアだと考えていたのか？」と問うということは、「イエスはこれらの働きを成し遂げようと意図していたのか？」と問うことも求められるのです。

十字架につけられた自称メシアの弟子たちは、その人が十字架にかけられたとしたら、彼を真のメシアとは思わなくなるのが、当時は一般的でした。そして、イエスは神殿を再建しませんでした。ローマ人を打ち負かすどころか、革命に失敗した他のリーダーと同じように彼らの手で殺されてしまいました。そして、イスラエルは救い出されませんでした。異教徒たちの不正が、依然として世界を支配していました。けれども、最初期のキリスト教には、イエスこそまことのメシアだという信念が深く根づいており、その証拠は数多くあります。たとえば、パウロの時代までにすでに「キリスト」(Christos)という語は、イエスの名前に結びつけられており、様々な決まり文句〔訳注＝キリスト・イエスや主キリストなど〕になっています。初期のクリスチャンたちは、王政の含みを伴うこの語を、恥や危険を顧みず使い続けたのです。ここで新たな問いが生じてきます。なぜ、そのような危険な語を彼らは使い続けたのでしょうか。

「それは復活のゆえである」という単純な答えでは不十分です。第二神殿時代のユダヤ教世界では、復活という出来事でさえ、そのようにして新しく生きるようになった人がメシアであるという信仰を生み出すことはできませんでした。(ただし、死ぬ以前より、人々がメシアだと考えていた人は例外ですが。) たとえば、『マカベア書第二(マカバイ記二)』七章において殉教した七人の兄弟のうち一人が、その残酷な拷問とそれに続く死の三日後に復活したとしても、人々は「世界にはなんと不思議なことが起こるのか」と言ったかもしれませんが、「彼こそメシアである」とは言わなかったでしょう。

だからこそ、以下の事実を真剣に受けとめなければなりません。つまり、十字架の上に掲げられた「ユダヤ人の王」という呼称が示すように、イエスはメシアを自称する者として十字架にかけられたこと。そして、十字架がイエスのメシアであることを否定したように思われたにもかかわらず、復活が、「イエスはやはりメシアなのだ」との確証を、この出来事を見て驚く弟子たちに与えたということです。

ですから、私たちは、「自分はメシアである」とイエス自身がその働きの間に主張した証拠はあるのかと問わざるを得ません。

イエスとメシア

イエス自身がメシアであることを主張していた最も明らかな証拠は、その神殿での行動に見ることができます。神殿でのイエスの行動は、前章で論じたように、神殿の改革として理解すべきものではなく、さばきの象徴的な行為として理解されるべきです。しかし、だれが神殿のさばきを宣言する権威を持っているのでしょうか。それは、神に代わってそのわざを行う王です。イエスのいわゆる「エルサレム入城」と、神殿での行動は、王のわざであることの含みを帯びています。イエスから最も近い時代に起こった、並行する出来事はもちろんユダ・マカベアの行動です。彼は、しゅろの枝が振られるなか、エルサレムに入城しました（Ⅱマカベア一〇・七）。マカベアは異教の支配者を打ち破り、聖所における真の礼拝を回復させました。その行為が、ユダ・マカベアの一族が百年にわたる王朝を築き、治めていく基盤になったのです。イエスの行動も、同じように王であることを暗示するものと見られたに違いありません。

象徴的な行為の実践は雄弁に物語りますが、決してその意義が単純に理解できるものではありません。ここでは、行動から始めて語りへとその検討を進める手法の強みを見ることができます。この方法論は、イエスの語りの真正性を最初に定め、その後はじめてその行動の真正性を検討しようとするものとは一線を画しています。

イエスのメシアとしての神殿での行動は、いくつかの語りに囲まれています。これらの語りは、王についての謎かけという役割を果たしています。時には意図を故意に隠したような言い方をしながら、今ちょうど起こったことの意義を説明しているのです。王についてのいくつかの謎かけの中で、三つだけを検討しましょう（マルコ一一・二七〜一二・一二、一二・三五〜三七）。

第一は、権威についての問いです。イエスは何の権威に基づいて、これらの行動をしたのか。何の権利があって、明らかにメシアを意識したこのような行いができたのか。そして、イエスはその権利をどこから手に入れたのか。

その答えは、イエスが自分に質問を投げかけてくる祭司長たちに、「ヨハネのバプテスマは、天から来たのですか、それとも人から出たのですか。わたしに答えなさい」（マルコ一一・三〇）と問いかけた箇所に現れています。単にその場から逃れるために投げかけた、答えることの難しい質問ではありません。この問いかけこそが、人々の質問に対してイエスが故意にその意図を隠しつつ投げかけた答えになっているのです。マタイ、マルコ、ルカの福音書の中で、イエスは一貫して、バプテスマのヨハネこそ最後の偉大な預言者であり、来たるべきエリヤだと主張しています。バプテスマのヨハネがエリヤであるならば、必然的にイエスはメシアということになります。とりわけヨハネがバプテスマを授けたときに、イエスは新しい働きのために油注ぎを受けたと言及しているように見えます。言い換えるなら、イエスはこのときに、油注がれた者「メシア」になったのです。

この解釈は、謎かけの全体を読むと、さらに明確になってきます。このすぐあとに、たとえ話が続きます。悪い農夫たちのたとえは、一連の預言者たちを拒否する物語であり、ひとり息子を拒否することで物語はクライマックスに達しています。ほかの多くのたとえ話がそうであるように、このたとえはイスラエルの物語を語っており、そのクライマックスはさばきです。

それと同時に、このイスラエルの物語にはイエスの物語も含まれます。ひとり息子を拒んだ農夫たちは、さばきをその身に招きます。イエスのメッセージを拒否したエルサレムの町と神殿の上にやがてさばきが下ることをイエスは宣言し、さらにこのさばきの宣言を象徴的な行動で実践したとおりです。ですから、このたとえ話は、イエスの行動をさらに詳しく説明するものなのです。

このたとえ話に続いて、息子と石に関するさらにもう一つの謎かけが登場します。

「家を建てる者たちが捨てた石、それが要の石となった」(マルコ一二・一〇)。これは詩篇一一八篇からの引用です。これは巡礼の詩篇であって、神殿を建築して、神殿でお祝いをし、最後には神殿で犠牲のささげ物をささげる情景が描かれています。イエスは終末論的な神殿を建てることを主張していました。このことに加えて、ダニエル書二章の幻の中では、一つの石が人手によらずに山から切り出され、偶像を破壊し、そしてその石が、全地を満たす神の国となることが表されています。このダニエル書の描写は通常、メシアとの関わりの中で解釈されてきました。加えて、ダニエル書を読んだ一世紀のユダヤ人の中には、ヘブル語における石(eben)と息子(ben)という語呂合わせで解釈した者もいます。したがって、この拒まれたしもべたちの物語は、拒絶された息子でそのクライマックスに達します(マルコ一二・一～九)。しかし彼こそがメシアなる「石」です(同一〇節)。家を建てる者たちによって見捨てられたが、建設の主要な場所を占めることになる「石」です。メシアに敵対する者たちは、自分たちの制度(と自分たちの神殿)の破壊を目の当たりにしますが、この息子の王国は打ち建てられるのです。謎かけ全体が、イエスが神殿の中で行ったことやその動機をより豊かに詳しく説明しているのです。

三つめの検討すべきメシアの謎かけは、「ダビデの主」と「ダビデの子」についてイエスが質問者に投げかけた問いです（マルコ一二・三五〜三七）。イエスは、詩篇一一〇篇に言及し、「ダビデ自身がキリストを主と呼んでいるのに、どうしてキリストがダビデの子なのでしょう」（マルコ一二・三七）と問いかけました。このことばは、ダビデに連なるメシアであることをイエスが否定していると理解されてきたことがありましたが、それは明らかに間違いです。これは、「ダビデに連なるメシア」とは何を意味しているかをイエスが再定義したと考えるべきです。特に当時の、「王は戦士として来る」という人々の憶測に、イエスは反対していたのです。

　しかし、詩篇一一〇篇は軍事的な詩であり、イエスが主張したいことのために使用するには、奇妙にも思えます。このイエスの問いには二つの狙いがあります。

　まず、この詩は、王は「メルキゼデクの例に倣い　とこしえに祭司である」（同四節）と引き続き主張しています。それゆえに、王は神殿に対して権威を持っています。イエスの質問は、イエス自身が何をやり遂げようとしているのかを遠回しに説明しているのです。

　次に、この詩、特にその中で引用されている節は、メシアについての描写を改訂しており、その結果として王の即位の場面を含んでいます。ここでは王座についた者が裁判官としてもふるまうのです。イエスはここでもまた、自分は現在の神殿とその利権を握る者たちの崩壊を宣言する権威を持っていることを主張しています。このような形で問いを投げかけることによって、イエスは「ダビデのまことの子であること」をその意図を故意に隠して主張し、さらに大きな主張である「自分はダビデの主としての権威を持っていること」を指し示しています。次の章で、このことをさらに詳しく考えます。

イエス自身の宣言の中にこれらの謎かけがあっても、まったく不自然ではありません。すでに第二章で少し触れましたが、このマルコの福音書一二章に続く、「小黙示録」とも呼ばれる一三章においても、同じことが言えます。ここで指摘しておきたいのは、メシアに関することが一三章においても含みを持って語られており、特にイエスが自分に対して使う「人の子」という表現を通して、そのことが明らかである点です。一世紀においては、ヨセフスの著書や『第四エズラ記』ほかの文書が示しているように、獣たちの手にかかって苦しみを受けた後にその正しさが立証される「人の子」をユダヤ人たちは、来たるべき王を指し示すと理解していました。*4

このことは、イエスのユダヤ人による裁判と呼ばれる、学者の間で最も論争を引き起こしてきたマルコの福音書一四章五三～六五節を考えるときにも助けになります。そこに描かれる、カヤパによるイエスの尋問の場面を読むときには、「この尋問の記事は、イエスの生涯に実際に起きた出来事ではなく、後の初代教会の神学的な考察から来たものである」という、一連の「不合理な結論」を考えることが慣例となり、ついには伝統にさえなっています。いくつかの学会で私が気づいたのは、このことに疑問を呈するやいなや、かつて神学的異端者に対してのみ行われてきたような酷評を受け、忌み嫌われるということです。

ここで提示した方法で物語の大きな文脈を読んでいくなら、この聖書箇所にこれまでにない一貫性を見いだすことができます。カヤパは、イエスの神殿での行動について質問をしました。神殿での行動が、イエスが逮捕される直接の原因と考えるなら、カヤパのこの行動はしごく当然なものです。イエスが何も答えなかったとき、カヤパは単刀直入に「おまえは、ほむべき方の子キリストなのか」（同六一節）と尋ねました。神殿とメシアの結びつきを理解しているならば、この質問が続くのは明らかです。イエスの答えは基本的には「はい、そうだ」であって、このことが二つの聖書の引用によって裏づけられています。その箇所は、イエスのメシアに関する謎かけにおいて重要であることがすでに明らかな詩篇一一〇篇とダニエル書七章でした。

「あなたがたは、人の子が力ある方の右の座に着き、そして天の雲とともに来るのを見ることになります。」
（マルコ一四・六二）

つまり、イエスの死後に起こる出来事と、カヤパの支配体制とその中心的な象徴《シンボル》に下るさばきが、イエスの正しいことを立証し、カヤパ自身がそのことの証人となるというのです。この最終的な宣言は、メシアに関する質問に答えを与えるだけではありません。イエスが何を意図して神殿で行動し、それに伴う謎かけを提供したのかについても説明しています。また、祭司長たちがイエスを、反乱を引き起こした王として総督に簡単に引き渡すことができた理由も、またピラトが「ユダヤ人の王」という罪状書きとともに、イエスを十字架につけるようになった理由も語っています。

歴史的に見ても、王である者がさばきをもたらすという説明は筋が通っています。最終的には、イエスが復活後、なぜ弟子たちからメシアとみなされたかも説明することができます。この全体像がどのように展開していくかに気づいたならば、エルサレム入城以前のイエスの公的な働きの様々な特徴にも類似のパターンを見いだすことができます。この文脈ではあまり指摘されていないのですが、イエスがヘロデ王とまもなく衝突するのではないかと思わせるいくつかの聖書箇所があります。ヘロデは自分こそがユダヤ人の王であると主張していたのです。

また、クムラン共同体からも興味深い文書が残されています。そして、この文書がなければ思いつかないであろうメシアに関わる記述へと注意を喚起してくれます。[*5] イエスが雑多な人々からなる弟子たちの一群と祝祭の食事を常時することによって、メシアの晩餐を象徴《シンボル》として実現したと考えるべきでしょう。この点についても同様に、イエスの数多くの謎かけと、比較的短い教えは同じ方向を指し示しています。イエスは初めからずっと、イスラエルのメシアになることが自分の使命だと信じてきたようです。エルサレムにおいてはじめて、ベールに覆われていたこの主張があらわにされました。それもことばで教えるより、象徴的な行為によって表現されたのです。神殿でのイエスの行動を議論の中心に据えてそこからそれ以外のことを考えていくとき、少なくともヨハネからバプテスマを受けたときから、イエスは自分がメシアであると考えていたと確信をもって論じることができます。さらに、ガリラヤとエルサレムにおける働きは、預言者としての活動の明らかな証拠であると同時に、その根底では絶えずイエス自身がメシアであることを示していたと論じることができます。

もちろん、イエスが示しているメシア像は再定義されたものであって、イエスが再定義した二重の意味で革命的な神の国に当てはまるものです。イエスは、自分こそが、捕囚から本当に帰還して行く民、真の神の国の民の焦点になると信じていたと考えられます。しかし、イエスが再定義した神の国と神の民とメシアは、一世紀のユダヤ人の多くが期待していたようなものではありませんでした。イエスは聴衆たちに向かって、彼らが期待していたのとは違う道を通って真のイスラエルになることを説いていきました。

ですから、次の事実に直面しなければなりません。イエスは、油注がれたイスラエルの代表として、人々の期待とは違う道を行く使命を受けた、と信じていました。さらに、イスラエルのために、ひいては世界のために、イスラエルが成し遂げられなかったこと、もしくは成し遂げようとしなかったことを行う使命を受けた、とも信じていました。イエスが再定義したメシア像は、イエスが自らの行いによって、そしてことばによってなした神の国の宣言に合致しています。このメシア像は、だれも想像すらしていなかった形でイスラエルの運命が成就されることを指し示しています。捕囚の終焉、契約の刷新、罪の赦しをもたらすために、イエスはヤハウェの民の代表として来たのです。イエスは、イスラエルの救いを達成するために来て、この世界に神の正義をもたらすのです。

しかし、このことはどのように成し遂げられたのでしょうか。仮にほかにメシアのような存在や似たような集団がユダヤ教の中にいたのであれば、次のような構想《アジェンダ》が期待されるでしょう。「彼はエルサレムに行き、悪の勢力に対して戦争を起こし、神からのメシア、イスラエルの真の王として王座につく」と。ある意味においては、これはまさにイエスが成し遂げたことです。しかし、イエスの弟子たちが期待したような意味ではありませんでした。

メシアの十字架刑

メシアであることへの自らの使命に対してイエスがどのような信念を持っていたかを知ることは、イエスが自分の使命を十字架との関わりの中でどのようにとらえているのかを理解する重要な手がかりとなります。論理的に考えるなら、ローマ人がなぜ実際にイエスを処刑したのか、なぜユダヤ人の権力者たちがイエスをローマ人に引き渡したのか、などの問いかけが当然ここには含まれます。しかし、手短に語るために、イエス自身の意図に集中して論じることにしましょう。

このテーマに関する、一つの話を紹介します。私がモントリオールにあるマギル大学の教授をしていたとき、通っていた教会の日曜学校で十二歳の子どもたちを教えていました。あるとき、私は一つの質問からクラスを始めました。

「なぜ、イエス様は死んだと思う？」

まず子どもたちに自分ひとりで考えさせて、それから部屋を歩いて回って彼らの短い答えを集めました。興味深かったのは、彼らの半数は歴史的な理由を挙げていたことです。「祭司長を怒らせたからイエスは死んだ。」「ローマ人に恐れられたからイエスは死んだ。」「パリサイ派の人々に嫌われたからイエスは死んだ。」

そして、もう半分の子どもたちは、神学的な理由を答えました。「私たちを罪から救うためにイエスは死んだ。」「私たちが天国へ行けるようにとイエスは死んだ。」「神さまが私たちを愛しているからイエスは死んだ。」

私たちは全員でこれら二種類の答えを持ち寄り、とても良い時間を過ごしました。あの子どもたちがこの時間を覚えているかわかりませんが、私自身はいつまでも忘れることができません。「イエスがなぜ死んだのか」という大きな問いに対する二種類の答え、つまり歴史的な答えと神学的な答えを一つにまとめる行為こそが、私たちがイエスを学ぶうえでの最重要事項の一つである、と私は今も信じています。

ここでおそらくほかのどの箇所よりも、歴史的記述に関する問い、特に二つの大事な問いに直面します。まず福音書は、ある特定の視点から記されていて、多くの神学的な解釈に満ちていますが、それでもなお検討に値する十分な歴史的な資料をたやすく与えてくれるものであるということです。この点についてはここでは詳しく論じません。次に、イエスがエルサレムに行ったのはそこで死ぬ意図があったからなのか、それとも自分が死ぬ可能性があることを知りつつも、あえてその運命を避けようとしなかったからなのか、という問いです。この問いについても数多くの議論が存在します。

ここで再び、シュヴァイツァーとヴレーデの違いにぶち当たります。ヴレーデは、イエスが死を意図していた、もしくは予測していたという考えを捨てました。多くの二〇世紀の学者たちは、この考えを踏襲しています。シュヴァイツァーはイエスをユダヤ教の終末的黙示的文脈に置くことによって、イエスの奇妙な意図を理解する方法を見いだしました。シュヴァイツァーの考えには、いくらかの訂正、発展、補足が必要ですが、私自身の主張はこの後者の考えに非常に近いものです。

再び、中心となる象徴的な行動を考えることから始めましょう。現代の偉大なユダヤ教学者の一人、ジェイコブ・ヌースナーは近年、イエスが「最後の晩餐」で行ったことは、自らが神殿で行ったこととバランスを取りつつ、それを補っている、と論じています。[*6] イエスの行動の正確な意味についてはヌースナーの解釈に私は同意しませんが、ヌースナーの意見は本質的には正しいと思います。二つのイエスの行動、つまり神殿と「最後の晩餐」での行動は、以前の章で論じてきたようにイエスの公的な働きの二つの要素のクライマックスです。イエスの神殿における行動は、それまで支配的だった象徴《シンボル》によって生み出された世界に対して挑戦《チャレンジ》を投げかけ、それがクライマックスに達しました。神殿は、ユダヤ教の最も偉大な象徴《シンボル》です。イエスはそれに挑戦《チャレンジ》を投げかけ、自らがそれに対して権威を持つことを主張し、自分とその宣教が、それまで神殿が占めていた位置に取って代わる中心的位置にあると主張したのです。最後の晩餐は、イエス自身による神殿に取って代わる象徴《シンボル》であって、神の国の祝宴、新しい出エジプトの祝宴です。

神殿は、神とその民がささげ物を通して契約に基づいて会見すること、つまり、赦しと希望のしるしを指し示し、神が契約の刷新の神、契約に基づく確かさの神、契約に基づく愛の神として、彼らのただ中に臨在することのしるしを指し示していました。そして今や、イエスは神殿と最後の晩餐での二つの行動によって、神殿が表してきたすべてが、イエス自身の働きと人格のうちに新しく、最終的な形で実現すると主張しています。

それでは最後の晩餐については、何が言えるでしょうか。

過越の食事が持つ意味自体は、議論を引き起こすようなものではありません。もちろん、最後の晩餐が過越の食事であったかどうかは議論されてきました。私が確信していることは、最後の晩餐は従来のものを覆そうとするイエスのほかの行動と一致するものであること、つまりイエスは本来の過越とは違う夜にこの食事をしたということです。過越は、出エジプトの際の祝宴と関連しています。過越は、長きにわたって出エジプトを覚えておくための方法というだけではなく、解放された民、すなわちヤハウェの契約の民として、彼らを神の民として再構築するためのものでもあります。バビロン捕囚以降、過越は、その意味がだれの目にも明らかなものとして祝われていたようです。この祝宴にあずかる者たちは信仰と希望を持って、捕囚の真の終焉、すなわち契約の刷新を祝うのです。捕囚からの帰還の重要な意味に、イスラエルの神がついに、かつてイスラエルを捕囚に追いやった罪を赦したということがあります。第二神殿時代における過越の食事は、どんな言葉よりもまず、罪の赦し、すなわち新しい契約の終末論的な祝福を語っていたのです。

イエスは十二弟子という架空の家族とともに、擬似的な過越の食事を祝いました。それは、言葉で何かを語るより前に、食事そのものに象徴《シンボル》としてのさらなる意味を持たせようと意図していたと考えられます。もし、過越の食事が意味するように、イスラエルの物語がクライマックスに達しようとしているのなら、それはイエス自身と受難を通して実現するのです。パンを裂いて杯を渡したイエスの行為は、エゼキエルが粘土板にエルサレムを彫ったときのように、またエレミヤが陶器師の家で壊された器を見たときのように、預言者の行った象徴の行為としての役目を果たしています。つまり、イエスの最後の晩餐における行動は、ヤハウェが成し遂げようとしているさばきと救いを指し示しているのです。旧約聖書の預言者たちの行動との関連から考えて、イエスは出エジプトの伝統全体を呼び覚まそうと意図して語っていることがわかります。さらに、イスラエルの希望がいまや自身の死において、そして自分の死を通して実現することを示す意図で語っていることもわかります。イエスは、自分の死はヤハウェによるイスラエルの贖いの大いなる物語の中でとらえられるべきものだ、と言っていると考えられます。もっと詳しく言えば、イエスの死は、イスラエルの救済の物語が向かって進んでいる、中心的でクライマックスの機会なのです。ですから、過越の食事をイエスとともに食べる者は新しくされた契約の民であり、「罪の赦し」を受け取った人々です。そして罪の赦しとは、捕囚の終焉を表しています。イエスの周りに集まった人々こそ、真の終末論的なイスラエルを構成するのです。

このような最後の晩餐の理解は、イエス自身とその意図の全体像の解釈から考えて、納得のいくものでしょうか。すでに見てきたように、メシアは、イスラエルのために宿敵と大きな戦いをし、ヤハウェが恵みと赦しをもって自分の民と会う場所である神殿を再建すると考えられていきます。しかし、私たちが前の章で学んだように、同時代の人々に対するイエスの挑戦《チャレンジ》とは、彼らが二重の意味で革命的な働きに参与することへの招きでした。それは、軍事的な戦いによって起こす革命によってではなく、右の頰を打たれたら左の頬を見せ、二ミリオン一緒に歩いていくことによってイスラエルが世の光となるという働きでした。人々が当たり前だと思っていることを覆そうとするイエスの考えの中心にあるのが、自分の十字架を負ってイエスに従うことへの招き、イエスが自らの行動をもって進めている、人々が考えているのとは別の神の国の物語の同伴者となることへの招きです。「イエスは自分自身が語っている物語を真剣に受け取っていた」と私はここで主張します。弟子たちに示した道を、イエスは真剣に歩んでいきました。「右の頬を打つ者には左の頬も向けなさい」「一ミリオン行くように強いる者がいれば、一緒に二ミリオン行きなさい」（マタイ五・三九、四一）という道を行きました。自分の十字架を負って歩みました。イエス自身が世の光となり、地の塩となりました。イエスは、イスラエルのために、真のイスラエルとなりました。*7 イエスは、悪が行う最悪のわざを自分の身に引き受けることによって、悪そのものを打ち負かしたのです。

いったん要点をつかんだら、中心的な象徴的行為にまつわる様々な謎かけがどのような働きをしているのかを理解することができます。私はここで、またもや三つだけ選ぶことにします。

ルカの福音書二三章三一節には、イエスが十字架に向かうときの奇妙な発言があります。

「生木にこのようなことが行われるなら、枯れ木には、いったい何が起こるでしょうか。」

これは、エルサレムの女たちとその子どもの上に降りかかってくるさばきについて、彼女たちに警告している文脈での発言です。聖書には、やがて来る破壊に関する様々な預言があります。そしてこれらの預言は、エルサレムがその真の王を拒み、平和の道を捨てたからこそ与えられたものでした。イエスのここでの警告は、これらの聖書の預言を思い起こさせます。イエスは、ローマ人の手による自らの死は、メシアを拒んだ国家の運命を明確に表すしるしであると言っているのです。ローマがイエスを罪に定めたその嫌疑についてイエス自身は無実でしたが、イエスの同胞である数多くのユダヤ人はまったくの有罪でした。つまり、無実のイエスが緑の生木であり、有罪の彼らが枯れ木なのです。

このイエスのことばには、何らかの贖いの神学、たとえば後代の教会が最初期から抱いていたイエスの死についての理解が含まれていない点に注意すべきです。このことばは、最初のイースター直後のかなり早い段階でなされた十字架についての考察に属するものではなく、むしろイエス自身のことばそのものに依《よ》っています。イエスが自分の死を国家の運命と有機的に結びつけて理解していたことがわかります。神殿と国家に対するヤハウェのさばきを宣言した後、イエスは前に進んで行きました。そしてそれは、ローマが自らに反抗する者たちに下すさばきを象徴する刑である十字架を自らが経験するためでした。

このテーマは二つめの謎かけの中で、より明確になっていきます。イエスは次のようなことを言っています。

「わたしは何度、めんどりがひなを翼の下に集めるように、おまえの子らを集めようとしたことか。それなのに、おまえたちはそれを望まなかった。見よ。おまえたちの家は、荒れ果てたまま見捨てられる。」

（マタイ二三・三七～三八、ルカ一三・三四～三五）

これも、神が見捨てた神殿へのさばきについての警告です。ひなとめんどりのイメージが、さばきに対するイエスの意図をまたもや指し示しています。これは、農場で起きた火事のイメージです。火事が起きたときに、めんどりはひよこたちを翼の下に集めます。火事が収まったとき、黒焦げになって死んだめんどりが発見されますが、その翼の下には、守られたひなたちが生き残っているのです。イエス自身がイスラエルの国と町に降りかかるさばきを自分の身に引き受けることを望んでいると、このイメージから考えることができます。旧約外典『シラ書（集会の書）』四八章一〇節に出てくるエリヤのように、イエスもイスラエルから神の怒りを逸らすのを望んでいたことが示唆されます。しかし、そのせっかく来たチャンスも消え失せてしまいました。イエスの受難は、エルサレムの命運としっかりと繋ぎ合わされています。しかしエルサレム自身は、イエスのわざの恩恵を受けることを選ばなかったのです。

三つめの謎かけは、ヤコブとヨハネに対するイエスのことばにあります。

「あなたがたは、自分が何を求めているのか分かっていません。わたしが飲む杯を飲み、わたしが受けるバプテスマを受けることができますか。」

（マルコ一〇・三八）

「杯」という言葉は、ゲッセマネの物語《ナラティヴ》の中で再び登場し、苦しみ、もしくは殉教さえも表しています。杯は、預言書の中ではしばしばヤハウェの怒りの杯を表現してきました。「バプテスマ」は、イエスがこれから経験する受難を指しています。さらに、出エジプトを象徴しているヨハネのバプテスマもこの受難を指しています。イエスは、イスラエルの命運を共有し、そのことを通して、真の出エジプトをもたらそうとしたのです。

簡潔にしか扱えませんでしたが、これらの三つの謎かけによって、最後の晩餐での中心的な象徴的行為を解釈すると、一つの絵が浮かび上がってきます。イエスは、死に向かって進むことこそが、自らの使命の一部であり、そのクライマックスであると考えていたようです。イエスは、その使命を果たすことによって自分の働きとイスラエルの命運を結び合わせたのです。このような視点で考えたとき、私たちは共観福音書の物語《ナラティヴ》の様々なところで何度も織り込まれている受難の予告について理解できます（マルコ八・三一、九・一二、三一、一〇・三二〜三四とマタイ・ルカの並行記事）。イエスが、本当に受難の予告をしたのかどうか、その真正性はたびたび挑戦《チャレンジ》を受けています。しかし、もし私たちが最後の晩餐から始めて、そこからイエスの謎かけを手段にして振り返っていくなら、これらの謎かけの意義を理解することを可能にする一つの枠組みが浮かび上がってきます。

この枠組みはアルベルト・シュヴァイツァーが百年前に言っているように、第二神殿時代のユダヤ人が持つ、やがて来たる終末論的な贖いについての信条の中に見事に納まります。捕囚とそこからの回復という全体を支配する物語の中に、この物語に従属しつつも重要な働きをする別の筋書きを見いだします。それは、解放のわざは激しい苦難の時を経てやって来るという筋書きであって、いくつかの聖書箇所や第二神殿期に書かれた古代文書に見いだされます。「メシアの苦しみ」と表現されることもあります。大きな苦難がイスラエルという国家の上に下されて、この苦難を通して贖いと新しい時代と罪の赦しが到来するのです。イエスはこの「試練の時」(peirasmos) がイスラエルの上にやって来るのを見て、それが自分の身に下るように意図して行動した、とシュヴァイツァーは論じました。それゆえに、イエスは弟子たちにも、「試練の時」(peirasmos) にあうことがないようにと、「いつも目を覚まして祈っていなさい」(ルカ二一・三六) と命じているのです。いくつかのユダヤ教のグループや個人が、自分たちこそイスラエルの苦しみの焦点となると考えていたことからも、この結論はさらに信頼できるものと言えます。マカベアの時代の殉教者たちや、様々な預言者たちや『ソロモンの知恵(知恵の書)』二～三章に出てくる義人たちは迫害されて殺されますが、やがてその正しさは立証されるのです。似たようなテーマは、死海文書にも見ることができます。*8

第二神殿時代におけるこのような思想的展開はみな、いくつかの聖書箇所にその起源を見いだすことができます。ダニエル書、詩篇、ゼカリヤ書、エゼキエル書、そしてもちろんイザヤ書、特にイザヤ書四〇～五五章の「しもべの歌」です。第二神殿時代のユダヤ人が、イザヤ書のこの部分から「しもべの姿」のメシアを取り出したとか、すでに贖いの神学をそのようなしもべを中心にして構築していたとは、私には思えません。むしろ、これらすべての文書は、イスラエルの国家としての苦難はある特定の一点に集約される、ということを証言しているのです。つまり、キリスト教以前のユダヤ思想においては、イザヤの語る「ヤハウェのしもべ」が、メシアという立場でイスラエルや世界全体を贖うために苦しみ、死ぬ、などという考えは、存在しなかったのです。

「しかし、文字どおり、数多くの文章が証言していることがある。『イスラエルの現在の苦難は、理由はわからないが、今も進行中の神の目的によるものである』という、大規模で、広範囲に広がる信念である。この信念の生成にイザヤ書が相当貢献したのは明らかだろう。やがてこの嘆きの時代は終わる。現在起きていることは、イスラエル自身の罪と関係があると考えれば説明できる。現在の苦難は、理由はわからないが、イスラエルのひどい苦しみが満了し、イスラエルが最終的に罪からきよめられる時を促進する。その結果、捕囚は完全に終わるのである。言い換えれば、抽象的な議論によってではなく、貧困と拷問と捕囚と殉教によって打ち出された信条が存在する。すなわち、イスラエルの苦難は、ヤハウェの定めた時にイスラエルが贖い出されるべき状況を意味するにとどまらない。逆説的ではあるが、イスラエルの苦難は、ある状況の下で、そしてある特別な意味において贖いがもたらされる手段の一つとなるのだ。[9]」

ここで主張したいのは、イエス自身、そして死に直面したときのイエスの自己理解がここで述べた世界観の中に位置づけられるべきだということです。つまりは、一世紀のユダヤ人が信じていたものの見方を確実に再現することが可能だと考えます。私はここで、「イスラエルの苦難がひとりの人に集中し、ヤハウェはその人の苦難を通して行動され」、「この苦難には、贖いの意義があり」、そして「イエス自身がその人である」と彼らは考えていた、と提案します。さらに、「これはイエスのものの見方でもある」と、かなりの確信をもって主張できます。段階を踏んで、このことを説明していきましょう。

イエスは、イスラエルの歴史がついにその焦点に達したと信じていました。より限定すれば、捕囚がそのクライマックスに達したと信じていたのです。この重要な時にあたって、イエスは自分自身がイスラエルの命運を握っていると信じていました。イスラエルの命運を身に引き受け、それを焦点へと引き寄せていくメシアがイエスだったのです。イエスは、強情な民に向かって、ヤハウェのさばきを宣告しました。かつての預言者たちのときと同様に、民衆はイエスを殺そうと計画しました。イエスは「神の国への道は、平和の道であり、愛の道であり、十字架の道である」と主張しました。武器をとって敵と戦うならば、原理的にはもはや戦いに負けているのです。そして、戦えば戦うほど、さらにひどい敗北を帰するのです。イエスは、イスラエルの代表者である自分の仕事であり、自分の役割、すなわち自分の使命は、イスラエルに代わってこの戦いに負けることであると心で決めていたのです。これこそ、イスラエルが光となっていくための手段でした。そして、その光は、イスラエルの光だけではなく（マカベアの殉教者はイスラエルの解放だけを考えていたようですが）、世界の光でもありました。

マカベア時代の殉教者たちと同じように、イスラエルが異教によって堕落したために当然彼らが受けるべき苦難もむしろイエス自らが受けるのだ、と考えていました。

「イスラエルは、異教に軽々しく手を出してしまった。苦難は、いつも異教からやって来る。殉教者はこの苦難を自らの身に負ったのだ。彼らとは違って、イエスは、異教と戦う願望そのものが異教への堕落と見た。イスラエルは、愛国主義者による革命の温床になっていた。苦難は愛国主義からやって来た。そして、それはローマの剣という形をとり、石造り家屋を倒し、町の城壁の周りにたくさんの十字架を打ち立てたのだ。イエスはイスラエルの代表として、苦難を自分の身に引き受けたのである。イエスのたとえ話の多くに見られるが、イエスはイスラエルがよく知っている話をもう一度語り直す。ただし、すべてひっくり返してしまうような極端なひねりを加えてではあるが。ただしイエスは、そのたとえ話を弁の立つ者として、金言を織り交ぜて、市が開かれる広場で語ったのではない。イエスは王として、愛するエルサレムの町の門から外へ捕囚された者として語るのである。[*10]」

このことによりイエスは、イスラエルが自分では成し遂げられなかったことを行いました。仕える民、世の光となるというイスラエルの使命を、イエスは成し遂げるのです。イエスはこのような形でメシアとしての自分の使命を理解した、と私は考えます。これまで見てきたように、メシアは神殿を再建する、もしくはきよめ、イスラエルの大きな戦いを戦うことが期待されていました。それでは、イエスは自分の使命とこれらの働きをどのように関連づけていたのでしょうか。

イエスは神殿を、目に見える形では再建しませんでした。イエス自身がその場所になり、神殿が建てられた本来の目的を果たす手段となったのです。イエスはささげ物の制度が指し示す実存となりました。イエスは自分の働きの間ずっと、神殿とその制度を無視して行動してきました。そして、自分の権威に基づいてあらゆる人々に赦しを与えました。今やイエスは死に向かって進みました。その十字架の死は、イエスが最後に行った最大の象徴《シンボル》となりました。そのことにより、今までは神殿におけるささげ物の制度でのみ得られていたものが、イエスを通して得られるように道を開いたのです。

特に注目しておきたいのは、イエスがメシアとしての戦いを繰り広げた、という点です。イエスはどのようにして戦うか、その手段をもあらかじめ備えていました。「自分のいのちを得る者はそれを失い、わたしのために自分のいのちを失う者は、それを得るのです」ということばです（マタイ一〇・三九）。殉教者が迫害してくる者に浴びせかける侮辱や脅しの代わりに、沈黙のままイエスは迫害を受けました。むしろ赦しと希望のことばを残しました。多くの初期のクリスチャンの証言がこのことを浮き彫りにしています。これは、殉教者の歴史を作り替えるような驚くべきことです。もしこれが歴史上の事実でなかったとするなら、このような証言の発生を歴史的に説明することは不可能です。イエスは公生涯を通して信じがたいほどの憐れみの心を示し続けましたが、最後の偉大な行動は、自分自身を他人のために与える行為へと集約していきました。初代教会が畏敬をもっていつも振り返ったのは、この他者のための自己犠牲の行為なのです。

イエスの意図についての長く複雑な議論を、私は別のところで論じています。以下にまとめられている私の考えは、今でも変わっていません。

「イエスは、説教するためにエルサレムに行ったのではなく、死ぬために行ったのだ。シュヴァイツァーはこの点で正しかった。『メシアの苦しみ』が今まさにイスラエルの上に炸裂しようとしている。自らがひとりでその苦しみを一身に引き受けなければならない、とイエスは信じていた。

神殿と二階座敷において、イエスは二つの象徴《シンボル》を意図的に実行して、自分の働きと構想《アジェンダ》の全体を要約してみせた。最初の象徴《シンボル》はこう語る。『既存の制度は堕落していて、強情で手に負えない。今まさにさばきの機が熟している。しかし、イエスはメシアである。全世界を造った神であるヤハウェが、イスラエルを救うため、そのことを通して世界を救うための手段として立てられた存在である。』

二つめの象徴《シンボル》は、真の出エジプトがどのように実現するのかを語っている。どのように悪が打ち負かされるのか、どのように罪が赦されるかを語るのだ。

イエスは、自分の行動とこの行動に伴う、それを説明することばが、自らを偽預言者、イスラエルを惑わす者、自称メシアとして、裁判の座へと送り込むことを知っていた――いや、知っていたに違いない。そして、この裁判で無実を証明できない限りは、ローマ人の手に渡されて、革命に失敗した王として処刑されることは避けられないことも知っていた。さらに、『超自然的な』洞察がなくても、普通の感覚から予想できる範囲内のことではあるが、イスラエルがこれ以上ローマに反抗し続けたら、ローマは、今この奇妙な自称メシアにイスラエルが行っている迫害を、イスラエルに対して、ついには行うようになるだろう。しかし、イエスの象徴的な行動の中心にあり、イエスが語り直したイスラエルの物語の中心にあったのは、政治的な現実主義や革命的な関心あるいは殉教者の栄光といったものではなく、これらよりもはるかに大きなものだった。そこにはイスラエル、世界、そして、その両者に関するイエスの役割についての深い神学的な分析があったのだ。

イエスは、深い使命感とイスラエルの神に対する信頼を持ち、この方こそ唯一のまことの神であると信じていた。それは揺り動かすことのできない信仰であった。ゲッセマネでは、その信仰が揺らいだかのように思えたが、イエスはあの祈りさえも自分の使命の一部であり、自分の戦いの一部であると理解していた。イエスの信仰とは、自分がこの道を行き、この戦いを戦うなら、イスラエルの捕囚という長い夜がついに終わり、イスラエルと世界にとっての新しい朝が、完全にやってくる、というものであった。イエス自身がメシアとしてその正しさが立証され（もちろん、すべての殉教者たちがそれを望み、信じてきたわけだが）、イスラエルの命運、すなわち世界を救うことがここに至って達成される。イエスは、ローマ帝国の怒りをその身に負い、弟子たちをそこから逃がすことによって、彼らの一時的な逃れの場を創造しただけではない。それに加えて、イエスは本当の敵を打ち負かしつつあり、それを世界全体を代表して行いつつあった。世の光となるしもべとしての使命は、イエスにおいて実現し、そしてイエスの正しさが立証された後に集められる弟子たちの中に実現するのである。羊飼いの死は、ヤハウェが全世界の王になることをもたらす。『人の子』の正しさが立証され、その結果、悪が完全に打ち負かされ、真のイスラエルが救い出され、世界大の神の国が建設されるのだ。

それゆえに、イエスは自分の十字架を負った。そして、十字架を象徴《シンボル》という観点からも見ていた。ローマ帝国からの抑圧の象徴というだけではなく、イエスが熱心に勧めた愛と平和の道の象徴である。この道は勝利の道だとイエス自身が宣言してきた敗北の道である。イエスの神殿での行動や最後の晩餐とは違って、十字架は実践によって表現される象徴ではない。無抵抗による象徴である。行動の象徴ではなく、受難の象徴である。十字架は勝利の象徴となるのだが、それはカエサルの勝利の象徴でもなければ、カエサルの方法をもってカエサルに敵対する者の勝利の象徴でもない。十字架は神の勝利の象徴となるのである。それが神の勝利の手段だからである。[*11]」

結論

この章で論じた内容に関して、今まで私は二種類の否定的な応答を受けてきました。私がこの内容を講義したときにもそのような応答が起こりましたし、私の著作に書かれている同様の内容を人々が読んだときにも起こりました。まず、人々はこの手の議論は、あまりにもとっぴなものだとよく言います。クリスチャンの中には、賛美歌「みやこの外なる」（聖歌三九五番）のような単純な神学と、わかりやすいあるタイプの贖いの神学に慣れ親しんでいる人もいます。これらの神学だけに慣れている人たちは、私の説明を複雑で難しいと思うようです。今までの議論で扱ってきたことを、イエスが本当に考えていたのだと、どのようにして確信を持つことができるでしょうか。また、もしイエスがそのように考えていたとしても、私たちの単純な信仰にどのような関係があるでしょうか。

同様に、批判的な学者たちの中には、自分ではとうてい知り得ない範囲のことまであたかも知っているかのように主張し、本当に存在したかどうかも定かではないあらゆることをイエスの頭の中に投影しつつ、私を非難する人もいます。

今回に限ったことではありませんが、後者の人たちに対しては、私は次のように答えます。まず、歴史的な研究上の最善の仮説とは、ある程度簡潔に、目の前にあるデータをちゃんと説明することが可能なものです。そして、事実、説得力のある論証を組み立てることはできます。なぜならば、今まで述べたことの詳細は、初期の教会の贖いの神学と完全に等しいわけではありませんが、初期の教会の神学が育っていったルーツを教えてくれるからです。ここで提案され、論証される仮説は、学者特有の決めつけ（たとえば、「一世紀に生きていたイエスは、このように考えることはできなかったはずだ」）では、簡単に否定できないものです。一世紀のユダヤ人はその世界情勢の中で、しっかりとものを考えたことは論証が可能です。そしてイエスはイスラエルの重要な物語《ナラティヴ》に対して彼特有の理解を持ち、それを自分自身に適用したことは、目の前にあるデータから明らかです。

単純なわかりやすい神学とわかりやすい贖いの神学に慣れ親しんでいる前者のクリスチャンたちに対しては、これが最後通告ではありませんが、次のように答えます。クリスチャンの成長への道は、新しく、明らかに複雑な考えの中に自分自身が迷い込み、それで困惑することを受け入れることからしばしば始まります。私が提示した全体像の中心には、単純なものがあります。しかし、払うべき犠牲もあります。それは、私たちにとっては奇妙に感じ、避けたくなるような、イエスの特徴である一世紀のものの考え方というものに、細心の注意を払うことです。結局ここで問われているのは、「私たちはイエスを見いだし、従っていきたいと思っているのか？　それとも、私たちが作った偶像を好むのか？」です。

結論として、四つのことを述べておきましょう。

一つめは、ナザレのイエスが死からよみがえったと言うことなしに、今まで述べてきたことがすべて妥当であると言うことはできないという点です。第六章で、イースターに関する議論を展開します。結論だけ述べるならば、もしイエスの身体が墓にとどまったままであったとしたら、イエスがメシアであるという主張の理由や、イエスの死は意味のある特別な死だったと彼の死後すぐに真剣に受けとめた人がいた理由を説明できません。十字架につけられたメシアは、周知のように、失敗したメシアです。一世紀の人々も、「自分自身がまもなく失敗者となることについて、崇高で複雑で敬虔な考えをイエスが抱いていたとしても、それが何になるというのだ?」と考えたでしょう。そうであるならば、イエスは単なる愚か者です。もし復活がなかったならば、すべては、単なる強がりにすぎません。自らの死についてのイエスの解釈が正しいことを立証するのは、イースターなのです。

第二に、イースターの光のもとで検証されるなら、十字架自体が歴史の重要な転換点であることがわかります。イエス自身が自らの使命をどのように理解していたかに基づいて検討するとき、世界のすべての悪と苦痛が一点に集められたようなあの十字架の瞬間に、すべてが最終的に解決されたことがわかります。

このような理解に立つ人に対して、「なぜ悪と苦痛が、依然として世界にはびこっているのか」という鋭い質問が投げかけられるでしょう。十字架の有効性について他のだれよりも厳密に検討していた初期のクリスチャンたちも、同じ問題に直面していたことは、私たちにとっては慰めです。コロサイ人への手紙とエペソ人への手紙でパウロはイエスが成し遂げたことを称えています。しかしこれらの手紙は獄中で書かれたのです。「様々な支配と権威」(コロサイ二・一五)は依然として彼に向かって働きかけています。

私たちはこの緊張関係とともに生きなければなりません。もし十字架の勝利がこの世界での生活の中に働いていないとしたら、もし十字架の力がいわゆる「霊的な領域」のみに限定されているとしたら、私たちは暗黙のうちにイエスが理解していた十字架の意義を否定してしまうことになります。ここで私が論じているように、十字架と復活を理解する人は、いまだ来ていない最終的な完成を信じ、神がすべての人の目の涙を拭ってくださる日が来ると信じることが求められます。これらのことに関しては、この本の最後の二つの章で考えます。

三つめに、十字架はイエスの最終的で偉大な愛の行為と見ることができます。イエスの働きを通してなされたすべての行為を、十字架は最終的なクライマックスへと導いていくのです。イエスはツァラアトに冒された人に触れ、長く病んでいる者や家族を失った者たちを優しく扱い、ラザロの墓の前で涙を流されました。そのすべての行為が、十字架へと導いていくのです。真の人間であって、同時に（次の章でも詳しく論じますが）、神に満ち満ちたイエスが働いている姿をそこに見ることができます。使徒ヨハネは、「世にいるご自分の者たちを愛してきたイエスは、彼らを最後まで愛された」（ヨハネ一三・一）と書いています。このことばは、実際には書かれたとおりには起こらなかった出来事の上に後世の時代の神学が重ね塗られたようなものではありません。このことばは、起こった出来事がまさに書かれたとおりであることを語っているのです。

四つめに、私たちの物語が今や導かれたこの視点から、「イエスの挑戦《チャレンジ》」と呼ぶべき、この世界で私たちがなすようにと期待されている働きがあることを再び強調したいと思います。「キリストに従っていく」というとき、それは十字架につけられたメシアに従っていくことを指しています。イエスの死は、単に私たちの罪が赦されるためになされた厄介な出来事ではなくて、完全に罪が忘れ去られるほどの偉大なわざです。この十字架は、生きている愛の神のご性質と心を表す、最も確かで、最も真実で、最も深い手がかりとなるものです。歴史的な面でも、神学的な面でも、十字架について学べば学ぶほど、自分がその似姿に造られている神について私たちは見いだしていきます。そして、十字架を背負ってイエスに従っていく民となるという使命にも目覚めていきます。自らの人生と奉仕を通して生ける神が知られるようになるという使命をいただいているのです。

したがって、世界を変革することについて話すとき（本著が生まれるきっかけとなった講演会においてもそうしたように）、ただ単に十字架を、私という個人を救うものとしてだけ取り扱いませんし、そのように取り扱うべきではありません。十字架は、私たちが与えられた働きに従事していくときに、そこに残されていくものです。世界を変革していく仕事とは、「十字架でなされた業績を世界に持ち運ぶという贖いの働き」と理解するべきです。そして、その働きにおいて、このことをなす方法もメッセージも徹頭徹尾、十字架の形をしていなければなりません。このことに関しては、最後の章でまた議論しようと思います。

私の経験上、これまでの議論についてきた皆さんには、ここで二つの疑問が浮かぶはずです。

「イエスは、自分自身と神について、何を信じていたのだろうか?」

「イースターには、正確には何が起こったのだろうか?」

これらの質問を、次の二つの章において扱いましょう。

注

1　この議論は、*Jesus and the Victory of God*, chapter 11 のアウトラインと合致している。

2　この議論は、*Jesus and the Victory of God*, chapter 12 を要約したものである。

3　Michael O. Wise, *The First Messiah: Investigating the Savior Before Christ* (San Francisco, HarperSanFrancisco, 1999). この本ではあえて誇張して書かれているので、誤解を防ぐために、一点、注意しなければならないことを指摘しておく。ある特定の時代の特定の人物の動機について研究することは可能である。さらに、第二神殿時代のユダヤ人の間で、彼らのリーダーがどのように動機を持ち、使命感を持ったのか、特に聖書に書かれている物語《ナラティヴ》を読むことによって、そのモデルを見いだすことも可能である。ユダヤ人のリーダーたちはこの聖書を繰り返し読んでいたからである。

4 詳しくは、*Jesus and the Victory of God*, pp. 513–519.

5 11Q13 はイザヤにおける良い知らせを告げるものがメシアだと述べている。4Q521 断片2 はイザヤ三五章の癒しがメシアによるものだと述べ、このテーマはマタイ一一章二〜一五節にもそのエコーを見ることができる。クムラン文書は、英語の読みやすいテキストがある。Geza Vermes, *The Complete Dead Sea Scrolls in English* (London: Allen Lane, Penguin Press, 1997).

6 Jacob Neusner, "Money-Changers in the Temple: The Mishnah's Explanation," New Testament Studies 35 (1989), pp. 287–290.

7 *Jesus and the Victory of God*, pp. 564f.

8 それぞれのケースの詳細は、*Jesus and the Victory of God*, pp. 579–584 を参照してほしい。

9 *Jesus and the Victory of God*, p. 591.

10 *Jesus and the Victory of God*, p. 596.

11 *Jesus and the Victory of God*, pp. 609–610.

第五章　イエスと神

イントロダクション

私は、「イエスは神だったのか？」、そして「イエスは、自分が神だと知っていたのか？」という質問を受けることにすっかり慣れてしまいました。これらは、早急に答えなければならない重要な問いですが、その前に、質問を再定義しなければなりません。*1 問題は、「神」という言葉が万人にとって同じ意味で用いられてはいないという点です。さらに言えば、今日の西洋文化に属する人が「神」という言葉を使うときには、キリスト教の歴史の中で考え抜かれた意味が念頭に置かれてはいません。そのために、どのように答えても非常に残念な結果となります。質問に対して単純に「はい、そうです」と答えたなら、聴衆の大多数は、正しいと思っていないことまで私が正しいと言っていると勝手に受け取りかねません。イエスは、自らが私たちの文化で「神」という言葉によって表現される存在である、と考えていたとは思えないからです。

近代の西洋文明に属する人のほとんどは啓蒙主義の理神論《ディイズム》の理解に基づく「神」を、この言葉から思い浮かべます。

理神論《ディイズム》の「神」は、私たちに無関心ではるか彼方にいる存在です。この世界の創造に何らかの責任があるかもしれませんが、彼（おそらく「it（それ）」と呼ぶべきでしょう）は、基本的には人間から遠く離れた、近づきがたい存在であって、人の日常生活とは関わりを持たず、ましてやこの世界で起こる日々の痛みに対してなどまったく無関心です。理神論《ディイズム》においては、「神の介入」はカテゴリー錯誤です。そのような「神」は世界への介入など夢にも思わないからです。

理神論《ディイズム》に立つクリスチャンの多くは、それでもなお神の臨在と力を感じることの理論的な根拠を維持しようとします。世界から隔絶されている神を語りつつも、その神が「不思議なように」世界に介入するとも語るのです。そして、「それは論理上、あり得ないことだが、論理を超えて偉大な神は、自ら作ったルールを超えることもある」と弁解するのです。しかし、これは聖書が神について語っていることではありません。何よりも重要なのは、これは私たちがイエスに見いだす神の姿ではないということです。

同時に、ポスト世俗化時代（世俗化が進んださらに次の時代）の現代、あらゆる種類の「宗教的なもの」「スピリチュアルなもの」と明確な定義なしに呼ばれているものへの興味が再興しています。書店には「スピリチュアルな成長」というコーナーが増設され、リインカネーション（輪廻）や「チャネリング」「風水」というジャンルの本が増え、自分の内にある女神を発見する試みなど、ここで述べたもの以外にも目を引く話題が溢れています。

「スピリチュアル」と「神的なもの」の大ブームが再燃しているのです。これらのものは、キリスト教の主流派とは何の関係もありません。ですから、本屋に並んでいる、キリスト教主流派と関わりの深いギフト用聖書や祈禱書は、堅信礼のお祝いのためだけに購入されるか、そのうちの九五パーセントは売れ残って埃《ほこり》をかぶる運命となっているのです。（これら以外の本を見ると、イギリスやアメリカの大型書店には「イエスはエジプト人のフリーメイソンの会員だった」というタイプの、読むに堪えない本が置かれています。これらは、本物のキリスト教の歴史的起源やその現代的な意味を探るような、読みやすく、かつ満足のいく本とは程遠いものです。）

今やたくさんの「神々」というものが、提供されています。しかしそのうちどれが、イエスと関係があるのでしょうか。私たちの世代は、このことをもう一度考える必要があります。「神」という言葉はいったい何を、いやむしろ「だれを」指しているのでしょうか。そして、クリスチャンとして、イエスと神をアイデンティティーという観点から一つに結び合わせるとしたら、「神」という言葉についての質問に対してどのような答えが導き出されるのでしょうか。

私自身が若いころ、先の質問に対するつまらない回答をよく聞きました。一方では、多くのクリスチャンは、C・S・ルイスが多くの著作によって提示している議論で満足してきました。ルイスはこう論じています。

「イエスはご自身が神であることを主張した。
これは、
●イエスが狂人である（このことは、イエスのほかの教えが否定している）。
●イエスが確信犯的な詐欺師である（このことはイエスの全生涯、とりわけその死が断固として否定している）。
●イエスは真実を語っている。だから、私たちはそのすべてを信じなければならない。
のいずれかにあてはまるはずだ。」

その一方では、最高の学問的なレベルにあると言われる神学者たちが、ルイスの主張は意味がないと繰り返し述べています。彼らは「神が人である」とか「人が神である」と考えることは不条理である、という確信を持っているからです。「神であること」と「人であること」という二つのカテゴリーは相容れません。正常な人は、自分を神と考えることなどありません。この考えは、アメリカの神学者ジョン・ノックスらによって一九五〇年代に展開されて、以来一部の人々の間で繰り返されています。彼らはさらに次のように論じるのです。

「一世紀のユダヤ人は、どのような意味においても〝自分が神である〟と考えることはない。ユダヤ人とは結局は一神教徒であって、人間が何らかの形で神であるという考えは、後世のものであって、もともとは受肉を否定していたイエスや初代教会の考えや教えが異教に影響されて歪められたものだ。複雑なプロセスだと一見思えるが、このことは実に簡単に起こったのだ。つまり、イエスの〝神性〟に関する〝主張〟は、第一世代のクリスチャンかその次の世代のでっち上げたものであって、特にヨハネの福音書はそれをイエスの言葉と見せかけて語ったものだ。」

私が神学生だったころに、ルイスの主張とそれに真っ向から反対する主張の二つの立場が現れてきて以来、長い時間が経ちました。実際には、この二つの立場の間の論争が頻繁に行われているわけではありません。お互いに距離を置いています。たとえて言うならば、イングランド内戦時に、王党派と議会派の軍隊が北オックスフォードのノース・パレードとサウス・パレードに一マイル以上離れてとどまっているような状態です。軍隊と軍隊の間には、実に心地よくない中間地帯があります。そして、大砲が撃たれた音が遠くから聞こえてきたら、あれは自分たちの勝利の知らせだ、と両方の軍が自分たちを支持している人々に伝えるのです。ただし、彼ら中間地帯に入っていく者は、両陣営から撃たれてしまいます。

戦争が終わってから長い時を経たあとも、何人かの兵士がジャングルに隠れていることがあります。世界は次の時代に移っているのに、それに気づかずにいるのです。そのような兵士が二人、偶然出くわしたら、また殺し合いになるかもしれません。しかしその戦いは、世界の新しい状況から考えるとまったく的外れなものです。

私が思うに、これこそがイエスと神の関係についての問題の現在の状況を描いたものです。一方は「イエスは自分が神であると主張した」と自信を持って語り、もう一方は

「イエスはそのようなことを言うはずもなく、実際言っておらず、神でもなかった」と自信を持って断言します。両方の立場から怒りを買うリスクを冒して、私は両者に異議を唱えます。

この世界は動いています。特に一世紀のユダヤ教とキリスト教についての研究という名の歴史も動いています。新しい戦いがあります。過去の戦いとまったく違うわけではありませんが、新しく意義深い要素を考慮に入れて戦う必要があります。そして、和解に至る新しい可能性がある、と私は信じています。

一世紀ユダヤ教における「神」

先の問いに答える手がかりとして、イエスと同時代に生きた一世紀のユダヤ人たちにとって「神」という言葉が、何を意味していたかの検討から始めましょう。

現代の神学者の中には、「神」あるいは「神々」を信じていても、これらの存在を自分たちの世界から完全に切り離された存在として考えている人々がいます。離れたところに存在する「神」または「神々」は、私たちとほとんどあるいは一切関わりを持たずに、自分たちの領域で幸せに過ごしていると理解しています。また、一方では、「神」

あるいは「神性を持つ存在」「聖なる存在」とは、ただ単に私たちの世界の一側面、と考える人もいます。「神」と世界は、結局同じものだというのです。あるいは、「神」という言葉を、神秘さや不思議さ、また私たちの世界の中に潜む、霊的な何かの可能性を説明するときに用いるのでしょう。

どちらの考えも、理論的にも実践的にも、無神論への入り口となり得ます。(人々が不信仰に繋がる考えを起こしていくという点で理論的な入り口ですし、人々が信じて告白する「神」が実際生活に何の関わりもないという点で実践的な入り口です。) 最初のタイプの考え方は、「神らしき存在」は、人の視界には入らないほど遠く離れたところに存在していることだけは認めています。結果的に神は消えてしまいます。一九世紀の思想家たちが理神論《ディズム》の中で「離れている神」と称したもので、この神らしきものは、地球の軌道から外れ、ついには宇宙の果てに消えてしまう人工衛星のような存在にたとえることができるでしょう。二つめのタイプの考え方では、様々な神的な力《フォース》が様々な「神々」へと擬人化されるものと理解します。その結果、「神々」は当たり前で些細なものとなり、ついには時折思い起こされる迷信となるのです。ギリシアやローマなど、古代の異教においてこのようなことが起こりました。

さらに、両者とも、現在流行している相対主義を生み出す性質をはらんでいます。

（もしくは、両者が相対主義の直接的な原因かもしれません。）今日の宗教事情において興味深いのは、たくさんの人が判で押したように「すべての宗教は同じだ」と主張することです。それはまるで、古い教義学者たちが特定の定式や解釈を頑なに主張するかのようです。

「すべての教義《ドグマ》は間違っている」という教義《ドグマ》があり、「統一された組織はすべて否定されるべきだ」という統一された主張が存在します。このような主張と教義に人々の想像力がとらえられてしまい、その結果、理性的な話し合いも合理的な話し合いも一切できなくなってしまいます。

「離れて存在する神」という見方が、この主張を助長するのです。つまり、「もし神と呼ばれるものが私たちから遠く離れて、認識できない形で存在しているなら、すべての宗教はせいぜい曖昧で大まかなものにすぎない。だから、すべての宗教は、一つの山頂を目指す異なる道なのだ」というものです。（ただし、すべての道が、霧の中でやがて迷うようにできていますが。）

同じように、この世界のうちに神秘的なものや神的なものを見る汎神論も、究極的には同じ方向に向かっています。もしすべての宗教が、それぞれ「神聖なるもの」への応答であるならば、それらは「ただ単に同じ概念を違う言葉で言い表しているだけ」なのです。

これらの信念のどちらかを持っている人々（両者を持っている人もいるかもしれませんが）はだれも、立ち止まって、傲慢で帝国主義的であると彼らが考えている宗教を拒絶していること自体が、実際は傲慢で帝国主義的ではないのか、と考えることはありません。彼らは一八世紀の啓蒙主義の権威を用いて、すべての宗教（特にユダヤ教・キリスト教・イスラム教）が見落としている、隠された真理をついに発見することができたと言っています。彼らによれば、それは、「すべての宗教は、実のところ啓蒙主義の考える〝宗教〟の一形態にすぎない」ということです。たしかに、このアイディアをもとに考え始めたら、すべてがそういうふうに見えてしまうでしょう。

けれども、啓蒙主義のこのような傲慢な主張を、なぜ他の考えよりも優先して信じる必要があるのでしょうか。違う信仰を持つ人たちに対して寛容であろうとするクリスチャンの中には、異なる信仰を持つ人たちを「無名のキリスト者」と呼ぶ人もいます。この絶望的なまでの傲慢な態度は、今では概して拒絶されています。仏教徒が「無名のキリスト者」と呼ばれたいと思うでしょうか？　しかし同様に、いやそれ以上に傲慢なのは、宗教を信じるすべての人が「無名の、啓蒙主義の言う宗教的な人」であるという主張です。

ここでこの途方もない議論に答えを出すことは不可能です。ここでこの理想を取り上げたのは、「神」の概念が、世界の意味や宗教の意義についての現在の概念をいかにして生み出すのか、もしくはその逆のことがいかにして起こるのかを提示するためです。

さらに、ユダヤ人の「神」という概念が、古代のエピクロス主義や近年までの理神論《デイズム》が述べるような「遠く離れて存在しているもの」や、古代・近代の異教や汎神論の「内在する神」とは異なることを提示するためです。

ユダヤ人は、ある特定の「神」を信じました。唯一であり、全世界を造り、そこに臨在して活動し、世界の主権者でありつつも、不可解なことに世界とはまったく別の存在である神です。ユダヤ人はこの神を「ヤハウェ」（ある時点で、この名称で呼ぶことをやめるのですが）、あるいは「在りて在る者」、「主権者である方」と呼びました。彼は（神は性別を超越しているとよくわかっていましたし、時には女性的なイメージを使って表現することもありましたが、基本的にはヤハウェは男性代名詞で受けていました）、遠く離れていないし、無関心ではありません。また単に、世界中の神聖なものを抽象化した存在でもないし、世界内の力・エネルギーといったものを具象化・擬人化した存在でもありません。

むしろ、ヤハウェは存在するものすべての創造主であり、力強くこれらすべてに関わる一方で、決して被造物自体と一緒にされるべき存在ではありません。古典的なユダヤ的一神教は、次のことを信じていました。

a 天と地を造られた、ただひとりの神がいる。この神は、被造物と親しく活発な関係にある。

b この神は、イスラエルを召して、自分の特別な民とした。

イスラエルの使命についての二つめの信条と一つめの信条との結びつきが明示されることがあります。それは、「ヤハウェは、イ、ス、ラ、エ、ル、を、こ、の、世、界、の、た、め、に、選んだ」という表現で語られます。選び、すなわちイスラエルの選びは、神が世界の中で働かれ、世界を癒して救うという目的の中心にあります。そして、この選びを通して、聖書記者たちが言う「新創造」をもたらすという神の目的を達成するのです。

この双子の信条（「一神教と選び」あるいは「創造と契約」と言い換えることができるでしょう）は、単に抽象的な命題の対ではありません。哲学的な探求や仮説で導かれたようなものでもありません。ある特定の歴史を通して見いだされ、その歴史をいろいろな形で繰り返し語り継ぐことによって表現されてきたものです。

ここで言う歴史とは、アブラハムの家族がエジプトに下り、そこで奴隷にされ、劇的に救い出され、約束の地が与えられるという歴史です。これらの出来事を生き抜いた人々は、自らが何者であるのか、そして、脈々と受け継がれてきた自分たちの歩みを形づくったのはだれかということを、この物語を語り、様々な祭りの中で劇的な形で再現することによって説明してきました。後に、抑圧、迫害、捕囚あるいは全滅したかのように見える出来事が起こったときには、アブラハムの子孫たちは出エジプトの物語を思い起こすのです。そして、神がどのような方であったかを再発見し、自分たちをまず最初に神の民とした出エジプトのわざをもう一度行ってくださるようにと祈るのです。

出エジプトの物語には、神の誠実さと救い出す力がどのようなものであるかを見いだすことが含まれています。別の切り口からとらえるならば、神の変わった名前「ヤハウエ」が実際には何を意味するかを出エジプト記は物語っています（出エジプト六・二〜八）。この神は「救う者」として知られる方で、荒野の旅の間も自らの民とともにおられ、雲と火の柱で導き、神の民が歩むべき道を神自らが語り、それを律法として彼らにお与えになりました。

出エジプトの物語の中には、唯一の真なる神が臨在して世界とイスラエルの中で働く方法が二つ描かれています。一つは「セキナ」（Shekinah）と呼ばれ、荒野で幕屋にとどまる神の栄光を指しており、後にそれはエルサレムの神殿にとどまります。

二つめの「律法《トーラー》」(Torah) とは、イスラエルのために表された神の御心であり、モーセの律法のことです。

さらに、神ご自身の霊がモーセ(と同労者)にとどまり、彼に宿ったので、モーセは神の民の指導者となることができたという信条が、物語の中に一本しっかりと流れています。

ヤハウェの臨在と民を救おうとする愛に関するこれら三つの顕現(神の臨在、神の律法、神の霊)はすべて、出エジプトの物語《ナラティヴ》という救いの物語、すなわち、自由への物語にははっきりと見られます。そして、これら三つの顕現はユダヤ人の神観を、周辺諸国の神学からはっきりと区別するものです。

ユダヤ人が読んでいた聖書(旧約聖書)の多くの箇所において、またその後の時代に記されたユダヤ教文書において、イスラエルと世界における神の臨在と救いのわざについて考える三つの方法(神の臨在、神の律法、神の霊)は、「神のことば」と「神の知恵」と密接に結びついています。さらに、両者はともに、創造のわざと関連しています。そして、この二つを通しても、「セキナ」と「律法《トーラー》」を通して語られていることが、語られているとみなされています。

これら五つの方法（神の臨在、神の律法、神の霊、神のことば、神の知恵）は一つとなって、哲学的な仕組みではなく、人々のものの見方を支配している物語《ナラティヴ》を構成しています。礼典と祭りの中で、また聖書朗読、賛美、祈りの中で、出エジプトの物語を繰り返し語り、繰り返し生きることを通して、イスラエルは神の臨在の感覚を再び燃え立たせてきました。その結果、イスラエルは、過去におけるヤハウェの救いのみわざのうちに、もう一度根ざすことができるようになったのです。そして現在においては、かなり困難な状況の中にあったとしても、そこから神が救ってくださることを祈ることができるようになります。そして、未来においては、神の最終的な勝利、すなわちイスラエルをずっと縛りつけられていたものからの最後的な解放を望むことができるようになるのです。

このユダヤ教的な「唯一のまことの神」を考えるにあたって、第二神殿時代のいくつかのユダヤ文書から見いだされる二つの特徴を計算に入れておく必要があります。第一に、「捕囚のときにエルサレムを見捨てたヤハウェは、必ずシオンに戻って来る」という期待があったことです。第二に、「ヤハウェが王座につく」という伝承と「ヤハウェの王座を何らかの形で分かち合う者がいる」という伝承が存在するということです。この両方について語るべきことが多くありますが、紙面に限りがあるため、簡潔に説明しておきます。[*2]

ヤハウェのシオンへの帰還は、捕囚とその後の時代と関わりの深い旧約聖書の各書の主要なテーマです。特にイザヤ書、それも四〇～五五章の中心テーマであり、この箇所では神の国とも関連づけられていきます。ヤハウェが自らの民を見捨てたことを最も強調して宣言した預言者であるエゼキエルは、新しく建設された終末論的な神殿へヤハウェが戻って行くことをも描いていきます。詩篇は、ヤハウェが世界をさばくために来ることを祝っています。ハガイ書は、再建された第二神殿が期待ほどのものでなかったという事実に当惑しつつ、ヤハウェがさらに栄光に溢れた神殿に帰還して行く姿を見ています。ゼカリヤ書は、雲と火の柱という出エジプトのイメージを使用しながら、ヤハウェが帰還して神の民とともに住み、彼らを守る様子を表現しています。またヤハウェがその聖なる者たちとともに来て、エルサレムから全地を統べ治める王となるという黙示的なシナリオを提供しています。マラキ書は、イスラエルが捜し求めてきた主が突然神殿に来られ、救いとともにさばきをもたらすことを約束しています。

しかし、キュロス王とその後継者によって捕囚から地理的には帰還しましたが、出エジプト記四〇章、レビ記九章、列王記第一、八章、さらにイザヤ書六章で描かれている主の顕現が同時に起こったわけではありませんでした。荒野でイスラエルを導いていた雲と火の柱が、人々を導いて捕囚から連れ帰ったということは聞いていません。どこかの時点でヤハウェが栄光に満ちてシオンに帰還したとも聞いていません。どこかの時点でヤハウェの栄光を覆う雲で、神殿が再び満たされてもいません。どこかの時点で再建された神殿が、エゼキエルによって語られた、回復された真の宮として世界中で認められてもいません。どこかの時点で新しく大いなる時代が始まることを告げる、新しい祭りが生み出されたわけでもありません。意義深いことには、どこかの時点でイスラエルの敵に対する決定的で最終的な勝利が到来したわけではありませんし、世界中が自分の王として受け入れる王朝が設立されたわけでもありません。神殿と勝利と王位は密接に関わり合っているのですが、それらが表している希望は、まだ果たされていなかったのです。ですから、「捕囚の後にヤハウェがシオンへの帰還を果たす」ことに明らかに言及している旧約聖書の伝承が第二神殿期の文書にも繰り返し現れたとしても、驚くにはあたりません。この期待は、イエスの時代のユダヤ教にとっても重要であり続けたのです。

ヤハウェが歴史の中で行動されるとき、ある器を選んで、それを通して行うとしたら、その器はどのように描かれるのでしょうか。イエスの象徴的な行動の文脈や、その行動の前後でイエスが語った物語と謎かけを理解するために、続いて一世紀のユダヤ教がこの問いにどのように答えるかを検討していきましょう。

一世紀の文献によれば、歴史の中でヤハウェが行動するとき、自らが用いる器についてこれまでにはない形でその正しさを立証し、その人を高く上げ、栄誉を与えます。これ自体は別に取り扱うべき話題ですから、ここではいくつかの例とともに一般的な方向性を示すだけにします。

様々な時代のユダヤ教文書の中には、天使または人間が昇天し、天において戴冠される情景について推測しているものがあります。これらは、預言者がヤハウェの輪の幻を受け取ったエゼキエル書一章や、「人の子のような方」が現れて、『年を経た方』のもとに進み」、その王座に共に座すダニエル書七章を熟考し、論じるところから生まれました。このような推測が、ユダヤ教神秘主義の伝統全体、さらには神学的、そして世界観に関わる探求を養い、育てていきました。

ユダヤ教の古代文書の中には、神秘的な旅、それも唯一のまことの神ご自身の幻を得ようと試みる人の旅について語っているものがあります。これらの文書には、「イスラエルの神が宿っている」という名の天使について語っているものもあります。また、イスラエルの神の王座に共に座す人間について述べるものもあります。いくつかの伝統の流れは、モーセの物語をこのような形で語り、殉教者や敬虔な者たちについてさえも同様に物語ることがあります。時代によって様々に形を変えてきた一つの有名な物語の中で、偉大なラビであるアキバは、ダニエル書七章九節の「御座」とは、「一つは神のためであり、一つはダビデのためである」と示唆しています。アキバはもちろん、この候補者を思い描いていました。「星の息子」と呼ばれ、メシアとして支持されていたバル・コクバです。同時代のユダヤ教指導者たちの中には、「天」に複数の「力ある方」がおられる可能性について推測していた者もいたようです。

このような推測がどれだけ行われていたかについては、現在も議論が続いています。しかし、明らかなことは、神と王座を共にする人間について考えることは可能であって、明確な自己矛盾ではなく、第二神殿時代のユダヤ人が意味した「一神教」に対して必ずしも脅威ではなかったということです。これらのことを通して、一神教が実際のところ何を意味しているかを見いだそうと試みていたのです。したがって、イスラエルの神が様々な仲介者を通して行う行動について多くの複雑な推測から、一つのシナリオが浮かび上がってきます。つまり、第二神殿時代のユダヤ人は少なくても、異教徒勢力に対するメシアの地上的・軍事的な勝利を、ダニエル書七章に記された御座への即位の幻との関わりで考えている、というシナリオです。なお、ダニエル書七章の幻そのものは、エゼキエル書一章の幻を発展させたものだと彼らは考えています。

「神」という言葉の意味（もしくは、ヤハウェの特質とその働きについて、と言うべきかもしれません）について、一世紀のユダヤ人の信条を簡単に調べてきましたが、ここで一つのことが明確になりました。「ユダヤ人は一神教徒なので、人間を神的な存在として認識することができなかったのだ」と、うわべだけの議論をしている人たちが想定しているものより、現実のユダヤ人の一神教ははるかに複雑であるということです。同様に、ヨハネの福音書や他の文書から数節だけを拾い上げて、それらをもとにして、「イエスは自分が神であることを主張した」と片づけてしまうことも、明らかに単純すぎます。「神性」の実際の意味も、同じように誤解してしまうことになるでしょう。

もっと複雑な議論が必要ですが、これまでなされてきた古い議論とは異なった視点から取り組むことができますので、さらに豊かで実りのあるものが導き出されてくるのは確かです。

初期のクリスチャンのイエスと神に関する考え方

すべての証拠は、最初期のクリスチャンは非常に早い段階で、「自分たちはユダヤ的な一神教徒であることをやめることなく、イエスを礼拝するべきである」という、驚くような結論に至っていることを示しています。「ユダヤ教を捨て去り、異教の考えがひっそりと忍び込むことを許して初めて、イエス崇拝は起こった」という古い前提は、今こそ捨て去るべきです。ここまで述べてきた現象を支持する証拠は、たいへん初期の信頼できるもので、まったく曖昧なところがありません。

別のところで詳しく書いていますが、パウロおよびおそらく彼のものと言われる書簡を書いたときには、すでに広く知られていた伝統において、イエスのことがユダヤ一神教の神と同じような表現で語られています。さらに、一神教の神を語るその文の中で、イエスのことが語られています。この点について重要な聖書箇所は、コリント人への手紙第一、八章一～六節、ピリピ人への手紙二章五～一一節、ガラテヤ人への手紙四章一～七節、コロサイ人への手紙一章一五～二〇節です。もちろん要点をつかみさえすれば、パウロ書簡のほかの箇所にも数多く、同じ現象を、それほど目立たない形ではありますが、発見できます。[*3] これらの箇所やほかの聖書箇所においても、パウロが旧約聖書や第二神殿期の資料から知られるユダヤ人の一神教から、離れていったわけではなく、さらなる「神々」が神殿に加えられることを認める異教や、良い神が悪い神に敵対しているとか、贖い主が創造主に敵対しているなどと主張する二元論に彼が陥ったわけでもないことがわかります。
パウロにとっては、「父なる唯一の神がおられるだけで、この神からすべてのものは発し、この神に私たちは至」り、「唯一の主なるイエス・キリストがおられるだけで、この主によってすべてのものは存在し、この主によって私たちも存在する」（Ⅰコリント八・六）のです。
このコリント人への手紙第一の言葉は、「シェマー」として知られるユダヤ教の祈りを、驚くような形で改訂したもので（シェマーとは、申命記六章四節「聞け、イスラエルよ。主は私たちの神。主は唯一である」を指します）、創造と贖いが等しく父から発したことであり、等しくイエスを通して実現されたということを強調しています。そして、確固とした証拠が存在しているキリスト教最初期のこのステージで、後の時代にイエスと神について語るときに、人々が苦戦したことをすべて見事に要約したのです。このことから、もし三位一体の神学が存在しなかったとしたら、それは発明される必要があっただろうとさえ言わなければなりません。何よりもイエスをユダヤ教の一神教の枠組みの中で礼拝することによって、第一世代のクリスチャンたちはこのような神学的営みを実際に行ったのです。[*4]
しかし、このことはどのようにして始まったのでしょうか。どこからこのようなことをしなければならないという考えを得たのでしょうか。このことの起源は、イエス自身にまでさかのぼるのでしょうか。これらはこの章の核心にあたる重要な質問です。これからこの質問に答えていきましょう。

回り道をすることになりますが、まず、三つの間違った探求の仕方を、これらを避けるためにも明らかにしましょう。

最初の二つは、もうすでに述べたものです。[*5] クリスチャンであろうとなかろうと、「メシア」という言葉に「神的な存在」というニュアンスが含まれると考え、「イエスが自分自身のことをメシアと考えていたということは、自らを神的な存在と考えていたことを意味する」と理解してしまう間違いをよく犯します。これはまったく根拠のない考えです。第二神殿期ユダヤ教の自称メシアたちは、私たちが知りうるかぎり、自分自身のことを神的な存在であるとは考えていませんでした。またその弟子たちも、メシアだった人を神とすることなど考えていません。先に示唆したバル・コクバ〔訳注＝一二六頁参照〕が例外だとしても、彼は画期的に新しいことをしつつも、枠組みの中に納まっています。（もちろん、キリスト教も例外だと考えています。）そして、「神の子」という表現はこの時代にはメシアの称号として機能しましたので、後のキリスト教神学がこの表現から聞き取ったものとは違い、「神的な存在」という意味がそこには含まれていませんでした。（純粋な「メシア」という意味から「受肉したメシア」という意味への移行は、新約聖書、特に先に挙げたような聖書箇所ではもうすでに始まっています。これはイエス自身にまでさかのぼることが可能かもしれません。しかしユダヤ教の文脈においては、「神の子」という表現から「受肉したメシア」と読み取ることはできません。）

三つめの間違った探求の仕方は、次の章で私たちが扱おうとしている「復活」に関わります。復活こそがイエスの神性を証明するものだと何度も聞いてきました。復活を肯定あるいは否定するならば、イエスの神性もそのまま肯定あるいは否定するのだというのです。この間違いは、先ほど指摘したものと一緒に起こりがちです。

たとえば、パウロの書いた「死者の中からの復活により、力ある神の子として公に示された方、私たちの主イエス・キリスト」（ローマ一・四）を読み誤って、簡単にこの間違いに陥ります。パウロがここで意味していることは、復活の出来事を通してイエスは「メシア」であることが公に示されたということです。ユダヤ教の復活への期待においては、ある人が死後に新しい種類のいのちをもって生き返ったのを見たからといって、「その人は何らかの意味で神的な存在に違いない」と結論づけることはあり得ません。

むしろ真逆のことが言えます。復活とはすべて死んだ者に対して、少なくとも、すべての義人たちに対して起こると考えられている出来事でした。「ですから、復活が神格化の構成要件である」という考えはありませんでした。むしろ、落胆した弟子たちは、イエスが本当に「メシア」だったという真実に、復活によって目覚めたのです。復活の事実から、メシアがいつもそうあるべきだったように、イエスこそが世界の主であり、その死は恥ずべき敗北ではなく、邪悪な力に対しての普通ではないが栄光に満ちた勝利であるという結論に、弟子たちは達したのです。そして、これらの結論を信じた弟子たちはさらに一歩進んで、未知の領域へと入っていきました。つまり、「イエスは、出エジプトの神であるヤハウェしかできない救いのわざを成し遂げたのだから、この方は何らかの形で、イスラエルの唯一の神がご自分を具現化した存在、すなわちこの神を体現した存在である」と結論づけたのです。復活は、このような一連の思考のスタートに不可欠なものでしたが、復活だけで自動的に「イエスは神である」と意味していたわけではありませんでした。

復活はイエスがメシアであることを確立しましたが、同時に、メシアを一つの聖書の預言に結びつけました。それは、第二神殿時代のユダヤ教のいくつかの流れにおいて重要であり、初期のキリスト教においても重要となった聖書箇所です。興味深いことに、私や他の学者たちは、イエスが自分自身のことを何者だと考えていたのかを理解するために助けになる聖書箇所であるとも考えています。

ダビデがヤハウェと会話する場面の描かれている、有名で古典的な箇所があります。ダビデは、荒野時代の遺物である移動式の幕屋ではなく、ヤハウェが住まうふさわしい、定住の場所として、神の宮を建設しようとしました（Ⅱサムエル七・一～三）。これには様々な意味合いが含まれています。もちろん、ダビデには自分自身の支配と力、そして新しい首都エルサレムの地位を、イスラエルの全部族の中で堅固なものにしておきたいという欲求もありました。おそらくそのこともあり、主は預言者ナタンを通して、ダビデがヤハウェのために家を建ててはならないと語られたのでしょう。しかし、最も重要なことは、家についての申し出がひっくり返されたことです。ヤハウェが、ダビデに家を建てるのです。それも素晴らしい木材と石と羽目板でできた家ではなく（ダビデはすでにそういう家を持っていました）、家族という意味での「家」を建てるのです。具体的には、ヤハウェはダビデに息子を与え、彼がダビデの後に王になります。そしてこの息子が、ヤハウェが住むための神殿を建てるのです。さらに、ヤハウェはこの息子を、ご自分の子とするというのです（同一一～一四節）[*6]。

サムエル記第二、七章一二節は、このことが記されている重要な箇所です。ダビデが死んだとき、と述べて、ヤハウェは続けます。

「わたしは、あなたの身から出る世継ぎの子をあなたの後に起こし、彼の王国を確立させる。」

ヘブル語での「わたしは起こし」には、言外に「復活」の意味が、これが書かれた時点では含まれていませんでした。しかし、イエスの時代の二百年から三百年前、旧約聖書がギリシア語に翻訳されたとき、この節は「kai anasteso to sperma sou」、つまり「わたしはあなたの子孫を復活させる」と訳されたのです。ユダヤ教における死者の復活という信仰が、開花し始めた時期でもありましたから、ギリシア語へ翻訳した人たちはおそらく、そして、このギリシア語訳のサムエル記第二を読んだユダヤ人たちは確実に、この箇所を預言として読んだでしょう。つまりこれを、神がダビデの真の、そして究極的な「子孫」を死から復活させ、この復活した「種」が新しい意味で神ご自身の息子だという預言と理解したのです。

けれども重要なポイントはまだこの先にあります。初期のクリスチャンたちが後づけした解釈を参考にしつつ、ダビデに対する神の答えの意義を熟考する必要があります。ダビデは神が宿る場所として、木材と石の家を建てることを申し出ました。一方で、神は、ダビデが家を建てることは副次的である、とお答えになりました。重要なことは、神がダビデのために「家」を建てることであり、その「家」は、神の子となるダビデの息子から成っているのです。そして先ほど示したギリシア語の七十人訳聖書で示唆されているように、この息子は死者の中から復活させられることによって、神の子であると示されるのです。

この物語を初期のクリスチャンの視点で読んでみたときに、何がわかるのでしょうか。神殿は、ユダヤ教において重要であり、中心的な位置を占めていますが、結局は、究極的な存在を示す道標にすぎないのです。そしてこの究極的な存在とは、復活したダビデの子であり、神の子です。

結局のところ神は、人が建てた神殿、つまり材木と石でできた家に住むことはありません。神は神の民とともに確かに住み、彼らのただ中に「宿り」、ご自身の栄光と不思議を現されます。しかし、神にとって最も適切なのは、建物によってではなく人間を通して彼らの間に「宿る」ことです。そしてその人間とは、メシアであり、彼は復活によって他の人と区別されるのです。このようにして初期のクリスチャンが考えたと私は理解しています。

イエス、そして続いてすぐにイエスの民が真の神殿となりました。ですから、エルサレムにある実際の建物は、余分なものになってしまったのです。重要なのは、神殿は、ユダヤ教において「受肉」を表す中心的な象徴《シンボル》だということです。天と地が重なり合っている場所です。生ける神はこの場所で、その民とともに臨在されるのです。一般的なユダヤ人たちはこのことを信じており、この信仰は聖書に根ざしつつ、定期的に持たれる祭りと典礼で祝われてきたのです。

以上論じてきたことをもって、ようやくイエス自身について考察する備えができました。それでは、今まで述べてきたような一連の思考が初代教会によってイエスに付与されたものではなく、イエス自身に由来するものであるとするしるしは、イエスの構想《アジェンダ》と使命の中に、どのようなものとして表されているのでしょうか。

イエスの使命と自己理解

「聖書とユダヤ教の伝統が『神殿の果たすべき立ち位置と役割』と考えていることを、イスラエルとの関わりの中で自分が神殿に代わって行うことこそ、自分の中心的な使命であるとイエスは信じていた」という命題を以下で論じていきます。ユダヤ教はその心臓部に、偉大な受肉の象徴《シンボル》、つまり神殿を持っていました。ですから、イエスは神殿をその舞台から追いやり、自分がその役割と機能を担い、ダビデの子であると主張することによってそのことを正当化し、神殿ではなく自分自身こそが、生ける神がイスラエルとともに臨在する場所であり手段であると主張したのです。

この議論は、イエスの人生の最後の一週間の出来事からさかのぼって考え始め、その働きの初期に手掛かりを見いだすほうがわかりやすいでしょう。しかしこの章をできる限り短くとどめるとともに、読者の皆さんが興味をもって自分でさらに議論を深く進めることを望んで、まずイエスの巡回伝道の一つの特徴から議論を始めることにします。イエスは「罪の赦し」を人々に提供しました。言葉によってだけでなく、イエスの特徴的な行動、すなわち、ありとあらゆる「罪人」を歓迎して、共に食事をするという行為によってもこれを提供しました。言い換えれば、神殿に行くこと、もしくは少なくとも離散《ディアスポラ》の民がしたように、神殿に向かって祈ることで得られる祝福を、イエス自身が人々に提供したのです。事の重大さを見失ってはいけません。これは単に、神殿宗教の民主化ではありません。そうだとしたら、パリサイ派の人々も与えることができたでしょう。パリサイ派の人々は、律法を学ぶときはどこにいても神殿に行ったときと同じ神の臨在とともにある、と強く勧めていたからです。むしろ、イエスは新しい契約のリアリティーを提供したのです。神殿は、このリアリティーを指し示す古い契約の道標にすぎません。神殿で得られるものは、罪を犯したり汚れたりするたびに、もう一度獲得しなければならないからです。しかし、イエスの招きを受け入れ、彼に信頼して、彼に従っていくことによって新しい契約のリアリティーを今も、そしてこれからも永遠に持つことができます。神殿が表現しているものが個人として具現化した存在こそイエスなのです。

明らかな例外を検討すると、原則の正しいことがわかります（マタイ八・四、マルコ一・四四、ルカ五・一四）。イエスがツァラアトを癒された人に、「ただ行って自分を祭司に見せなさい。そして、人々への証しのために、モーセが命じたささげ物をしなさい」と言うとき、その理由は明らかです。イエスが神殿を自分よりまさった権威と考えて、それに服従したのではありません。ツァラアトはすでに癒されました。しかしその患者は、元の村での通常の社会生活に再び戻ることを認めてもらわなければならなかったのです。もし彼が自分の家族や友人に対して、放浪している見知らぬ自称預言者から「癒された」と告げられたのだと説明しただけならば、周囲の人たちはおそらく納得しなかったでしょう。彼が社会の一員に再び組み込まれるためには、公認された権威が公式に承認する必要がありました。しかしほかの癒しの記事を見ると、視力が回復した人や癒されて歩けるようになった人や、その他の人々も、癒された後に何もする必要はありませんでした。彼らの癒されたことが明らかだったからです。

イエスのこれらの行動と、それが象徴する赦しと招きは、イエスのより広範囲にわたる働きの一部と言えるでしょう。私たちが本書の第二章と第三章で見てきたイエスの神の国の宣言は、その中心において「イスラエルの神は、はるか昔に約束し、イスラエルが待ち望んだ新しい方法で今臨在し、働いておられる」と主張しています。神殿が破壊されたことを覚える日に断食することをイエスが拒んだのは、自分自身の働きが新しい神殿の建設であると考えていたことを、謎めいた形で指し示しているのです。イエスは暗にヘロデ一族への対決姿勢を示し（たとえば、マタイ一一・二一〜一五）、イエス自身を含む大勢の人々がユダヤ人の王政のパロディにすぎないと考えていたヘロデに代わって、自らを真の王として提示しました。これは、ヘロデ家がマカベア王朝を継承するものとして、エルサレム神殿を再建し、それを美しく装飾することによって、自分たちこそが本当のイスラエルの王家であるという主張を正当化しようとしていたことへの対決姿勢を意味します。イエスがしばしば繰り返した、エルサレムと、特に神殿の命運についての厳粛な警告から、いくつかの疑問が生まれます。「そのようなさばきを宣告するとは、イエスは自らを何者と考えていたのか（預言者かメシアか）」、「ヤハウェが神殿の代わりに何を用いるとイエスは考えていたのか」。これらの疑問に対するイエスの答えは明白です。ヤハウェは古い建造物を新しい建造物で置き換えるつもりはありませんでした。（たとえば、死海文書ではこのように考えられていたようですが。）むしろ、イエスとその民から成る新しいコミュニティーによって、神殿制度全体を置き換えようとしていたのです。

つまり、イエスがエルサレムに来たということは、彼と神殿との間の対立が避けられないということを意味します。このことは、受肉の意義を顕著に表しています。エルサレムという街、すなわちその神殿制度そのものが神殿という建造物とイエスという二つの存在が共存することを許すことができなかったのです。唯一の神が赦しと回復の愛をもって、その民とともに住み、そのことを通して、これまで計画してきたように、世界中に届くような場所、そしてそのことを実現する手段が二つ存在することは不可能であったからです。イエスによる神殿の批判は痛烈なものでしたし、その時代の神殿制度には、他のユダヤ人たちが支配階級や運営のやり方に対して怒るほど多くの腐敗が存在していました。しかしイエスは、特定のことを細かく批判するのではなく、終末論的な対決へと進んだのです。

それでは、究極的な存在が現れたとき、それを指し示す道標に何が起こるのでしょうか。

最後の晩餐の部屋でのイエスの行動は、神殿祭儀に取って代わるものとしてイエスが提示したもの以上の意義があります。最後の晩餐は、神殿におけるイエスの行動に続いて行われました。神殿の建造物やそれが拠っているすべてのものを置き換える何かを、イエスは象徴的に実演したのです。それは新しい出エジプトの祝宴です。イエス自身がその民を導いて紅海を渡らせ、約束の地へと連れて行くのです。イエスは新しいモーセというだけではありません。民を自由へと導くために、雲と火の柱そのものとなることが自らの使命であるように行動したのです。

簡略に証拠を見てきましたが、ここから「イエスは自分自身が新しい神殿として行動するように召されたと信じていた」という結論に達します。人々がイエスとともにいるとき、彼らはあたかも神殿にいるかのようであったのです。しかしもし神殿が、イスラエルにおける受肉を表現する最も偉大な象徴《シンボル》であるならば、必然的に次の結論に至ります。（イエスの行動が謎めいていたので、人々がイエスの考えていたことに徐々にしか気づきませんでしたが。） イエスは自分自身がついに、イスラエルの神がその民とともに臨在するための場所となり、その手段となったと主張しています。直接的ではなかったとしても、少なくとも間接的にこのことを主張しています。イエスは大きなリスクを負いつつ、自らが人となった神の栄光（セキナ Shekinah）であり、そして荒野で民とともに「宿った」ヤハウェの臨在であるかのようにふるまったのです。

今まで述べてきたことを鑑みて、ヤハウェが神の民に、そして全世界に臨在し、働かれる手段であるとその時代のユダヤ人が考えていた四つの象徴《シンボル》を簡潔に見てみましょう。

第一の象徴《シンボル》は、律法です。ジェイコブ・ヌースナーが鮮やかに示したように、イエスは自らの教えにおいて、人々の注目をモーセの律法から奪おうとしていました。（山上の説教は特にそうですが、その箇所に限定されてはいません。）それは、自分自身が律法にまさる権威であると考え、それゆえに律法の新しいバージョンを発布する権威を持っていることを示すためです。ですから、イエスはもはや新しいモーセではなく、むしろ「新しいヤハウェ」です。[*7]律法は、確かにイエスの時代までは、端的に言うと、ユダヤ教における受肉の象徴《シンボル》でした。律法は単に神からのことばではなく、イスラエルの民とともにあり、彼らのためにある神のことばの生ける臨在でした。だれかが新しい律法を宣言して具現化しようとしたとします。しかも、古い律法と連続性を持ちつつ、明らかにそれを超えようとしているのです（マタイ五・一七〜二〇）。その場合、生ける神の臨在が自分の教えの中にあり、さらに教師である自分にも神の臨在があることを、何らかの形で、少なくとも間接的に主張しなければなりません。イエスが語ったとされることば、すなわち「二人か三人がわたしの名において集まっているところには、わたしもその中にいるのです」（同一八・二〇）に、このことは要約されています。そして、これと非常に似ている箇所が（おそらくイエスより後の時代の）ラビ文学の中にもあります。

ハナニヤ・ベン・テラディオンというラビは、「二人の人が共に座って、律法の言葉が彼らの間で語られるなら、神の栄光（セキナ Shekinah）が彼らの間にある」と言っています。*8

このラビの言葉の起源が神殿の崩壊直後の時代であることは、ほぼ確実です。そして律法は、これ以外の手段を持たない人々にヤハウェの臨在をもたらす手段となりうることを示しています。イエスのことばは、律法と神殿の両方から人々の注目を奪おうとしているのです。「イエスの名によって」集まるということは、おそらくイエスがかつて訪れた村々にいる彼の弟子たちの小さなグループを指しています。そして、集まることは律法を学ぶことと同義語でした。ですから、集まっている彼らとともにあるイエスの臨在は、神殿にあるヤハウェの臨在とまったく同じなのです。

ユダヤ教で用いられている、神に関する他の用語でも同じことが言えます。これらを簡単に見ておきましょう。「種蒔く人は、みことばを蒔くのです」（マルコ四・一四）とあるように、イエスの働きは神のことばの顕現と理解されています。世界の被造物の中で明らかにされているように、神のことばは創造的で、癒しの力があり、回復をもたらします。そして神のことばは、やがて来る大いなる回復の手段として、預言者たちによって約束されたものです（詩篇三三・六、イザヤ四〇・八、五五・一一）。イエスは「ことばをもって」癒しを行いましたが、この癒しは、イエスの驚くべき権威のしるしとして描かれています（マタイ八・八、一六）。同じように、イエスは「御霊」によって行動しました。「わたしが神の御霊によって悪霊どもを追い出しているのなら、もう神の国はあなたがたのところに来ているのです」（同一二・二八）。

そしてイエスの教えのことばは、いつもまことの「知恵」のことばを思い起こさせます。型にはまった知恵を覆し、神に信頼して行動するように招いているからです。今や「知恵」は、イエスのことばを聞き、イエスの終末的なメッセージを信じて、それに従って行動することによって構成されているのです。*9

イエスの時代のユダヤ教がヤハウェの世界における臨在とその働きを語るときに用いていた五つの方法を、イエスは自身の働きと関連させつつ用いてきました。このことは、マタイ、マルコ、ルカという最初の三つの福音書で謎をかけるようにではありますが、証言されています。もちろん、神の国がイエス自身の働きを通して突入してきたという、イエスの終末的な説教の、より広い文脈の中にこれを位置づける必要があります。そのときはじめて、これらのヒントが適切な回答へと導いてくれるのです。これらのヒントは実際のところ、氷山の一角です。イエスは公生涯の中で、新しい出エジプトをもたらすかのように行動しました。神の民は奴隷状態にあったのです。神は彼らの叫びを聞き、彼らを救いに来られました。最初の出エジプトが、それまでは隠されていたヤハウェの名前を啓示したのと同じように、イエスは神を啓示します。言い換えれば、行動されるヤハウェがどういう方であるのか、イエスのうちに、人の形をもって具現化されたのです。イエスは神の民の最終的な贖いをもたらし、その結果、世界の光となるというイスラエルの運命を成就へと導き進めるのです。

この偉大なテーマは、エルサレムに向けたイエスの最後の旅の中で傑出してきます。第三章において、イエスの神殿における宮きよめの行動は、「イスラエルの長い物語を自分自身のうちに要約することが自分の運命である」というイエスの信念、すなわち、自らがメシアであるという主張の決定的な象徴《シンボル》を構成していると論じました。この章では、神殿でのこの行動自体が、「自らの存在と行動をもって、神殿に取って代わる召しを受けた」という、イエスの信念に拠ることを示しました。また、最後の晩餐で行われた象徴的な大晩餐会は、「自分の死を通してイスラエルの贖いと、その結果として世界の贖いが成し遂げられる」というイエスの信念を象徴することが目的であったことを論じてきました。そしてここで、最後の晩餐と神殿の宮きよめが、それらの成就である十字架と復活を指し示し、さらに重大で意義深い象徴的行動（すなわちヤハウェのシオンへの帰還）というクライマックスへと進む象徴的な機会であると主張します。エルサレムに向かったイエスの最後の重要な旅は、長らく待たれていたヤハウェのシオンへの帰還を象徴し、具現化することを意図していたと私は考えます。この旅は、神殿と最後の晩餐の部屋における行動においてクライマックスを迎えるのであり、その結果、何が起こるのかを十分に承知の上で始められたものでした。そしてこの旅は、片側を下にして横になるよう命じられたエゼキエルや、陶器を壊すように言われたエレミヤと同じような働きをするように意図されていました。つまり、預言者の行動は、リアリティーを具現化しているのです。イエスは、ヤハウェがシオンに帰還すると宣言するだけでは満足しませんでした。このクライマックスの出来事を、具現化し、象徴《シンボル》として表し、自身の人格のもって現すことを意図していたのです。イエスは自分自身の正しさが最終的には立証されて、つまり自らがイスラエルの神の王座を共有することを信じて、そのことを遠回しのことばで伝えました。

この見方に基づく議論は、ここで詳細に述べることはできません。[*10] ただ、学べば学ぶほどに、イエスが語った、自分のしもべたちがうまく任務を遂行できたかを見るために戻って来る王や主人が出てくるたとえ話について、次のような確信を持つに至りました。これらのたとえ話を「イエスが再び来る『再臨』を予告しているもので、主人の帰還と来たるべきさばきの時を待っているしもべとは、教会のことを指すものである」と数多くのクリスチャンの注解者は考えてきました。しかし、これらのたとえ話はもともとはそのようなことを意図していなかったのです。これらのたとえ話を解釈し直すための議論は、ここで語るにはあまりに詳細すぎます。しかし、簡単に結論を述べる前に、少し詳細なことを学ぶ必要があります。たとえ話のこのような理解を、ここで初めて聞き、驚く方でも、少なくともこの考えを誤解なく理解できるように、いくつかのポイントを示しておきましょう。

この話題で私は今まで誤解されてきましたので、できる限り誤解が生じないように、まず第一にこの点を述べておきます。王と主人の帰還のたとえを再び読み直すのは、イエスの「再臨」を否定するためではありません。創造主である神がついに宇宙全体を再創造し、イエスがこの新しい世界の中心になるという信条は、新約聖書にしっかりと、そして深く根づいています。特にローマ人への手紙八章、コリント人への手紙第一、一五章、ヨハネの黙示録二一～二二章が重要です。しかし、私は、イエスがここでその来たるべき出来事について話しているとは考えません。（もちろん、現代の私たちから見れば明らかに未来のことだとわかる完全な贖いについて、イエスがいくつかの箇所で、一般的な表現を用いて述べているのは事実です。）イエスの話を聞いていた人々は、彼が言っていることをいつも理解しているわけではなかったでしょう。そのような可能性があることを踏まえているイエスが、自らの差し迫った死の事実さえも把握できない人々に、彼らの伝統では一切語られていないような出来事、すなわちある一定の期間が過ぎたあとに自身が劇的な形で「帰還」することを説明しようとするでしょうか。そのような可能性がほとんどないことは理解できるでしょう。

特に、マタイの福音書二五章一四～三〇節と、その並行記事であるルカの福音書一九章一一～二七節にある、主人がしもべに仕事を与えてその仕事ぶりを確かめに戻って来るたとえ話は、イエスが再び来られるという重要な教えを語っているとは思えません。イエスはこれらのたとえ話を、より重要な何かを語り、そして自身が置かれていた状況においてさらに緊急のことを語ることを意図していた、と私は信じています。つまり、イエスがエルサレムへその旅路の最後にやって来た目的は、ヤハウェがシオンに帰還してさばきと救いを行うという約束をついに実行するためです。このたとえの趣旨は、マラキ書の警告を取り上げることなのです。

「あなたがたが尋ね求めている主が、突然、その神殿に来る。……だれが、この方の来られる日に耐えられよう。」（マラキ三・一～二）

少なくともルカは、明らかにこのたとえを今述べたように理解しています。[*12] 彼は福音書全体を通して（ルカという芸術家が大きなキャンバスに描いた絵の全体を見ていくことは、いつも価値あることですが）、イエスという人物に人々の目を向けさせようと意図しています。ろばに乗ってエルサレムに入り、群衆が賛美の詩篇を歌っている間、イエスの心は泣いていたのです。その後にイエスから発せられた警告のことばは、ルカに関するかぎり、この場面がヤハウェのシオンへの帰還であることを明らかにしています。イエスは次のように言っています。

「彼らはおまえの中で、一つの石も、ほかの石の上に積まれたまま残してはおかない。それは、神の訪れの時を、おまえが知らなかったからだ。」

（ルカ一九・四四）

この「（神の）訪れの時」は専門用語であり、ヤハウェが来られるということを意味していますが、人々を軽い気持ちでちょっと訪問することとは違います。この「訪れる」にはより古く、人々の気をもませる意味合いがあり、彼らに復讐をするため、つまりすべてを備えられた結論へと導くために帰還するという意味です。ですからこのたとえ話は、他のたとえ話と同様に、ついにその時が来たことをイスラエルに警告しています。ヤハウェがついに帰還されるのです。しかし主が「来られる」というのは、単にイスラエルの救いと祝福を意味するのではなく、平和をつくる道を拒否する者に厳粛な審判を下すことをも意味します（ルカ一九・四二）。

このようにとらえるならば、イエスが生涯の最後の数日に発言したと考えられている謎がかけられたことばのいくつかの一端を少なくともつかみ、理解していくことができるようになります。律法学者、パリサイ派の人々やサドカイ派の人々からいろいろな話題について質問を受けたとき、イエスは彼らに謎をかけました。「メシアがダビデの子である」と、どうして律法学者たちは言うことができたのか、と。[*13]

詩篇一一〇篇によれば、メシアとはヤハウェの王座を分かち合う者であり、ヤハウェの右の座に着く者です。イエスは、自らが抱き、かつこのことのゆえにエルサレムへのこの最後の旅に進むことになったメシアとしての使命を成就することを、心に描いていたようです。ヤハウェの右の座に王として戴冠して、この使命は成就するのです。そしてイエスのこの認識は、マルコの福音書一四章六二節とその並行記事である裁判の場面へと間違いなく引き継がれています。イエスは、カヤパと祭司長たちはイエス自身の正しさが立証されるのを見る、と予告しています。

「人の子が力ある方の右の座に着き、そして天の雲とともに来るのを見ることになります。」

（マルコ一四・六二）

ここで言う「力ある方の右の座」とは、詩篇一一〇篇にあるように、神の右の座のことです。そして、「天の雲とともに来る」は、ダニエル書七章を受けています。イエスの裁判に居合わせた者たちは、イエスの正しさが立証されて王座に着くのを見るのです。私たちは、ダニエル書七章が文脈の中で意味していることを誤解してきたことに、気がつかなくてはなりません。本書の第二章で見てきたとおり、人の子の到来を描くダニエル書七章自体が「人の子が上げられる」動きを表しており、「人の子が降りて来る」動きを表しているのではありません。マルコの福音書一四章であれ福音書の他の箇所であれ、人の子の動きが上下ひっくり返ったと考えるいかなる理由もありません。（このように言うことが、イエスの再臨の否定に繋がるわけではありません。単に、この箇所が「人の子が降りて来る」という真理を教えているとの考えを否定しているにすぎないのです。）イエスは、いつか空から地上へと文字どおりの雲に乗って文字どおり舞い降りて来る、ということを予告したのではありません。自らが地上にある実際の王座に着くことを見るようになる、とカヤパと祭司長たちにイエスが言ったと理解することも間違っています。彼らが見るのは様々な意味に満ちた出来事であり、神に関する意味、神殿に関する意味、そしてイエスに関する意味に満ちた出来事です。それは「この世界」で起こる出来事であり、イースター後に教会が生まれることからエルサレムの崩壊に至るまでの出来事です。そしてこれらの出来事を通して、イスラエルの神がイエスを高く上げ、その受難の後にイエスの正しさを立証し、自身の王座を共有するためによみがえらせたことは、だれの目にも明らかになるのです。復活とそれに続くすべての出来事は、イエスが最初から最後まで正しかったことの証拠です。

これこそが、イエスが裁判において冒瀆の罪で訴えられた本当の理由です。メシアであると告白することは、冒瀆ではありません。（ばかげたようには見えますし、個人的・政治的には危険なことですが、それ自体がヤハウェを侮辱したことにはあたりません。）神殿を脅かすことは、少しは冒瀆となるでしょう。結局のところ神殿はヤハウェの家と呼ぶべきものだからです。しかし、それが実際に冒瀆となる根拠はありません。イエスがしたことの中で、カヤパが怒って上着を裂いて、イエスに不利な判決を早めたのは何が原因だったのでしょうか。さらに、この神学的な判決をずる賢く変質させ、ピラトが注目せざるを得ないような政治的判決に変えたのは何が原因だったのでしょうか。

それは、神殿での行動とイエスがメシアであるという噂についての質問に対して、イエスが聖書箇所を二か所並べて引用し、答えたことです。イエスの時代のユダヤ教の世界では、これらの箇所は、贖いを達成する方がヤハウェのかたわらにいて、そこで戴冠することを示していました。*14

議論がひと回りして、スタート地点に戻ってきました。イエスの生涯の最後の一週間における行動は、神殿に焦点が当てられていました。ユダヤ教には、受肉を表現する偉大な二つの象徴《シンボル》がありました。それは神殿と律法です。イエスは神殿の影を薄くし、律法を出し抜くことが自らの使命だと考えていたようです。ユダヤ教は、イスラエルのただなかに神が臨在することを語ります。それは雲と火の柱の中であったり、神殿における神の顕現《セキナ》であったりします。イエスは、自分ひとりのわざをもって神殿に対抗する運動《ムーブメント》を立ち上げ、自分たちこそがこの運動《ムーブメント》そのものであるかのように行動し、語りました。ユダヤ教は、イスラエルの内でも外でも、イスラエルの神が邪悪な力に対して勝利を収めると信じていました。イエスは、「獣」と壮絶な戦いを繰り広げたあとに、自分の正しさが立証されることを語りました。イエスも、父が子を遣わすということばを使いました。いわゆる悪い農夫たちのたとえは、時至って遣わされた御子のたとえということができます。イエスは信仰によって「アバ」「父」と呼ばれる方を深く認識していました。その認識によってイエスは、イスラエルに対するメシアとしての使命を保ち続けましたし、イスラエルに遣わされた、父の個人的な代表者として行動することができました。同様なことは、いくつも述べることができます。この角度から受肉を考えていくと、受肉はまさしく創造と契約のクライマックスなのであって、それらのカテゴリー錯誤ではありません。知恵は、人間に対する神の青写真ですが、ついにこの知恵が人間となりました。神の顕現《セキナ》の栄光は、人間の顔を持つようになるのです。「ことばは人となった」とヨハネの福音書は語っています。そして「私たちの間に住まわれた」のです（ヨハネ一・一四）。（ギリシア語 eskenosen はときどき単純に「住む」と訳されますが、その語根である skene はテントとか幕屋を指しています。）ヨハネの神学は何度も、神殿と、イエスがその運命を成就する方法に焦点を合わせています。ですから、ヨハネの神学は、結局マタイ・マルコ・ルカから構築することができる歴史に根ざしたものなのです。

結　論

これまでの議論をまとめるときが来ました。そこでまとめとして、私が以前に書いた以下の文章を再掲します。

「イエスの隠された目的が、使命に関する自身の信仰の認識に基づいていることを論じてきた。イエスは自分自身が『イスラエルの神』から使命を受けた者であると信じていた。その使命とは、ヤハウェのシオンへの帰還を約束し、……神の王座を一人の人が共有するという伝統を呼び覚ますことであった。これらの伝統をエルサレムへの旅の中で実現していくために、イエスはメシアとしての行動を神殿の中で行い、異教の民の手によって殺されたのだ（それに続いて、自らの正しさが立証されることを希望しつつ）。そしてこのことによって、ヤハウェの帰還を体現したのである。[*15]」

この点をさらに展開させるスペースはありませんが、この点に基づいてヨハネの福音書を読み直すならば、その中心的な箇所の数多くについての新鮮な読み方を発見できるでしょう。

それでは、地上におけるイエスについてはどうでしょうか？　イエス自身の中に、聖書が描くヤハウェの姿が息づいているのに気づきます。愛の神は「聖なる御腕を現され」（イザヤ五二・一〇）て、他のだれもできなかったことを成し遂げます。創造の神は、新しいいのちを与えます。ご自身の創造した世界を通して働く神は、特に人間を通してわざをなさいます。忠実な神は、ご自分の民の中に住んでおられます。厳しくも優しい神は、良き被造物、特に人間を破壊し歪めるものに対して、容赦なく立ち向かっていきますが、窮乏と悲嘆のうちにある者を見境なく愛します。

「主は羊飼いのように、その群れを飼い、御腕に子羊を引き寄せ、懐に抱き、乳を飲ませる羊を優しく導く。」（イザヤ四〇・一一）

これは旧約聖書に描かれているヤハウェの姿ですが、イエスにもしっかりとあてはまります。

私が何を主張していないのかをも明確にしておきましょう。自分の喉の渇きや空腹を認識するように、あるいは自分の背が高いとか低いとかを認識するのと同じ意味で、イエスが「自分は神である」と知っていたとは思いません。２＋２＝４であると知っている、というような数学的な知識でもありません。見たり聞いたりすることによって「外のフェンスの上に鳥がいる」ことを知るような、観察によって単純に得られる知識でもありません。

イエスの知識とは、「私は家族や身近な人から愛されていることを知っている」という知識により近いものです。海から昇ってくる日の出が美しいことを私は知っている、というような知識です。ミュージシャンが作曲家の意図を知っているだけではなく、その楽曲をその意図どおりに正確にどう演奏すべきかをも知っているという知識です。作曲家自身が演奏する場合には、当然のことでしょう。その人はだれよりもこの知識をしっかりと持っています。ここで私が取り上げているのは、使命を特徴づけるものとしての知識です。

他でも述べているように、「イエスは、人間としての自らの使命を信仰によって把握し、祈りによって保持して、対決によって試され、さらなる祈りと疑いの中でもだえながら、行動に移していった。イエスは、聖書によればヤハウェしか成すことのできないことを、イスラエルと世界のために自らが果たすべきだと信じていた。[*16]」

イエスの「使命」について語ろうとすると、福音書に基づくキリスト論の伝統的な叙述とはまったく違ったものとなります。「使命についての認識があった」とは、イエスが自分やイスラエルの神や自己とこの神との関係について「超自然的」な認識を持っていたということとは同じものではありません。理神論《ディズム》が暗黙のうちに前提とされていた一八世紀の文脈で「神性を強調した」キリスト論を保持しようとした人々の多くは、イエスがこのような超自然的な認識を持っていると考えていました。しかし彼らの考え方では、イエスの「神性」は何らかの形の仮現論《ドケティズム》〔訳注＝イエスは人間の身体を持ったように、、、見えるだけであるとする見解〕を信じることでしか保持できません。しかし、イエスの使命という観点から検討することによって、一世紀の文脈の中でのイエスについての徹底的な歴史的視点に基づく研究と、しばしば「歴史」の名のもとに締め出されてしまうイエスの多彩な自己認識とを一つにすることができます。つまり、「神殿、律法、ことば、霊、そして知恵というユダヤ教の象徴《シンボル》において語られているもの、すなわち、世界を救うためのヤハウェの臨在、それも世界における、より詳しくはイスラエルにおけるヤハウェの臨在を体現することこそが自分の使命である」というイエスの自己認識が歴史的研究と結び合わされるのです。イエスは、ヤハウェだけが達成できることを成し遂げるのが自分の働きであると信じていました。それは、まことの新しい出エジプトです。そして、これを通してヤハウェの名と性質が、最終的に、そして完全に明らかにされ、人々に知らされるのです。

もう一度、この立場を十分に表す文章を引用しておきます。

「ヤハウェのシオンへの帰還とそれが焦点を当てている神殿の神学は、福音書に基づくキリスト論への最も重要な手がかりである。イエスの『タイトル・称号』についてはしばし横に置くことにする。また、ナザレのイエスは自らが三位一体の第二位格だと意識していると考えようとするクリスチャンの善意に基づく試みも横に置くことにする。熱心なリベラル派の神学者たちが反発から生み出した、不毛な還元主義のことも横に置くことにする。むしろ、ヤハウェがさばきと贖いを行うためにシオンに帰還する物語を告げた、若きユダヤ人の預言者に焦点を当てる。この方はロバの背に乗り、涙をもってエルサレムの町に入り、神殿の破壊を象徴《シンボル》として表し、最終的な出エジプトを祝うことで、ヤハウェの帰還を体現したのだ。歴史的な事実として、ナザレのイエスが使命を自覚していたと私は主張する。この使命は、イエスが『父』として知っていた方から与えられたもので、神が成し遂げるとイスラエルの聖書の中で約束していたことすべてを、イエス自身が成し遂げることによって果たされるものだ。イエスは新しい出エジプトの民のために、雲と火の柱となった。契約の神の帰還と贖いのわざを、自ら体現したのだ。[*17]」

結論としてまとめておきましょう。地上におけるイエスとその使命感についてその真実を語ることを学ぶのは重要なことです。それとともに、ここでの検討は、それと同じくらい重要な現代キリスト論の領域へと私たちを導きます。このイエスを学ぶことを通して、唯一のまことの神のアイデンティティーについて聖書的に語れるようになる必要があります。*18 イエスに従うことと、福音によって世界を変革することを学ぶために、これ以上に重要な任務はありません。

この章の冒頭で述べたことに戻りましょう。西洋の正統派キリスト教、特に自分たちを「福音派」と呼んでいる者たちは、かなり長い期間にわたって、高尚で、あまりにも遠く離れた神のイメージを抱いてきました。福音派はキリスト論的な問いに対して、このような神のイメージを前提とし、その前提にイエスを当てはめていつも考えてきました。当然のことですが、その結果、仮現論《ドケティズム》（イエスが身体性を持つことを否定する説）的なイエス理解を持つようになりました。そして、一八世紀にこのイエス理解への反発が生み出されました。（「イエスは仮現論《ドケティズム》的であったはずがない。したがってこれまでのイエス理解のすべては誤りに基づいている」という反発です。）そして、それ以降の歴史的批評学による反発が生まれてきました。特に、理神論《ディズム》もどきと仮現論《ドケティズム》の組み合わせが生み出し、その後、維持し続けていた社会的・文化的な取り決めが原因となって、このような反発となったのです。この組み合わせは、私自身の関わる教会では特に強力な影響を残しています。ですから、これに対する強力な理神論《ディズム》もどきと仮現論《ドケティズム》の挑戦《チャレンジ》が必要なのです。

私たちが知っている「神」という言葉の意味に何とかイエスを当てはめようとすることを提案しようとは思いません。むしろ、一人の若きユダヤ人、それも凄まじい危険が伴う、見るからに正気の沙汰とは思えないほどの使命を持っており、その使命ゆえに涙とともにエルサレムに乗り込み、神殿を非難し、ローマ人が制定した十字架刑で命を落としたユダヤ人について歴史的に考えることを提案したいのです。そして、この方を中心に据え直して、「神」という言葉の意味を再検討したいのです。

本書の冒頭の章で述べたこととの要点を発展させると、以下のようにまとめることができるでしょう。二十年にわたる史的イエスの本格的な研究の後であっても、私はキリスト教の信仰告白を心から告白することができます。ただし、歴史的な研究を通して、信仰告白を、特に「神」という言葉を、かつてとは違う意味で今、告白するようになりました。神の肖像画が私のうちで描き直されたのです。聖書が明らかにしているように、神の肖像画の中心に、茨の冠をかぶった一人の人物の顔を発見するのです。イスラエルに対する神の目的は、完成されました。救いは、ユダヤ人に属するものであり、それがユダヤ人の王から到来したのです。神の契約に対する誠実さは、イエスについての福音の中に啓示され、宇宙全体に救いをもたらすのです。

さらに、神の肖像画を描くということですが、このことが適切になされるのなら、神の肖像画は当然イコン（聖画）となるでしょう。つまり、神の肖像画はその素晴らしさの評価へと私たちを導くのみならず、礼拝へと導きます。この神への私たちの応答が、心と思いと力を尽くしたものであるべきだからです。当然、知性をも尽くすべきですが、それだけでは不十分なのです。礼拝という応答は十分に妥当なものですし、この神こそ私たちがささげる、満ち溢れて豊かな礼拝にふさわしい方であると私は信じています。ただし、いくつかのイコン、特にルブリョフが描いた三人の人物がアブラハムを訪れている有名な絵を見ると、この絵のポイントが絵そのものではなく、見るものの側にあることがわかります。いったん神の本当の肖像画を垣間見たならば、それを映して生きる責任が生じるのです。つまり、共同体として神の肖像画を映し、個人として映す責任が生じるのです。いったんイエスがだれであるのかを見るならば、礼拝と愛と崇拝においてこの方に従うだけではなく、イエスの栄光を映すことによってこの世界を形造るように命じられているのです。

この本の最後の二つの章で取り扱いますが、教会の使命は「栄光を映す」という言葉につきます。イエスに焦点を当てて、私たちが抱いてきた神の肖像画をイエスによって形づくられることを受け入れつつ、キリスト論の課題にしっかり取り組むことが大切です。このことを通して、いわゆる「客観的に」神を扱う知的作業としてではなく、私たちの心からの礼拝、祈り、思考、説教そして生活すべての中心にあるものとして、キリスト論の課題に取り組むのです。パウロの言う「キリストの御顔にある神の栄光」を見るときに、そしてそのことばが意味することの長さと深さを再発見するときに、この取り組みが自分自身の利益のためだけではないとわかります。神の栄光が私たちのうちに、そして、この私たちを通して輝き、ついには闇と死の影の中でいまだ救いを待っている世界に、光と命をもたらしていくのです。

注

1 この章の書き出しは、*The Meaning of Jesus: Two Visions*, chapter 10 にも見いだされる。

2 詳細は *Jesus and the Victory of God*, pp. 615-629.

3 *The Climax of the Covenant* (Edinburgh: T. & T. Clark, 1991; Philadelphia: Fortress 1992), chapter 4, 5, 6 とともに、*What St Paul Really Said* (Oxford and Grand Rapids: Lion and Eerdmans, 1997), chapter 4〔邦訳、『使徒パウロは何を語ったのか』岩上敬人訳、いのちのことば社、一一六頁以下〕。*Paul and Faithfulness of God*, chapter 9. また、コロサイ人への手紙は、ときおりパウロの死後、彼以外のだれかによって書かれた書とみなされることもある。しかし、ここで

取り上げられている段落は、初期の伝承の詩が書簡に織り込まれたと考えられることもある。

4　Richard J. Bauckham, "The Worship of Jesus in Apocalyptic Christianity", *New Testament Studies* 27 (1981), pp. 322-341 を見よ。

5　本書第四章の初めの部分を参照。

6　この約束は、詩篇二篇七節、八九篇二六～二七節に繰り返される。サムエル記第二、七章と詩篇二篇が他の文書とともに結び合わされたものとして、クムランにおけるメシア預言プルーフ・テキストの集成である4Q174に見られる。

7　Jacob Neusner, *A Rabbi Talks with Jesus: An Intermillenial, Interfaith Exchange* (New York: Doubleday, 1993) を見よ。

8　Mishnah, *Aboth*, 3. 2; 同書の3. 8における議論を参考にせよ。

9　マタイの福音書二五章一～一三節。*Jesus and the Victory of God*, pp. 311-316; Ben Witherington III, *Jesus the Sage: The Pilgrimage of Wisdom* (Edinburgh and Minneapolis: T. & T. Clark and Fortress, 1994).

10　*Jesus and the Victory of God*, pp. 612-615, 631-642.

11　*The Meaning of Jesus: Two Visions*, chapter 14 がこの話題に該当する。

12　詳しくは、*Jesus and the Victory of God*, pp. 632-637.

13　マルコの福音書一二章三五節。マタイとルカにも並行記事がある。

14　*Jesus and the Victory of God*, pp. 642-645.

15　*Jesus and the Victory of God*, p. 651.

16 *Jesus and the Victory of God*, p. 653.

17 このパラグラフは*Jesus and the Victory of God*, p. 653を少し修正して引用している。

18 ここからこの章の終わりまで、私は以下の講義の資料を参考にしている。“A Biblical Portrait of God”, in *The Changing Face of God: Lincoln Lectures in Theology*, 1996 (Lincoln: Lincoln Studies in Theology, 2), by N. T. Wright, Keith Ward and Brian Hebblethwaite, pp. 9–29.

第六章　イースターの挑戦《チャレンジ》

イントロダクション

イエスの復活に関する問いかけは、キリスト教信仰の中心に位置しています。初期のクリスチャンには様々なグループがありましたが、「十字架で辱められて死んだ後、神がイエスを復活させた」ことを信じないグループは存在しませんでした。もちろん、そのように信じないグループの存在を発明した創意豊かな学者たちは存在しますが。復活についての最初期の証言者であるパウロのときまでには、イエスの復活は他の信仰条項と切り離せないものとなっていました。復活は、クリスチャンの生活と思想の体系の中に織り込まれ、中でも特にバプテスマ、義認、倫理、そして人類と宇宙の未来に対する希望がどのようなものであるのかを特徴づけていました。

とりわけ復活は、この本の冒頭において示した四つめの問いに対する、あらゆる初期キリスト教からの答えと言うことができます。「イエスは一世紀ユダヤ教と、どのように関わったのか」「イエスの働きの目的は何だったのか」「イエスはなぜ死んだのか」という問いと同様に、一世紀の歴史を調べる者なら、どのような背景を持っていようと、「なぜキリスト教が誕生したのか」「なぜキリスト教はこのような形になったのか」と問わなければなりません。これに対しては、初期のクリスチャンたち自身は、「イエスの復活によって、私たちは存在するようになった」と答えています。したがって、歴史家たちにとっては、この発言の真意を調べることが必須の課題であると言えます。中心的で最も重要な信条である復活について、歴史的な視点からも何が言われているかを調べなければならないのです。

まず、歴史的な側面を強調しておきましょう。なぜなら、「イエスの復活をどのように定義しようとも、歴史的な調査によってこのことをはっきりさせることはできない」という主張が、これまで多くのグループでなされてきたからです。ドミニク・クロッサンがイエス研究一般について述べているように、歴史的な調査は不可能であるとか、するべきではないとか言う人たちがいます。そして「するべきではない」と言いつつ、実際には「不可能である」という意味で言っている人たちもいます。[*1] こうした考えの核心に迫りながら、それらに対して詳細に応答していくには論点があまりにも多くあるため、一つの章ではとても手に余ります。ここで主張したいのは、歴史家はイエスの復活に関する研究から締め出されるべきではなく、むしろこのような研究を行うべきであるということです。それをしないならば、その歴史家がどのような前提を持っていようと、一世紀の歴史の真っただ中に巨大な空白が残ってしまうのです。

　言うまでもなく、復活の問題の究明に関しては、とりわけ一般書のレベルで、誤った方向に進もうとする研究が流布しています。

　バーバラ・シーリングは、イエスとその両側に磔《はりつけ》となった二人の男は死んでいなかったと主張しました。両側の二人が足を折られたにもかかわらず、です。そのうちの一人は魔術師シモンで、彼は医者でもあり、薬を携帯していたというのです。そして彼が墓の中でイエスに薬を与えて蘇生させた、とシーリングは考えています。それでイエスは回復し、パウロや何人かとともに世界中を旅したと言うのです。さらに言うまでもなく、秘密裏に結婚し、子どもまでいた、というのです！[*2]　こうした話は、「イエスは十字架で本当は死んでいなかった」という古い仮説に、想像たくましく新しい工夫をしたものにすぎません。すでに十分示されているように、ローマ人は人を確実に殺す方法を熟知していました。イエスが弟子たちに、彼らの心が全く備えられていなかった事柄、すなわち自分が死を経験した後、そこから復活したことを示すということなどありえません。

シーリングと同じように、少なからぬ人々が「空《から》の墓は残されていたが、イエスは死から復活したのではない」ということを説明しようと、様々な説を生み出しています。

一般視聴者のために、英国のテレビ局ＢＢＣが一九九〇年代半ばに作った番組があります。「イエス、ヨセフの子」と記されている骨壺がエルサレムで発見されたことについての番組です。同じ墓の中に、ヨセフ、マリア、もう一人のマリア、マタイ、そして「イエスの息子」と記されたユダという人物の骨壺が見つかりました。この発見にイスラエル人の考古学者たちがまったく興味を示さなかったのは、別に驚くべきことではありません。これらの名前が一世紀においてはごく一般的なものであったことを知っていたからです。ロンドンの電話帳で、ジョンとかサリー・スミスとかいう名前を見つけるのと同様です。

一九九六年の夏、一冊の本が二人の大胆な研究者によって出版されました。それはテンポの早い推理小説仕立ての、まさに大ヒット狙いの作品で、中世のテンプル騎士団、薔薇十字団、フリーメイソン、グノーシス主義、中世の絵画に隠れた情報など、話が次から次へと展開していくのです。そして、イエスの骨が南仏のある丘に埋葬されているという結論に至ります。さらに、福音の本当のメッセージとは、良い人生を送って、身体ではなくスピリチュアルな復活を自分のものにすることについてであると述べるのです。また、身体の復活の教理は、初期の教会が政治的・経済的な権力を得るためにでっちあげたものだというのです。この本のタイトルは『神の墓』（*The Tomb of God*）です。皮肉なことですが、もしもイエスの骨がフランスに埋葬されているとするならば、その人が「神」であるとか「神」であったとか考える必要はありません。復活の信仰は権力とお金のためにでっちあげられたものであると主張するなら、新約聖書をもう一度読み直してみるべきでしょう。

これらの一般に向けた似非《えせ》歴史学研究は、それでも一つのことは教えてくれています。イエスの復活に関する問いは、今も依然として魅力的なものであるということです。遠回しな言い方になりますが、これは良い知らせでしょう。けれども、復活について混乱を引き起こすような誤った情報が少なからず世間に流れていることも確かです。

『神の墓』を扱ったある書評は、イエスの復活というキリスト教の信仰は、イエスが死後に天国へ上げられたことを意味する、と書いています。けれどもクリスチャンは伝統的に、自分のたましいは死んだときに天国へ行く一方で、その身体は墓に残されたままであると信じています。そうすると、この書評の表現は誤解を招くものです。すべてのクリスチャンの死後すぐに起こることが、イエスの上に起こったにすぎない、ということになるからです。その結果、数多くの一般の人々は、「イエスが死からよみがえった」という言葉は、ただ単に「イエスが死んで天国へ行った」ことを素敵な言い方にしただけであると思ってしまっているのです。しかし、初期のクリスチャンはそのようにはまったく考えていませんでした。

学問的なレベルの研究においては、当然のことながら復活について多くの議論が続けられています。とはいえ、それは、ユルゲン・モルトマンやヴォルフハルト・パネンベルク、エドワード・スヒレベークスやジェラルド・オコリンズたちの著作や、南半球に目を移すと、オーストラリア聖公会のパースの大主教であるピーター・カーンレーの著書のように、哲学や組織神学の領域で行われる場合がほとんどでした。近年、復活について本を書いている新約聖書学者の多くは、ドイツの伝承史学派に属しています。福音書やコリント人への手紙第一、一五章に詳細に書かれていることの背後にあるものを研究し、これらの伝承がどのように形成されてきたのかを見極めようとしています。私が思い浮かべるのは、五十年前のヴィリ・マルクスセンの研究と二十年前のゲルト・リューデマンの研究、またアメリカのフィーミ・パーキンスによる大著です。けれどもこうした試みの多くは、伝承を仮説的な断片へと細分化してしまう結果となりました。伝承史学派の研究と同様に、最初にあった課題と同じくらいの量の課題を最終的には生み出すことになるのです。私たちにこれまで欠けていたのは、一世紀のユダヤ教の歴史にしっかりと根ざした研究者による、復活という課題に対する学問的な歴史的探求です。

このような研究への道筋は、二人の研究者の著作に見いだすことができます。彼らはイエスの身体の復活を信じていないようですが、それでも、そのときにはとても奇妙なことが起こったと述べています。ゲザ・ヴェルメシはイエスに関する最初の著作の中で、墓は本当に空であっただろうと主張し、さらに弟子たちが死体を盗んだとは考えられないと述べています。[*3] 現代のアメリカでのイエス研究の第一人者のひとりであるE・P・サンダースは、弟子たちが「変貌させられた状況の中で」イエスの働きを引き継いでいったと語っています。イエスの生涯と働きは復活においてクライマックスに達し、その後引き継がれた宣教活動《ムーブメント》の土台へと展開していったと述べるのです。[*4] サンダースは、イエスの死後に弟子たちが体験したことについて、特別な何かがあったという説明も、合理的な説明もはっきりと拒否します。けれども、神の国を打ち建てる劇的な出来事のためにイエスの弟子たちが何らかの形で備えられていたに違いないと指摘する一方で、実際に起きたこと（サンダースはそれを単に「死と復活」と呼んでいる）のゆえに、弟子たちはゼロから何かを創り出したわけではないにしても、それまでの自分たちの期待を調整せざるを得なかったと述べています。

このようにして、ヴェルメシとサンダースの両者は共に、一世紀ユダヤ教の歴史家として、イエスの身体に何も起こらなかったとは言うことは困難であること、その一方で、イエスの死後すぐにキリスト教が復活の宣教活動《ムーブメント》として始まったと言うことも困難であることを証言しています。

ここでの議論を始める前にまず考えておかなければならない重要な課題があります。それは、復活が教会の歴史の比較的初期にはイエスの神性の証拠と考えられていた点です。それゆえ、復活と受肉は結び合わされて扱われてきました。そのために、歴史家たちが復活に言及することが否定的にとらえられてきたのです。歴史家はあくまで歴史家であって、神に関する神学的な結論を、確信をもって述べることを期待されていないからです。けれども、このような考え方自体が歴史的思考の欠落をさらしています。マカベア戦争における殉教者たちは、自分が死から復活させられると期待していましたが、それによって自分が神になるとは考えていませんでした。パウロは、イエスが復活したようにすべてのクリスチャンが死から復活すると論じています。しかし、神の子であるという立場はイエスだけが保持しているということをクリスチャンみなが共有するとは考えていませんでした。パウロは、「復活」という死後に新しく身体を持ついのちと、ルカの伝承にのみ見られると論じる学者たちもいる「昇天」また「着座」とを明確に区別しています。これ以上語るのは、ここでの議論の本筋から離れていくことになります。

さしあたってイエスの神性をどのように理解しようとも、それが復活の第一義的な意味にはならないことを述べるにとどめておきます。このことの逆も重要です。弟子たちが何らかの理由で「イエスが神である」と確信したこと自体が、「イエスが死者の中からよみがえった」と彼らが宣べ伝えるようになった理由ではないのです。

それでは、次のような方法で歴史に基づいた議論をします。一世紀のユダヤ教世界において初期の教会がいかにして誕生したのかに焦点を当てます。つまり、イースターの朝前後に何が実際に起こったから、そのようなことが生じたのかを検討します。このようにして、イエスの復活を何よりもまず歴史的な課題として取り扱っていきます。ここでの議論は三つのステージに分かれ、それぞれに四つのステップが含まれています。[*5]

初期キリスト教の誕生

①神の国の宣教活動《ムーブメント》として

第一のステージでは、一世紀のユダヤ教の世界における、神の国の宣教活動《ムーブメント》としてのキリスト教の誕生について論じます。このステージは次の四つのステップにまとめることができます。第一は、初期のキリスト教は神の国の宣教活動《ムーブメント》として成長してきたこと。

第二は、ユダヤ教における「神の国」はある特定の意味を持っていたこと。第三は、ユダヤ教で言う神の国が実現しなかったにもかかわらず、初期のクリスチャンたちが「神の国は確かに始まった」と主張するようになった理由を考えなければならないこと。第四は、歴史家として、初期のクリスチャンたちがなぜこのような奇妙な考えを持っていたかを問わなければならないことです。

それぞれのステップを、もう少し詳しく見ていきましょう。

1(a) 第一に、初期のキリスト教は、自らを神の国の宣教活動《ムーブメント》と考えていました。パウロの時代までには、「神の国」というフレーズが、自分たちの宣教活動《ムーブメント》、生活スタイル、存在理由をひとまとめにして表現するものとなっていました。「神の国は、初期のクリスチャンにとって、世界に神の支配を確立しようとするユダヤ教的な宣教活動《ムーブメント》ではなく、新たな個人的・霊的な経験を意味していた」と主張する人はいます。けれども、手もとにある証拠の一つ一つによって検討しつつ、仮説的な初期Q資料や初期トマス資料に基づいて考え出した創造力豊かな「自称」証拠を無視するならば、別の理解に至ることができます。イエスの活動が反神殿運動《ムーブメント》であるならば、初期キリスト教は反ローマ帝国運動《ムーブメント》です。パウロが「イエスは主である」と言うとき、それは明らかに「カエサルは主ではない」ということを表現したものです。これは、グノーシス的な現実逃避主義ではなく、イスラエルの神以外に王はいないというユダヤ教的な神学です。そして、その中心にイエスがいるのです。この神学は、グノーシス的な秘密集会の一群を生み出して、これを支えることはせず、むしろユダヤ教的な新しい契約に基づくコミュニティーを生み出して、これを支えました。キリスト教は確かに、ユダヤ教的な意味での神の国の宣教活動《ムーブメント》だったのです。

1(b) 第二に、とはいえ、この「来たるべき神の国」は、これまでの章で見てきたように、ユダヤ教ではイスラエルの捕囚の終焉を意味していました。異教の帝国が倒され、イスラエルが高く上げられるのです。ヤハウェがシオンに帰り、さばきを行い、これを救うのです。さらに広い視野に立てば、世界の刷新を意味します。全宇宙のために神の正義が樹立されるのです。神の国は、ある個人の実存主義的な体験やグノーシス的な体験に関わるものではなく、人々の目にさらされている出来事に関するものなのです。もしも一世紀のユダヤ人に対して「神の国は近づいた」と言って、自分の新しい霊的経験や、自分が得た新しい赦しの感覚や、自分の内面が宗教的に再び整えられて恵まれたことについて説明したら、どうでしょうか。一世紀のユダヤ人たちは、その新しい経験を喜んでくれるかもしれませんが、なぜそのことについて「神の国」という言葉を使うのか、と尋ねてくるに違いありません。

1(c) 第三に、しかしながら、神の国が一世紀のユダヤ人の思い描いていたような形で到来しなかったのも確かなことです。イスラエルはいまだ解放されていませんし、神殿も再建されていませんでした。さらに視野を広げるならば、邪悪、不正、苦痛、死は依然として荒々しく暴れ回っていました。そこで一つの問いが生じます。「なぜ初期のクリスチャンたちは、神の国がすでに来たと言ったのか」です。こう答えるかもしれません。「初期のクリスチャンは『神の国』という言葉の意味を大きく変え、もはや政治的な出来事や状態ではなく、霊的で内面的なことを指し示している」と。けれども、これまで見てきたように、それは初期のキリスト教の本当の姿ではありません。

初期のキリスト教において神の国の神学を最初に書き記したのは、復活のことを最初に記述したコリント人への手紙第一、一五章です。神の国と復活が関連しているとは、意義深いことではないでしょうか。ここでパウロは、神の国は二つの段階を経てやって来ていると説明しました。神がすべてのすべてとなるというユダヤ教の希望は、未来においてて完全に実現しますが、それに先立って決定的な出来事がイエスによって始められたというのです。初期のクリスチャンは、「神の国」という言葉を頻繁に使いました。ですから、初期のグノーシス主義者も自分たちの新しい宗教を創ろうとしたとき、この言葉を借用して、まったく違う意味で使ったのです。その一方で初期のクリスチャンは、「神の国」を中心にして、象徴《シンボル》を用いて表現する自分たちの世界、物語を用いて表現する自分たちの世界、そして自分たちの日々の実践をとらえ直したのです。言い換えれば、ユダヤ教的な神の国が実際に今ここに現存するかのように行動したのです。捕囚から帰還した民、すなわち新しい契約の民のように、自らの生活を組み立てたのです。同時に、次の問いかけが必要です。「初期のクリスチャンたちはなぜこの過程で、イエスが導くと考えていた『神の国』をもたらす革命を中断したのか？」「初期のキリスト教がユダヤ人による国家主義的な運動でも実存的で個人的な経験でもないという事実はどのように説明できるのか？」と。

1(d) 第四に、それゆえ、私たちは歴史家として、この一世紀のユダヤ人のグループの存在を説明する必要があります。この人たちは、神の国の到来を期待していましたし、それが実現したと語っていました。ただし、その実現の姿は、自分たちの想像していたようなかたちではありませんでした。初期のクリスチャンは、神の国がイエスの身体の復活のゆえに到来するという点で一致しています。

このことをさらに詳しく見ていく前に、議論の第二のステージに進まなければなりません。キリスト教は神の国の宣教活動《ムーブメント》であったのみならず、最初から復活の宣教活動《ムーブメント》でした。それでは、一世紀のユダヤ人にとって、復活とはいったい何を意味していたのでしょうか。

②復活の宣教活動《ムーブメント》として

2(a) すでに指摘したように、復活が中心的な教理でなかった初期のキリスト教グループが存在していたという証拠はありません。復活の教理は、キリスト教の端に付け加えられるようなものでもありません。キリスト教の中心的な推進力であり、宣教活動《ムーブメント》全体を特徴づけるものでした。

2(b) ところが、この議論の第二ステージの二つめのステップとして押さえておきたいことは、一世紀のユダヤ教において復活は、ある特定の意味合いを持っていた点です。複雑で、様々な論議がありますが、詳しく述べておく必要があります。*6

2(b)(i)第一に、一世紀のユダヤ教において、人間の死後に何が起こるかについての考えに幅がありました。非物質的な至福の状態について語っている文書があります。フィロンの著作や『ヨベル書』がその例です。義人は死後、その身体が回復する、と主張する文書もあります。殉教者たちが元の身体に戻されて、自分たちを迫害して殺した者たちと対峙し、これを打ち破って祝杯をあげるというのです。その好例が『マカベア書第二（マカバイ記二）』です。

一時的に身体から分離し、再び元の身体に戻る姿を描いている著作もあります。『ソロモンの知恵（知恵の書）』二―三章がこの類のものであると強調しておく必要があるでしょう。この箇所が『ヨベル書』やフィロンの著作と同じことを言っていると、一般レベルの著作や一部の学者たちが主張しているのは事実です。しかし、その学者たちの主張は間違っています。『ソロモンの知恵』が「義人のたましいは神の手の中にある」と言うとき、彼らの最後の安息の場を指しているのではありません。あくまでも一時的な避難所です。時が来れば、彼らは「再び起き上がって刈り株から起こされ」、主によって立てられて諸王国を支配するようになるのです（三・一～八）。これは、ヨセフスの立場とも似ています。少なくともヨセフスは、教養あるローマ人の読者にとって魅力的であろう英雄たちにこのことを語らせることはせず、同胞のユダヤ人たちが実際に信じていたことを叙述しようと気をつけているからです。

最後に、死後、継続して何らかの形で存在することを全否定するグループのことも述べておきます。サドカイ派です。彼らがこの立場をとっていることは周知のことですが、彼ら自身による文書は残されていません。現に手にすることができるのは、サドカイ派に反対する人たちからの報告です。

主張には幅がありますが、二つのポイントを明確にしておく必要があります。まず、死後のいのちについていろいろな考えがありますが、「復活」という言葉は、身体のよみがえりにだけ使われており、身体のない至福の状態を指してはいませんでした。「復活」は、一般的な意味での「死後のいのち」という言葉でも、「神とともにある場所へ行くこと」でもありません。そこに至るまでの何かしらの中間状態があるにしても、神がその後、身体を持つ人間を新たに造るときに起こることを表す言葉です。

2(b)(ii) 第二に、復活に先立って一時的に身体から分離している状態を描写するのに用いられる言葉は種々ありました。たましい、天使やそれらに類するもの、霊といった言葉を使いましたが、このような状態を、復活した身体と表現することはありませんでした。

復活は身体の復活を意味しますが、それがすべてではありません。エゼキエル書三七章以降、復活は捕囚からの帰還、契約の刷新を指すイメージとして用いられました。そしてこのことが起きたとき、イスラエルの罪と死（すなわち捕囚）が取り扱われ、ヤハウェがご自分の民との契約を更新したことを復活は暗示していたのです。それゆえ死者の復活は、隠喩《メタファー》と換喩《メトニミー》の両方でした。復活とは、新しい時代が到来したことの象徴《シンボル》であるのと同時に、それ自体が文字どおり新しい時代の中心的な要素でした。ヤハウェが神の民に対する祝福を回復するとき、アブラハム、イサク、ヤコブが、神の国のために殉教した者たちをはじめすべての神の民とともに、再び身体をとり、神の新しい世界で新しいいのちに復活するのです。第二神殿時代のユダヤ人が復活を信じるというとき、その信仰には、一度死んだ人間が再び身体をとることがまず含まれています。さらに、新しい時代の始まり、すなわち新しい契約が含まれています。そしてこの新しい時代の到来に伴い、すべての義人がいっせいに死者の中から復活させられるのです。思うに、イエスが、人の子が歴史の流れの中で一個人としてよみがえると述べたときに（マルコ九・一〇）、それを聞いた弟子たちが当惑した理由は、イエスのことばが先述の復活理解とずれていた点にあったのでしょう。

以上見てきたとおり、一世紀のユダヤ人が、だれかが「死から復活した」と言う場合、それは身体を持たない至福の状態に移行して、そこで永遠に休息しているとか、やがて来る大いなる日、再び身体をとる日のことを意味していませんでした。

このことを検証するために、以下のことを考えてみましょう。マカベア戦争の殉教者こそが真実で義なるイスラエル人であると信じていた紀元前一五〇年の人々、あるいはシモン・バル・コクバこそが（もし存在するとしたら）真のメシアであると信じていた紀元一五〇年の人々は、自分の信じたメシアたちが「死からよみがえった」と主張したでしょうか。もちろんそれは、殉教者やバル・コクバの大義が正しく、彼らは神の御前に栄誉ある場で生きていることを示すことのみを意図しているのですが。

答えは明白です。その時代のユダヤ人たちは、「殉教者やバル・コクバは、天使や霊のかたちで生きている」、「彼らのたましいは、神の手の中にある」と言うかもしれません。けれども、殉教者らがすでに「復活している」と表明しようとは夢にも思わなかったでしょう。復活は再び身体をとることを意味しており、新しい時代の幕開けを示唆していたからです。

したがって、一世紀のユダヤ人に向かって「復活が起こった」と言うなら、彼らが非常に当惑するのを見ることになったでしょう。父祖たち、預言者、殉教者らが生き返ってそのあたりを歩いているわけではありませんし、エゼキエル書三七章で語られている回復が成就していなかったので、復活は起こっていない、と彼らは考えるのです。続いて「復活が起こった」というのは、そのようなことではなく、素晴らしい神の癒しと新たな赦しの感覚を得たことを指しているのだと説明するなら、あるいは、「屈辱的な拷問を受けて殉教したリーダーが、神のもとで今も生きている」と信じていると説明するなら、彼らは、そのような素晴らしい経験をしたあなたを祝福し、そうした信仰について語り合ってくれるでしょう。けれども依然として、あなたがそうした経験について、「死者の復活」という言葉を用いたことに当惑するでしょう。「死者の復活」という言葉は、そのような意味ではないからです。

２(c)この議論の第三ステージにおける第三のステップに入ります。以前に強調したように、新しい時代の幕開けは、一世紀のユダヤ人が想像していたようなかたちではやって来ませんでした。いにしえの神の民すべての復活も起こりませんでした（マタイの福音書には奇妙な記事があり、イエスの十字架の際に前味としてそれに近いことが起こったように書かれている〔マタイ二七・五一～五五を参照〕）。それでもなお、最初期の教会は、イエスが死者の中から復活したことだけでなく、「死者の復活」がすでに起こったとも熱心に主張しました（使徒四・二）。さらに彼らは、世界観全体を構築するという手間のかかる作業に取りかかったのです。彼らに特徴的な実践、人生全体を支配する物語、象徴《シンボル》によって提示されて、基本的な神学といった世界観全体を、この新たな中心点の周りに構築し始めたのです。新しい時代がもうすでにやって来たかのように行動したのです。そしてそれは、異邦人宣教の倫理的基礎となりました。神はイスラエルのために行おうとしてきたことを今や成し遂げられたので、異邦人にも祝福が分かち与えられることとなったのです。初期の教会の人たちは、新しい種類の宗教経験をしたかのようにふるまったり、彼らのかつての指導者たちが（マカベア戦争の殉教者の追従者たちは自分たちの英雄について、確信をもってこのように言っていました）神のもとで天使や霊として健在であるかのようにふるまったりはしませんでした。弟子たちの生活行動、物語、象徴《シンボル》、神学は、「イエスが本当に身体を再び与えられ、身体をもって死者の中から復活したことを彼らが信じていた」ということをもってする以外に説明する方法はありません。この結論については今日においても、イエスの身体が墓の中で腐敗していたと考える人たちの間でさえ、異議を唱える者はいません。

2(d) この議論の第二のステージの第四ステップは、もちろん初期の教会が正しかったのかどうかということです。パウロのような教養のあるパリサイ派の人々も含む、一世紀のユダヤ人のこのグループの人々はすぐに、かつはっきりと現在の時代のただ中で「一人の人」がよみがえらされたという結論に達しました。それは、彼らがかつて保持していた「すべての」義人が彼らの時代の終わりに死者の中からよみがえるという期待に反するものでした。このようなグループの存在を説明する何かを仮定する必要があります。そこで、様々な可能性について検討してみましょう。

③メシアの宣教活動《ムーブメント》として

3(a)すでに、キリスト教がメシアの宣教活動《ムーブメント》としてどのように現れたかを概観しました。既知のメシアの宣教活動《ムーブメント》とは異なり、まったく不可解なことに、このメシアはローマの総督と向き合ったのです。そしてローマ兵によって処刑されました。第四章で論じたことですが、復活の出来事だけではこのメシア信仰の誕生を説明することができません。福音書が示唆していることですが、イエスがその生涯でメシアとして行動し語っており、これらの行動とことばがイエス自身の死の直接的な原因であると仮定せざるを得ません。それとともに、イエスが、不成功に終わったメシアたちのように、単にローマ人によって処刑されたというだけなら、初期の教会がどうして「イエスはメシアである」と信じ続けたかを説明することができないのです。

3(b)このことは、議論の第二ステップから明らかになります。メシアに対するユダヤ人の期待の中心には、これまで幾度か見てきたように、異教の民を打ち破り、神殿を再建し、神の正義を世界にもたらすことがありました。もしもメシアを自称する人物が異教の民によって殺されたとしたら、特に神殿を再建せず、イスラエルを解放せず、世界に正義をもたらさなかったとしたら、彼の上に起こったこと自体が、彼自身もまた、今までも現れた大勢の偽のメシアに連なる者の一人にすぎないことを示しています。一世紀のユダヤ人にとって、「十字架にかかる」ということは、その人物が本物のメシアであることも、神の国が来たことも意味しません。十字架はまったく逆のことを語っています。つまり、その人物はメシアではなく、神の国は来ていないのです。

ところが、キリスト教においては、「十字架にかけられた」人がメシアであり、神の国が来たと、弟子たちは告げ始めたのです。それまで従ってきたメシアが異教の勢力によって殺されてしまったとき、その弟子たちはいくつかの選択肢に直面します。まず、革命をやめ、解放され、自由になる夢をあきらめてしまうという選択です。この道を選んだ者たちがいます。特に注目しておきたいのは、紀元一三五年以後に起こったラビの運動《ムーブメント》です。

　次に、新しいメシアを見つけ出すという道もあります。もし可能であれば、メシアを自称したために殺された人と同じ一族から見つけ出すのです。この道を選んだ人たちもいます。紀元六年に現れたガリラヤのユダから始まった運動《ムーブメント》は子や孫たちに引き継がれ、五〇年代まで続きました。さらに、その子孫であるメナヘムが六六〜七〇年に登場し、さらにもう一人の子孫、エレアザルが、マサダで不運な結末を迎えたシカリ派として七三年に登場しています。これらの人々はこの王族のために懸命に働きましたが、結局幾度も徒労に終わりました。

　もう一度、ここで明確にしておきます。紀元七〇年のユダヤ戦争でローマのティトゥスが勝利をおさめ、シモン・バル・ギオラが死んだとき、もしもだれかが「シモンこそがメシアだ」と言ったならば、一世紀の平均的なユダヤ人から非常に厳しい反発を受けたでしょう。さらに、「シモンが今も共にいて、自分は彼に導かれ支えられているように思う」と説明すると、どうなるでしょうか。せいぜい「シモンの天使か霊があなたと交わりを持っているのだろう」という反応を受けるだけでしょう。間違っても「シモンが死者の中からよみがえった」とは言いません。

３(c)議論の第三のステップに進みましょう。ナザレのイエスがシモン・バル・ギオラのように処刑前に鞭打たれ、謀反を起こした王として十字架につけられたとしましょう。ところが、初期のクリスチャンたちは、イエスこそがメシアであると主張したのみならず、彼らの世界観、実践、物語、象徴《シンボル》、そして神学を、この信仰を中心にして再構築したのです。彼らには、通常二つの選択肢がありました。まず、紀元一三五年以降のラビたちのように、メシア思想をすべて捨て去って、個人的な宗教に形を変えることです。律法を厳格に守るグループであろうと、そうでなかろうとかまいません。ところが、彼らは明らかにそのような選択をしませんでした。個人的な宗教のようなものではなく、異邦人の世界を回って「イエスこそ全宇宙の主である」、世界の主であると宣言したのです。それは、想像を超えることです。次に、同様な、もっと興味深い選択肢は、彼らがイエスの親戚から「新しいメシア」を見いだすことでした。様々な資料から、イエスの親類たちが初期の教会においてよく知られ、重要な位置にあり続けたことがわかっています。その中の一人が「主の兄弟」と呼ばれたヤコブです。彼は、イエスがこの地上で活動していたときにはその働きに加わっていませんでした。けれども後になって、ペテロとパウロが世界を巡回している間、教会の中心人物、エルサレムでのまとめ役となりました。

シャーロック・ホームズの物語で「夜中に犬が吠えなかった」ことが一つの手がかり

になったように、「初期のキリスト教においてだれ一人、ヤコブがメシアであると主張する者はいなかった」という事実は、重要な手がかりです。ガリラヤ人のユダの一族のように、親族から新しいメシアを立てることこそが自然な流れでした。ところが、ヨセフスの『ユダヤ古代誌』第二〇巻にもあるように、ヤコブは「メシアと呼ばれた人の兄弟」と知られていたにすぎません。

３(d)この議論の第四のステップに進むことにしましょう。これまでの議論を受けて、ここで、仮説を立てる必要があります。そして次のいくつかの問いかけに対して十分満足できる説明を提示しなければなりません。なぜ一世紀のユダヤ人であるこのグループの人たちは、メシアの到来の希望を抱き、その希望の焦点をナザレのイエスにあてたのでしょうか。そして、死後もこの方こそがメシアであると信じ続けただけでなく、異教の世界とともにユダヤ世界にもイエスがメシアであると宣べ伝えたのでしょうか。またなぜ、イエスがメシアであるという考えを捨てることなく、むしろ彼をめぐって新たなメシア像を、喜びを抱きつつ再構築したのでしょうか。

結論

ユダヤ教の文脈の中での初期のキリスト教を振り返るときに、以下のような連続性と不連続性を見いだします。復活という用語は、一世紀のユダヤ教という文脈の中でのみ意味をなすものです。そして、復活は明らかにすべての初期キリスト教の前提でした。その一方で、現在の歴史の流れの中で一人の人のみが復活するというのは、一世紀のユダヤ人が期待していたものではありませんでした。復活のイエスに関する記述はみな、それらの顕現と、その後の教会が経験しているイエスの臨在との間に明確な違いがあることを示しています。それゆえ歴史の問題として、次の課題を追究せざるを得ません。つまり、初期の教会は、ユダヤ教の世界でしか意味をなさず、かつユダヤ人である彼らが期待していたものとはまったく同じでないことを主張するようになったのです。このことをどのように説明したらよいのでしょうか。さらに、教会の人々は、イエスを自分たちの生活と行動の基盤としてある一つの方法で語るようになりました。しかしその方法は、彼ら自身が日々の経験においてイエスについて知らされる方法とは異なっているのです。このことをどのように説明したらよいのでしょうか。この連続性と不連続性を説明することこそが、イエスの復活に関する歴史的な課題です。これに答えるためには、私たちは最古の文献、すなわちパウロが書いたものにあたる必要があります。

パウロ——コリント人への手紙第一、一五章

この時点で、様々な一般読者向けの書の著者たちが考えるように、次のような問いかけを投げかける人がいるかもしれません。

「パウロは確かに復活について言及した最初の人には違いないが、単に霊的な身体のことを言っているのではないか?」「パウロにとって復活は身体と関係なく起こったことなのではないか?」「パウロがダマスコへの途上でキリストを〝見た〟という出来事は、明確に〝視覚的な〟経験であって、彼個人の宗教的経験という範囲で説明されるべきではないのか?」「イエスを〝目撃した〟という話をすべて、その人独自の宗教的経験として理解するべきではないのか?」「そうした出来事からかなり後に書かれた福音書の伝承では、イエスが海岸で朝食を用意して焼き魚まで食べたとあるが、これは突然に浮かんだアイディアであって、むしろ混乱を生み出したのではないのか?」

これらに答えるにあたり、復活をその思想と実践に徹底的に織り込んだ初期のクリスチャンの典型例がパウロであることにまず注目しておきましょう。もしも復活を取り去ってしまったならば、パウロの思想も行動もまったく理解できなくなってしまいます。

さらに、そのパウロがパリサイ派の背景を持つ者であることにも注意しておきましょう。最も厳格な立場のパリサイ派に属していた彼はイスラエルの回復を熱心に待ち望み、神が世界をさばき、神の民を救ってくださる新しい時代の到来を信じていました。このようなパウロが書いたのが、これから検討するコリント人への手紙第一、一五章です。

八節から見ることにしましょう。「そして最後に、月足らずで生まれた者のような私にも現れてくださいました。」これは暴力的とも言えるイメージのことばで、帝王切開を連想させます。つまり、赤ちゃんがまだ生まれる状態ではないのに胎内から引きずり出され、外の光の眩しさにショックを受けて、新しい世界でかろうじて息ができるかどうかというような状況です。ここでパウロが簡単な自叙伝を述べているのではなく、ダマスコへの途上の経験で彼がどのように感じたのかを熟考して書いていることに気づきます。自分に起こったことは他の人に起こったようなことではない、とパウロが考えていたこともわかります。さらに、パウロは、イエスの顕現が終わる直前に復活の証人にすべり込んだのです。「最後に」と言ったとき、「教会生活、祈りと信仰と聖礼典の生活を通して復活のイエスを知る」という通常のクリスチャン経験とはまったく異なるものが自分に起こったのだと主張しています。つまり、ダマスコへの途上で起きたことは、それまでの復活のイエスとの出会いとも、彼自身を含めた後の教会が経験していることとも異なるものだと主張しているのです。

コリント人への手紙第一、一五章の最初に戻ります。一節から七節には、クリスチャンすべてに共通する最初期の伝承が記されています。パウロはこれを受け取り、そして手渡しました。「受け取る、手渡す」というのは伝承伝達の専門用語です。ですから、ここに書かれていることは、教会の最初期、三〇年代初頭にはすでに信じられていたと考えるべきです。この伝承には、イエスが墓に葬られたことも含まれています。（都合の良いことに、クロッサンはこの箇所を無視し、イエスの身体は十字架にかけられたまま放置され、犬に食べられてしまい、墓に葬られるようなものは何も残らなかった、という説を掲げています。[*7]）よく言われてきていることですが、まだすべての学者がそうは言っていないこととして、パウロの生きた世界において、墓に葬られ、三日後によみがえったとは、「その人の墓は空だったことを意味する」というものがあります。墓が空であったことは、今日の議論では重要なこととされていますが、パウロはこのことを強調する必要性を感じませんでした。「復活」という言葉が彼にとっては、墓が空であることとともにそれ以上のことを意味していたからです。教養のある一世紀半ばのユダヤ人にとって「復活」という言葉が「ある人の身体がいまだ墓にあるにもかかわらず、非物質的な次元で元気に生きている」ことを意味することを示す証拠は一切ありません。

パウロは、復活のイエスの顕現に立ち会ったリストに女性を入れていません。これは（しばしば言われることではありますが）、パウロ、もしくはこの伝承をまとめた人たちが、男性を優位と考えていたからではありません。この共通の伝承が説教に使われていたからです。このリストに名を連ねた人々は、明確に復活の証人としてみなされていました。その時代の文化では、女性は信頼の置ける証人とみなされていなかったからです。パウロは、五百人の弟子たちがイエスを見たと言っています。使徒の働き二章のペンテコステの出来事を指していると主張している人もいますが、そう考えることはできません。この出来事がヤコブへの顕現に先立つものであり、ヤコブはペンテコステの時にはもうすでにこの初期の宣教活動《ムーブメント》に加わっていたからです。

けれども、コリント人への手紙第一、一五章の最初のパラグラフの中でおそらく最も重要なことは、パウロが復活の意味をどのように理解していたか、という点です。彼にとって復活は、新しい宗教的経験を切り開くことと関係はありませんでした。また、生き残っていることの根拠でも死後の生命の根拠でもありませんでした。聖書が成就し、神の国が到来し、新しい時代が今この時代のただ中に侵入し、何の備えもなかったために驚いている世界に朝が訪れたということです。これがすべて「聖書に書いてあるとおりに」起こったのです。別の箇所で論じているように、これは、パウロが一生懸命探して都合の良い聖書の箇所をいくつか拾い集めてきた、という意味ではありません。聖書の物語《ナラティヴ》全体がついにクライマックスに達し、驚くべき出来事において実現したということを意味します。[*8]

以上のことに立脚して、パウロは一二節から二八節で、新しい時代が二段階にわたって到来すると論じています。まずメシアの復活があり、続いてメシアに属する者たちの復活が最終的に起こるのです。これまでの議論を踏まえるならば明らかなことですが、メシアがこの時代に、霊、たましい、もしくは天使であると、このときみなされていないことに最大の注意を払うべきです。メシアは中間状態にいて、自らがついに死者の中からよみがえらされる時を待っているのではありません。メシアは「すでに」復活しているのです。人間として、すでに神の臨在へと引き上げられているのです。そして、すでに世界を統べ治めています。それは神としての何らかの立場のみならず、まさしく人間として、創造の六日目以来、人類に定められた運命を成就するためです。[*9]

このことを土台として、パウロは二九節から三四節へと論を進め、すでに死んだクリスチャンと、まだ生きているクリスチャンの両者が未来において身体を伴って復活する、と強調しています。より正確に言うなら、未来において、死者は「再び身体を持ち」、生きている者は「身体が変貌させせられる」のです。「復活」という言葉が唯一、意味を持つことができるユダヤ教の世界観の中で、現在の教会が行っていること――すなわち、「死者のためにバプテスマを受ける」（二九節）という奇妙な事柄や、それよりはややイメージしやすい使徒としての働き（三四、五八節）――を説明しうる唯一の方法がこれだとパウロは主張しています。言い換えるならば、教会での今のいのちは、「たましいをつくる」ためのもの、すなわち、将来の身体を持たないいのちのために、身体を持たないたましいのようなものを生み出したり、訓練したりするものではありません。教会での今のいのちは、むしろメシアの模範に倣い、最後には再び身体を与えられる全人間存在として働くことなのです。

それでは、この復活の身体は、どのようなものでしょうか。五〇節から五七節へと進んでみましょう。ここでパウロは、不要なものとして捨てられる身体ではなく、変貌させられる身体について、自らの信じているところを主張しています。現在の身体の状態は一時的であって、朽ちていくものであり、弱さ、病気、死から逃れられず、永遠に続くものではありません。「血肉のからだは神の国を相続できません」とあるとおりです。パウロにとって「血肉」は、「肉体の状態」それ自体を意味しているのではなく、壊れやすく朽ちていく現在の私たちの肉体の状態を意味しています。必要なのは、「朽ちない肉体の状態」と呼ぶものです。死者は「朽ちないもの」によみがえり（五二節）、「私たち」すなわち大いなる日まで生きながらえた者は変貌させられるのです。

コリント人への手紙第二、五章にあるように、パウロは現在の物質的な身体が、新しい身体を「着」、私たちが現在知りうることを超えたまったく新しい肉体の状態をとると考えていました。単なる蘇生ではありません。また、あえて強調しますが、身体を持たないようなものでもありません。クリスチャンの復活の身体についてパウロがこのように信じているのであれば、イエスの復活に関しても同じことを信じていたと考えることができます。

これまで検討してきた聖書箇所の間に、コリント人への手紙第一の一五章で最も複雑な部分である三五～四九節が置かれています。ここでパウロはいろいろな種類の肉体の状態について語っており、それぞれの間に連続性と不連続性があります。この箇所では、未来の復活の身体を「御霊に属するからだ」と言っていますが、それは、しばしば語られるように肉体を持たない身体のことを述べているわけではありません。そのように考えるということは、ヘレニズム的な世界観を議論に持ち込むことであり、どの箇所よりもユダヤ教的な一五章には場違いです。パウロは現在の身体（これを彼は soma phychikon と呼んでいます）を、未来の身体（これを彼は soma pneumatikon と呼んでいます）と対比しています。このsomaは「身体」を意味していますが、この二つの形容詞（phychikonとpneumatikon）は何を意味しているのでしょうか。この箇所については翻訳はまったく役に立ちません。ＲＳＶ（米改訂標準訳）とＮＲＳＶ（新米改訂標準訳）は「肉の身体」と「霊的な身体」と訳していて、誤解を招いています。psychikonはpsycheから派生した言葉です。psycheは通常「たましい（soul）」と訳されます。そうすると、パウロが現在の身体も物質的なものでないと考えていたと読めてしまうのです。これは明らかに問題外です。ですから、この二つの表現が物質的な身体を指していると考えることは間違ってはいません。一方は「たましい」によって駆り立てられ、もう一方は「御霊」、すなわち「神の霊」によって駆り立てられるのです。（ローマ八・一〇、「からだは罪のゆえに死んでいても、御霊が義のゆえにいのちとなっています」と比較することができます。）　現在の身体は、「『たましい』によって駆り立てられる『物質的な』身体」（soma phychikon）であり、未来の身体は「神の霊によって駆り立てられる『変貌させられた物質的な』身体」（soma pneumatikon）です。

パウロの復活に関する見方で、もう一つだけ注意しておきたいポイントがあります。すでに前に見たように、パウロや他の初期のクリスチャンたちは復活と昇天を区別していないとしばしば論じる人たちがいます。彼らは、さらにパウロたちにとって昇天こそ最重要のことであったならば、身体を伴った復活は、後世に発展した考えであると論じるのです。けれどもコリント人への手紙第一、一五章が述べていることから、この仮説は明らかに間違いであることがわかります。イエスの昇天は、復活と明確に区別されています。もちろん復活したイエスは、昇天する主と同じ方ですし、復活は昇天に先立つ必須条件ですから、復活と昇天は密接に連続しています。昇天について語る必要があるときには（たとえば、ピリピ二・五～一一）、パウロは復活について語らず、昇天のみに言及することができました。しかしこの箇所では他の箇所よりも詳細に論じていますから、この二つは混同されることなく併記され、混乱なく区別されています。

パウロは、五〇年代の前半にこのことを書き、教会の主流派全体が信じていた事柄を代表していると語って、イエスの復活について以下のようなことを主張しています。

1　復活は、創造主なる神がイスラエルへのいにしえの約束を成就した時です。神は彼らを「その罪」すなわち捕囚から救い出しました。したがって、復活は「終わりの日」の始まりを告げています。そしてその最後の時には、イースターで開始された死に対する勝利がついに完成を迎えます。

2　復活には、イエスの身体の変貌が含まれています。復活は、イエスの死んだ身体が蘇生したものでもなければ、朽ち果てた身体が放棄されたことでもありません。パウロの話は、空の墓を前提としていました。

3　復活においては、初期のたいへん限られた期間、イエスの生きている姿を人々は見ることができました。その後、イエスは、これとは異なる方法で教会に臨在する方としてご自身を現されました。初期に直接イエスを見た者たちが使徒としてイエスの顕現の証人となりました（Ｉコリント九・一）。

4　復活は、終わりの日において神の民すべてが経験する復活の典型例でした。

5　復活は、クリスチャンが持つ未来における希望の土台のみならず、現在の働きのための土台でもあります。

結論――福音書の伝承と復活

ここまでスケールの大きな歴史の議論に集中して、最初期の文書であるコリント人への手紙第一に焦点を当ててきました。これ以外の新約聖書と初期のキリスト教に目を向けるならば、パウロの見解がその至るところで確認されることがわかります。福音書に記されている復活物語《ナラティヴ》は、不可解なところや明らかな矛盾点を含んではいますが、三つの点に関して明快です。

第一に、復活のイエスを目撃し、出会う記述は、ユダヤ教の黙示伝承やメルカバー（神の戦車）伝承に見いだされるもの、すなわち、天上の幻や、目をくらますような光や、眩いばかりの栄光や、雲に包まれた幻想的な人物の幻のようなものでもありません。もしイエスが神の位、あるいは少なくとも天の栄光に上げられたことを記述したいのなら、このような表現はとらないでしょう。復活物語《ナラティヴ》において、イエスは「超自然的な顕現」という従来から存在した物語をモデルとした姿には描かれていません。これらの物語は、何らかの期待に合わせてでっちあげられたような話ではないのです。

第二に、イエスの身体は物質的なものであり、「物質ではできていない天使や霊」というものではありません。それと同時に、鍵の締まった扉を通り抜けることができる「物質を超越した存在」でもあります。福音書を読んでみると、記者たちが、「とんでもないことだということはわかっているが、実際に起こったことなんだ」と言っているように感じます。記者たちは、パウロがその背景となる理論的な枠組みを提供していることを記述しているにすぎないのです。それは、後にも先にもない一回きりの出来事、それも、蘇生でも肉体の放棄でもなく、新しい身体の状態への変貌という出来事なのです。

第三に、復活の記事は、イエスの顕現が、その後に続く初期の教会において起こり続けていた類の出来事ではなかったことも明らかにしています。ルカは、読者がエマオへの途上でイエスに出会うとは思っていません。マタイは、自分の聴衆が山の上でイエスに出会うとは考えていませんでした。ヨハネは、岸辺で朝食を作ってくれているイエスのところに人々が行くべきだとは考えていません。マルコは、読者が「だれにも何も言わなかった。恐ろしかったからである」という状況にあることを期待してはいません。

福音書にある復活の記事、特にルカとヨハネのものは「伝承が後の時代に発展して、できあがったものだ」と考える新約学者たちがいます。当初は、イエスはそこまで物質的なものとして描かれてはいなかったのですが、後の時代になって初めて、復活のイエスをそこまで物質的なものとして描くことが適切、もしくは必要であると考えた結果、伝承をそのように発展させた、と主張しています。しかし、非常に多くの神学者たちと同様に私もこの仮説を信頼に値するものとは思っていません。最初はヘレニズム的であったものが、次第によりユダヤ教的なものに伝承が発展していったという考えは、とても不自然です。にもかかわらず、この説は二〇世紀の間は広く受け入れられていました。この仮説は、まったく根拠のないものとして破棄されるべきです。ヨハネとルカの福音書が最終的な形にいつまとめられたとしても、それぞれの最後の章にまとめられた復活の伝承は、初期の真正な記憶に基づいていると私は考えます。復活の伝承は信仰の共同体によって何度も語られて伝えられていくなかで形づくられていったのは確かです。しかし、その基本的なメッセージはまったく変わることなく保存されたのです。率直に言って、復活物語《ナラティヴ》はその時代にその世界に生きた人々が当たり前のように語ったり、書いたりしたようなものではありません。福音書の中の復活物語《ナラティヴ》が他の文学から派生したものであるなどと語ることを示そうとした研究はすべて、見事に失敗に終わっています。

十分な紙面がないので詳細に入らず、ごく簡潔に、ここでの私の見解のほうが優位である根拠をいくつか述べておきます。殉教者たちの墓とは対照的に、イエスの墓が崇敬の対象にならなかったことがよく指摘されています。同様に、ごく初期のキリスト教において週の初めの日が主の日として強調されたことを、説明する必要があることも指摘されています。

一方で、イエスの埋葬が、二段階の埋葬の最初の部分であったことは、ほとんど指摘されていません。イエスの遺体がずっと墓の中にあったとすれば、遅かれ早かれ、だれかがイエスの骨を集めて、骨壺に納めなければなりません。そこまで行って初めて埋葬は終わりとなります。このような考察をいくつも進めるとき、否応なしに最初のイースターの日に注目せざるをえなくなります。そして、これまで問うてきた疑問に直面せざるをえなくなるのです。「最初のイースターの日に、いったい何が起きたのか?」と。

近年の学会において、イエスの身体の復活を否定する人々の間では、一つの仮説が長く主張されてきました。ゲルト・リューデマンやマイケル・グールダーは、ペテロとパウロがある種の視覚的な幻想を経験したと論じてきました。彼らによれば、ペテロは悲しみに加えて、おそらく自らの罪悪感に打ちのめされて、人々がしばしば陥ってしまう状態、つまり、亡くなった人が自分と一緒にいて、自分に話しかけ、自分を元気づける感覚を持つようになったのです。また、パウロも非常に激しい罪悪感を持つようになり、これが似たような幻想を引き起こした、と彼らは言います。そして、この二人が自分の経験を熱心に他の弟子たちに話し、その人たちも同じような幻想を集団として体験していたというのです。

この理論は決して新しいものではありませんが、新たな方法で息を吹き返してきました。ブルトマン学派の主流の理論が更新されたものと言うことができます。イエスの身体は墓に残ったままでしたが、弟子たちは神の愛と恵みを新たなかたちで体験したというのが、この理論の趣旨です。もしくは、スヒレベークスは、弟子たちが墓に行ったときに、彼らの頭は眩しい光のことでいっぱいになっていて、死体がそこにあるかどうか、もはや問題ではなくなったという説を唱えています。これらの仮説について詳しく論じる時間がありませんが、私は歴史家として、これらは問題が多過ぎるため、福音書の語った物語自体よりもずっと受け入れがたいものであると言わなければなりません。

まず、ペテロやパウロがそのような経験をしたというのなら、それは「復活」とは分類されません。イエスの「天使」や「霊」が現れたと分類されるべきでしょう（使徒一二・一五、二三・八〜一〇）。一世紀のユダヤ人に向かって、このような経験について語り、かつ、その人が似たような体験を持っていて、自分の体験をも熱く語ってくれたとしても、来たるべき時代がこの時代に突入してきたとか、異邦人がついに福音を聞くべき時が来たとか、神の国がここに来たとか、イエスがメシアであるなどを、この解釈をもってその人に信じさせることはできません。

それゆえ、歴史家としてとるべき唯一の道は、言語、哲学、歴史、神学の境界線上にいま自分が立っていることを認識したうえで、困難な課題に敢然と立ち向かうことです。そして、ナザレのイエスは十字架の三日後に身体を伴って新しい種類のいのちへと復活させられたという、初期の教会全体の証言を真剣に受けとめることを学ぶべきなのです。当然のことですが、彼らの証言を真剣に受けとめることこそが初期の教会の台頭の最善の説明となります。教会の台頭の理由を復活以外の何かに求めるならば、問題を解決するどころか、むしろより多くの未解決の問題を生み出してしまいます。具体的にいくつかの問題を考えてみましょう。復活は、なぜ教会が最初期から「新しい時代が始まった」と信じるようになったかについて説明しています。さらに、なぜイエスの死が不運な出来事、美しい夢の終焉ではなく、イスラエルの神、全地の唯一の神による救いのみわざのクライマックスであると信じるに至ったかを説明します。そして、なぜ「ナザレのイエスは、聖書の示すとおりに、イスラエルの神だけが行えたことを成し遂げた」という驚くべき結論に彼らが達したのかを説明しています。つまり、復活は、その後二十数年ほどの間に彼らが持つようになる詳細にわたったキリスト論を指し示しています。ただし最初期から重要だったのは、イエスの復活が、イエスこそメシアであることを明らかに示したということです。つまり、十字架を担って城壁の外を歩いたときに、イエスはイスラエルの運命をその肩に背負っていました。さらに、イエスはイスラエルの捕囚のクライマックスを経験し、聖書の物語《ナラティヴ》全体に則り、かつその成就として、三日後にその捕囚から帰還しました。そしてそのことによって、さらにその結果としてイエスの弟子たちは、イエスの勝利の知らせを地の果てまで持ち運ぶようにと遣わされたのです。

歴史的な文脈の中でのイエス研究は、人々の心をとらえるような古代史研究です。しかし、もしこの研究がそれ以上のものであるとしたら、ここまで議論を進めて初めて、それが自らを超越した何かを指し示す道を目の当たりにすることができます。史的イエスから始まった線は、現在の歴史へと繋がり、今日のポストモダンの世界にも、第二神殿時代と初期ローマ帝国時代と同様の挑戦《チャレンジ》を投げかけています。しかしそれを詳しく論じるためには、別の章、いいえ、さらに二つの章を必要とします。

注

1　Dominic Crossan, *The Historical Jesus: The Life of a Mediterranean Jewish Peasant* (Edinburgh and San Francisco: T. & T. Clark and HarperSanFrancisco, 1991), p. xxvii.

2　Barbara Thiering, *Jesus the Man* (London: Corgi, 1993; New York: Bantam, 1994). 彼女は同じジャンルの次の本も書いている。*The Book that Jesus wrote* (1998). 後者ではイエス本人がヨハネの福音書を書いたと提案している。

3　G. Vermes, *Jesus the Jew: a Historian's Reading of the Gospels* (London: Collins, 1973), pp. 37–41

4　E. P. Sanders, *Jesus and Judaism* (London and Philadelphia: SCM Press and Fortress, 1985), pp. 320, 340.

5　この議論は、以下の二つの論文で詳細に記述している。*Sewanee Theological Review* 41.2 (1998), pp. 107–140. *The Resurrection of the Son of God* (London: SPCK, 2003) では、さらに詳細に論じている。

6　*The New Testament and the People of God*, pp. 320–334〔邦訳、『新約聖書と神の民　上巻――キリスト教の起源と神の問題１』五六六～五九〇頁〕と *The Resurrection of the Son of God*, chapter 3, 4 にさらに詳細が記述してある。

7　J. Dominic Crossan, *Jesus: A Revolutionary Biography* (SanFrancisco: HarperSanFrancisco, 1994), chapter 6.

8　*The New Testament and the People of God*, pp. 241-243.〔邦訳、『新約聖書と神の民　上巻 —— キリスト教の起源と神の問題1』四三〇〜四三三頁〕

9　これがパウロによるコリント人への手紙第一、一五章二七節における詩篇八篇六節からの引用の意義である。

第七章　ポストモダンの世界の中でエマオに向かって歩む

イントロダクション――ポストモダンにおける宣教《ミッション》とは何か？

イエスについての歴史の再構築を数多く行ってきた今、読者のみなさんも、筆者自身が何年も考えてきたのと同じ問いにたどり着いているでしょう。

「だから、どうしたんだ？」

一世紀に生きたイエスに関する詳細な歴史の再構築から、様々な枠組みや信条《アジェンダ》を持つ現在の世界についての考察へ、どのようにしたら移ることができるのでしょうか。

私たちの歴史の探求が最後にたどり着いたのは、イエスの復活でした。そしてこれからの二つの章では、復活から考察を始めます。この章では、イエスの復活に関する中で最も知られている物語の一つ、ルカの福音書にある、二人の弟子がエマオ途上で経験した物語を扱うことにします。そして、この物語を、私たち自身が置かれているポストモダンの世界についての考察と関連づけていこうと思います。エマオの物語をポストモダンの世界の考察に叩きつけて火花を生み出し、そこから双方を照らす光を得たいのです。さらに、旧約聖書の中で最も心動かされる詩の一つであり、連作と言われる詩篇四二篇と四三篇の文脈の中でこの議論を行うことによって、より充実した考察としたいと考えています。

まず手始めに、現在私たちが置かれている西洋世界の文脈について考えましょう。[*1] 私たちは、いくつかの巨大な文化の波が重なり合う時代に生きています。社会や経済の面から見ると、二百年から三百年前に、農耕経済から産業経済への移行を経験しました。その結果、非常に多くの暗黙の価値観や願望の劇的な変化を、私たちの文化は経てきました。かつてのように農業を基盤としたいと強く願っている人もいまだに多くおり、彼らはそれが次第に不可能になりつつある現状に苛立ちを覚えています。しかし今、近代的な産業経済からも急速に遠ざかってしまっています。マイクロチップが工場の煙突よりも多くの労働力を作り出し、多くのお金を産み出す世界に移行しているのです。近代的産業経済と近年生まれてきた情報産業に基づく経済というまったく違う二つの文化の衝突に、政治家も実業家も巻き込まれています。労働のスタイル、経済成長、社会的かつ文化的な価値観、こういったものはすべてこの過程でひっくり返されてきているのです。

この突然で急激な変化は、近年に起きている大きな動きと繋がっています。その動きとは、近代と呼ばれるものからポストモダン〔訳注＝ポストは「〜の後」という意味で、ポストモダンは「近代の後の時代」〕と呼ばれるものへの変化のことです。あえて単純化することになりますが、三つの分野に絞って、この変化について考えてみます。

◆ポストモダンとは？　その一・知識と真理について

近代において、私たちは世界を客観的に知ることができると考えていました。一方、ポストモダンは、中立的な知識などないことを私たちに思い起こさせています。だれもがそれぞれの視点を持ち、その視点が知識を歪めているのです。だれもが、物事を自分の考えに合うように説明するからです。そして、客観的な真理などというものは存在しないとされます。同様に、客観的な価値観もなく、それぞれの嗜好があるだけです。この革命的な変化を体現する文化的な象徴《シンボル》は、ＭＰ３プレイヤーと仮想的現実《ヴァーチャル・リアリティー》を備えたシステムです。それぞれの人が独自のプライベートな世界を作り上げているのです。

◆ポストモダンとは？　その二・自己について

近代は、孤独な個人、すなわちすべてにおいて最強の「私」がもてはやされた時代でした。デカルトの「我思う、ゆえに我あり」という言葉や、「私は私の運命の主人であり、私のたましいの船長である」という誇りに満ちた合言葉がありました。

ところがポストモダンは、自己すなわち「私」というものを脱構築してしまいました。「私」は漂っているような記号にすぎず、相対立する力と衝動が一時的に、そして偶然に並んで結びついたものにすぎません。リアリティーが内に向かって倒れ込み、それを知ろうとする人の上に崩壊した結果、知ろうとしていた人自身も脱構築してしまったのです。

◆ポストモダンとは？　その三・物語について

近代は、世界がどうあるべきかについての暗黙の物語《ナラティヴ》を語る時代でした。それは本質的には終末の物語です。世界の歴史は着実に前進し、少なくとも、産業革命と哲学的な啓蒙主義が世界に出現する時を心待ちにしていました。この進歩が、すべての人に祝福をもたらすはずだったからです。

この包括的で大きな物語は（哲学の世界ではこのような物語群は「メタ・ナラティ

ヴ」と言いますが)、今や、抑圧的で、帝国主義的、利己的な物語であることが明らかにされてしまいました。このような物語は、産業化された西洋において何百万もの人々に、西洋以外では何十億もの人々に、だれにも語られていない多くの悲惨な状況をもたらしました。安い労働力と資源が、容赦なく搾取されていったからです。このメタ・ナラティヴは、西洋世界に利益を与えるだけのものだったのです。近代は新しいバベルの塔を建てようとしている、と糾弾され続けています。ポストモダンは、近代が主張したメタ・ナラティヴをその主な例にあげることによって、あらゆるメタ・ナラティヴが疑わしいものであると主張しています。すべては政治的な力の駆け引きにすぎないのです。

崩壊したリアリティー、自己の脱構築、メタ・ナラティヴの死。これら三つのことが、ポストモダンを理解する手がかりです。ポストモダンは、啓蒙主義以降の西洋世界が大切にしてきたすべてのものに「疑惑の解釈学」を情け容赦なしに適用しています。それは、マイクロチップが生み出した革命とよく似ています。マイクロチップは別の世界を生み出し、維持しています。そこでは、新たなリアリティーの世界を創り出すことも、自分だけのプライベートな世界に生きることも、他の人の物語とはまったく結びつくことがないような物語を語ることも、どんどん容易になっています。インターネットはこの世界の一部を構成しています。私たちはいわば、文化、経済、倫理、そして宗教すら扱う超大型スーパーマーケットの中に生きているようなものです。自分の好みのものをすくい上げて、それを好きなように取り混ぜて使えばよい、という社会に生きているのです。

このような巨大な渦巻きのような文化的なうねりと緊張関係に直面している教会は、いったいどうしたらよいのでしょうか?

私たちのほとんどはすでに成人しているクリスチャンであり、近代産業文明の世界のぶれることのない枠組みの中で、商取引について、キリスト教について、説教をすることや福音に生きることについて学んできました。あるキリスト教のグループでは、近代以前のものの考え方や、はてはライフスタイルまでも継続することによって、近代、そして言うまでもなくポストモダンから何とか距離を置こうとしてきています。しかし、クリスチャンとして半世紀以上も歩んできている私たちのほとんどは伝統的に、近代人として考え、感じる人々、特に進歩的な人々に届くようにと考えて、福音を明瞭に示してきています。これまでより幾らかでも余計に働き、これまでより幾らかでも頑張れば、すべてがうまくいくと考えている人たちに届くことを願ってきました。彼らが保持している近代の夢は、一つの神学へと形を変えていき、一種のペラギウス主義のようなものを支えてきました。つまり、「きちんと倫理的な生き方をして、自分の努力によって自分を救おう」という神学です。これこそが、マルティン・ルターが信仰義認の教理によって攻撃したものでした。ですから、私たちは恵みと信仰のメッセージを、ペラギウス主義に熱心になっている人々へ伝えてきたのです。このようにして政治的な考えや社会的な考えにも浸食されない、純粋に霊的なメッセージを告げてきたのです。

この地点から議論を始めるのが、適切でしょう。ペラギウス主義者に会ったならば、恵みの神学を説いたアウグスティヌスやマルティン・ルターについて教えてあげるとよいのだ、と。けれども、このようなアプローチには少なくとも二つの問題があります。

第一に、ここで述べられている「信仰義認」は、パウロ自身がこの表現であらわそうとした意味とは異なっている点です。これについては、別の機会に語ることにしましょう。[*2]

第二に、ポストモダンへと時代が移り変わっていくなかで、同時代に生きている人のほとんどが、もうすでにペラギウス的なものの考え方をしなくなっており、やがてだれもそのように考えなくなる点です。煙突に象徴される重工業経済を捨て去り、マイクロチップへと移った人々はどうでしょう。客観的な真理というものを否定して、自分自身の感情と衝動の世界を求める人々はどうでしょう。傲慢な啓蒙主義時代の「私」というエゴを捨て去り、脱構築された記号の塊を求める人々はどうでしょう。広大なメタ・ナラティヴも捨て去り、様々な交換可能な物語をもって遊ぶだけの人々はどうでしょう。このポストモダンの世界に生きている者たちは（私たち全員がそうなりつつありますが）、もはや「倫理的な生き方を努め、正しくあるようにしよう」とはならないのです。

彼らは、何によって正しくあろうとするのでしょうか。なぜこんなことに取り組まなければならないのでしょうか。そもそも「彼ら」とはだれのことなのでしょうか。動機、生きる意味、アイデンティティーといったものすべてが、ポストモダンの流砂によって地盤沈下を起こしているのです。

この課題に直面したとき、多くのクリスチャンはポストモダンの存在を否定しようとしました。ある人たちは今もなおその試みを続けています。自分たちにとって居心地の良い近代の世界、すなわち、意識しているにしろ、そうでないにしろ、近代主義的な福音を語ってきたこの世界を維持するためです。

多くの人は、文化的にも神学的にも、時計を戻して昔のような世界に帰りたいと願っています。しかしそれは、いくら願ってもかなわないことです。

この最後の二つの章を通して私が提案したいのは、ポストモダンからの批評を恐れるべきではないということです。ポストモダンは来なければならないものでした。私が思うに、ポストモダンは、傲慢な近代に対する必然的なさばき、あるいは自己批判としてのさばきなのです。私たちのなすべきことは、聖書的でクリスチャン的な立場に立って、自分たちの文化のうちに生まれたこの絶望の時を熟考することです。それは、この絶望の時を通り抜けて、向こう側へ出て行く道を見定めるためです。ですから、私はこの後、復活やエマオへの道の物語を語ります。それも詩篇四二篇と四三篇という詩の持つ視点に立った考察を通して進めたいと思います。

詩篇四二篇と四三篇

詩篇四二篇、四三篇と呼ばれている詩は、元来は一つの詩です。この詩は三つの部分で構成されています。それぞれは、ほぼ同様の素晴らしいフレーズをもって締められています。

「わがたましいよ
なぜ　おまえはうなだれているのか。

私のうちで思い乱れているのか。
神を待ち望め。
私はなおも神をほめたたえる。
御顔の救いを。」　（四二・五、一一、四三・五）

この詩には、偉大な祈りのことばが含まれています。その祈りは、自らの召しを考える私たちによく響いてきます。

「どうか　あなたの光とまことを送り
それらが私を導くようにしてください。
あなたの聖なる山　あなたの住まいへと
それらが私を連れて行きますように。
こうして　私は神の祭壇に
私の最も喜びとする神のみもとに行き
竪琴に合わせて　あなたをほめたたえます。
神よ　私の神よ。」　（四三・三～四）

この詩を手短に見て、その形式と主題を考えてみましょう。この詩全体は、神の臨在の前にあることの意味について語っています。明らかに、神の臨在をエルサレム神殿で経験した人によって歌われたものです。詩人は神に近づいたときの心の高まりを思い起こしています。ただし、それによってかえって深い痛みと喪失感が生まれてくるのです。今その場所にいないからです。

四二篇一節から五節において、彼は（現代的に言うならば）深刻な憂鬱《メランコリー》と呼ぶべき状態にあります。

「鹿が谷川の流れを慕いあえぐように
神よ　私のたましいはあなたを慕いあえぎます。
私のたましいは　神を
生ける神を求めて　渇いています。
いつになれば　私は行って
神の御前に出られるのでしょうか。
昼も夜も　私の涙が

私の食べ物でした。
『おまえの神はどこにいるのか』と
人が絶えず私に言う間。
私は自分のうちで思い起こし
私のたましいを注ぎ出しています。
私が祭りを祝う群衆とともに
喜びと感謝の声をあげて
あの群れと一緒に
神の家へとゆっくり歩んで行ったことなどを。
わがたましいよ
なぜ　おまえはうなだれているのか。
私のうちで思い乱れているのか。
神を待ち望め。
私はなおも神をほめたたえる。
御顔の救いを。」　（四二・一～五）

この人は、鹿が谷川の流れを慕いあえぐように、神を求めて渇いています。昼も夜も二十四時間、涙に暮れています。幸せな記憶さえも、彼をさらに落ち込ませるだけです。彼にできる唯一のことは、内面との対話でした。「わがたましいよ　なぜ　おまえはうなだれているのか。神を待ち望め。私はなおも神をほめたたえる」と。

続いて、四二篇六節から一一節において、詩人は神の臨在の中にいるとはどのようなものであったかを思い起こしています。

「私の神よ　私のたましいは
私のうちでうなだれています。
それゆえ　私はヨルダンとヘルモンの地から
またミツアルの山から　あなたを思い起こします。
あなたの大滝のとどろきに
淵が淵を呼び起こし
あなたの波　あなたの大波はみな
私の上を越えて行きました。
昼には　主が恵みを下さり

夜には　主の歌が私とともにあります。
私のいのちなる神への祈りが。
私は　わが巌《いわお》なる神に申し上げます。
『なぜ　あなたは私をお忘れになったのですか。
なぜ　私は敵の虐げに　嘆いて歩き回るのですか。』
私に敵対する者たちは
私の骨を砕くほどに　私をそしり
絶えず私に言っています。
『おまえの神はどこにいるのか』と。
わがたましいよ
なぜ　おまえはうなだれているのか。
なぜ　私のうちで思い乱れているのか。
神を待ち望め。
私はなおも神をほめたたえる。
私の救い　私の神を。」　（四二・六〜一一）

この人はエルサレムから遠く離れたところにいます。ヨルダンの地あるいはヘルモン山の上にいたのです。理屈の上では、神が自分と共におられることがわかっていましたし、神に祈ることもできましたが、それでも自分が神から遠く離れていると感じたのです。敵どもはみな彼を虐待し、人々もまた、神の臨在の明確な証拠がないので、彼を嘲ります。詩人はエルサレムに戻ることを切望しています。そこならば神の臨在と恵みを感じることができるからであり、人々が神への礼拝と賛美に没頭しているからです。そして再度、彼自身望みを抱くのです。「神を待ち望め」と自分自身に語るのは、単に望みを抱くこととは違います。しかし、自分自身に語ることしかできない彼にとって、何もしないよりはましなのです。

この一連の詩において三番目の、そして最後の部分である詩篇四三篇を見ると、詩人の抱えている問題がより明らかになってきます。詩人は、地理的に神の家から離れているだけではありませんでした。彼は、神にまったく敵対して生きている人々に取り囲まれているのです。

「神よ　私のためにさばいてください。
私の訴えを取り上げ

不敬虔な民の言い分を退けてください。
欺きと不正の人から　私を助け出してください。
あなたは私の力の神であられるからです。
なぜ　あなたは私を退けられたのですか。
なぜ　私は敵の虐げに　嘆いて歩き回るのですか。
どうか　あなたの光とまことを送り
それらが私を導くようにしてください。
あなたの聖なる山　あなたの住まいへと
それらが私を連れて行きますように。
こうして　私は神の祭壇に
私の最も喜びとする神のみもとに行き
竪琴に合わせて　あなたをほめたたえます。
神よ　私の神よ。
わがたましいよ
なぜ　おまえはうなだれているのか。
なぜ　私のうちで思い乱れているのか。

神を待ち望め。
私はなおも神をほめたたえる。
私の救い　私の神を。」　（一～五節）

敵は、不敬虔で欺きに満ちた不正な人々です。詩人は彼らを前にして無力さを感じ、神が自分を見捨てたのだ、と思っています。

この詩のどん底にあたるこの箇所で、詩人はこの詩全体をひっくり返す広大な祈りをささげます（四三・三）。「神の光とまこと」が自分を見いだし、神の家へ導いてくださるようにという祈りです。もう一度神の家へ戻り、神をたたえさせてくださるようにという祈りです。今、エルサレムから遠く離れた自分が、神のみもとに喜びをもって導かれていく必要を感じています。かつてイスラエルが荒野において、生ける神の臨在を奇妙な形で象徴する雲と火の柱によって導かれて行ったようにです。神の光とまことは、知的好奇心が刺激を受けたいときにだけ必要なものではありません。私たちの存在すべてが失われ、意気消沈して憂鬱になり、神に渇いているときにそれは必要です。そして詩人は、もう一度このフレーズに戻ります。「わがたましいよ　なぜ　おまえはうなだれているのか。……神を待ち望め。私はなおも神をほめたたえる。私の救い　私の神を。」

この詩を念頭に、新約聖書に進みましょう。ルカの福音書二四章一三節から三五節に描かれた「エマオへの道」での二人の弟子の物語を検討するにあたって、この詩が提供する言葉やイメージを、視覚的に言うならばその背景に、音楽にたとえるならばその伴奏に見立てて、検討を進めていきます。

エマオへの道

ルカを芸術家にたとえるならば、この物語は彼の残したものの中で最も卓越した作品の一つです。

13ところで、ちょうどこの日、弟子たちのうちの二人が、エルサレムから六
十スタディオン余り離れた、エマオという村に向かっていた。14彼らは、これ
らの出来事すべてについて話し合っていた。15話し合ったり論じ合ったりして
いるところに、イエスご自身が近づいて来て、彼らとともに歩き始められた。
16しかし、二人の目はさえぎられていて、イエスであることが分からなかった。
17イエスは彼らに言われた。「歩きながら語り合っているその話は何のことです

か。」 すると、二人は暗い顔をして立ち止まった。18 そして、その一人、クレ
オパという人がイエスに答えた。「エルサレムに滞在していながら、近ごろそこ
で起こったことを、あなただけがご存じないのですか。」 19 イエスが「どんな
ことですか」と言われると、二人は答えた。「ナザレ人イエス様のことです。こ
の方は、神と民全体の前で、行いにもことばにも力のある預言者でした。20 そ
れなのに、私たちの祭司長たちや議員たちは、この方を死刑にするために引き渡
して、十字架につけてしまいました。21 私たちは、この方こそイスラエルを解
放する方だ、と望みをかけていました。実際、そればかりではありません。その
ことがあってから三日目になりますが、22 仲間の女たちの何人かが、私たちを
驚かせました。彼女たちは朝早く墓に行きましたが、23 イエス様のからだが見
当たらず、戻って来ました。そして、自分たちは御使いたちの幻を見た、彼らは
イエス様が生きておられると告げた、と言うのです。24 それで、仲間の何人か
が墓に行ってみたのですが、まさしく彼女たちの言ったとおりで、あの方は見当
たりませんでした。」 25 そこでイエスは彼らに言われた。「ああ、愚かな者たち。
心が鈍くて、預言者たちの言ったことすべてを信じられない者たち。26 キリス
トは必ずそのような苦しみを受け、それから、その栄光に入るはずだったのでは

ありませんか。」 27それからイエスは、モーセやすべての預言者たちから始め
て、ご自分について聖書全体に書いてあることを彼らに説き明かされた。
28彼らは目的の村の近くに来たが、イエスはもっと先まで行きそうな様子で
あった。29彼らが、「一緒にお泊まりください。そろそろ夕刻になりますし、日
もすでに傾いています」と言って強く勧めたので、イエスは彼らとともに泊まる
ため、中に入られた。30そして彼らと食卓に着くと、イエスはパンを取って神
をほめたたえ、裂いて彼らに渡された。31すると彼らの目が開かれ、イエスだ
と分かったが、その姿は見えなくなった。32二人は話し合った。「道々お話しく
ださる間、私たちに聖書を説き明かしてくださる間、私たちの心は内で燃えてい
たではないか。」 33二人はただちに立ち上がり、エルサレムに戻った。すると、
十一人とその仲間が集まって、34「本当に主はよみがえって、シモンに姿を現さ
れた」と話していた。35そこで二人も、道中で起こったことや、パンを裂かれ
たときにイエスだと分かった次第を話した。

（ルカ二四・一三～三五）

まず、ルカがここで描写している出来事において、いったい何が起きているのかを考えなければなりません。それは最初のイースターの日の午後に起きました。あらゆる類

の奇妙なことがこの朝に起きていて、弟子たちは、依然としていったい何が起きているのかをつかめずにいました。その日一日が過ぎていき、二人の弟子がエマオの家に向かって出発しました。彼ら二人に、見知らぬ不思議な人が加わり、エルサレムで起きた出来事についての会話が進みました。この部分を歴史的に理解しようとするならば、二一節に述べられている最も重要な点を把握することが必須となります。「望みをかけていました」と弟子たちは言いました。「この方こそイスラエルを解放する方だ」と。

この言葉は、どこからやってきたのでしょうか。彼らの抱えていた問題はいったい何だったのでしょうか。

弟子たちはある物語を生きてきました。それは、彼らのものの見方を支配している物語《ナラティヴ》です。この物語は、歴史上の先例と、預言者たちによる約束と、そしてもちろん詩篇の歌で構成されていました。この物語の背景には出エジプトがあります。出エジプトの後も、イスラエルの民を神が様々な外国勢力の支配から解放しました。これらの物語《ナラティヴ》は幾層にも積み重なって、すべてが同じ方向を指し示しています。外国勢力からの抑圧が最高潮に達したとき、イスラエルの神はそこに介入し、イスラエルをもう一度解放するのです。

「わがたましいよ
なぜ　おまえはうなだれているのか。
私のうちで思い乱れているのか。
神を待ち望め。
私はなおも神をほめたたえる。
御顔の救いを。」　（詩篇四二・五）

すでに見たように、一世紀のほとんどのユダヤ人たちは特に、捕囚が完全に終わったとは考えていませんでした。偉大な預言の約束は、まだ完全には成就されていなかったのです。イスラエルは依然として「贖い」を必要としていました。「贖い」は、出エジプトを明らかに示す彼らの暗号です。出エジプトは、契約が守られた偉大な瞬間でした。彼らに今必要なのは、その契約の刷新でした。

この特定の状況の中でユダヤ人たちが詩篇四三篇を祈っていたことを思い浮かべることができるでしょう。

「神よ　私のためにさばいてください。

私の訴えを取り上げ
不敬虔な民の言い分を退けてください。
欺きと不正の人から　私を助け出してください。……
どうか　あなたの光とまことを送り
それらが私を導くようにしてください。……
わがたましいよ
なぜ　おまえはうなだれているのか。……
神を待ち望め。」　（一〜五節）

このようにして旧約聖書は、イエスとその時代の人々に対して、「結末を探し求めている物語」を提供しました。イエスの弟子たちは、その結末がイエスとともに起こると思っていたのです。ところが、それは起こりませんでした。

彼らは、どのようにしてその結末が起こると考えていたのでしょうか。イエスの時代前後数百年のメシアと預言者に関する活動《ムーブメント》がどのようになされたかを見ると、かなりはっきりとした流れが浮かび上がってきます。結末はいたってシンプルに起こります。聖なる民であることの厳守と、神と律法への熱心と、軍事的な反乱によってです。神を味方につけた聖なる残りの民たちが異教徒の勢力を打ち破るのです。そのようにいつも聖書に約束されてきました。そのことを彼らは信じていました。大いなるクライマックスが来るとき、イスラエルの神が全世界の王となるとき、そのことが起こるのです。「私たちは、この方こそイスラエルを解放する方だ、と望みをかけていました」(ルカ二四・二一)。彼らは、詩篇が語っているとおりのことを実践していました。「神を待ち望め。私はなおも神をほめたたえる。御顔の救いを。」

したがってイエスの十字架は、彼らの望みを完全に、そして最終的に打ち砕くものとなりました。この方がイスラエルを解放するのだと考えていた自分たちこそが間違っていたということに、十字架を通して遅ればせながら気づいたのです。十字架にかけられた者は神ののろいの下にあることを、弟子たちが申命記から知ったというだけにとどまりません。あるいは、彼らがイエスの贖いの死という神学を十分に理解していなかったというだけにもとどまりません。彼らにとって十字架は、政治的な意味合いだけでなく、きわめて神学的な意味をも持っていたのです。つまり、捕囚はいまだ続いており、神はイスラエルの罪をまだ赦しておらず、異教の外国勢力が依然として世界を支配していることを、十字架は意味していました。贖いに対する彼らの飢え渇き、つまり「神の光とまこと」が来て、彼らを導いてくれることに対する飢え渇きは、いまだに満たされていませんでした。もしルカの福音書二四章の根底にあることを理解したいと望むのでしたら、これまで述べてきたことすべてを歴史家としてしっかり把握しておかなければなりません。

このことがわかれば、二人の弟子たちがなぜそれほどまでに熱心に論じ合っていたのかも、当然説明することができます。自分たちを自由へと導くと思っていた道を歩んでいたのに、突如行き止まりに突き当たってしまいました。彼らがこの見知らぬ旅人に説明したように、すべてのしるしはそれまで正しかったのです。つまり、ナザレのイエスは確かに、行いにもことばにも力のある預言者でした。神は確かにイエスと共におられ、人々もイエスのことを認めていました。イエスは確かに、物語がクライマックスに達するために遣わされた方であり、この方によってイスラエルは解放されるはずだったのです！

なぜ彼らは誤解してしまったのでしょうか。祭司長や指導者たちがこの方を死刑に定めたことが示しているように、彼らはやはり誤解していたのでしょうか。

ところが今、混乱がさらに広がることになりました。イエスの遺体が消え、天使を目撃したという奇妙な知らせのためです。こうしたことは、彼らが希望として抱いてきたこととは何の関係もありません。弟子たち二人が感じていた深い悲しみと失望の上に、さらに戸惑いを加えるものでした。この物語に出てくる二人の弟子は、ある学者たちがイースターの日について語っているのとは異なり、十字架の場から逃げ出してしまったことに罪悪感を抱いてはいません。彼らは悲しみ、失望し、おそらくは怒りさえも覚えていたのでしょう。「私は神に向かってわが岩よ、と祈ってきた。なぜ神は私を見捨てられたのか。なぜ私は、敵に打ち負かされて、このように嘆き悲しみながら歩いているのだろうか」と。

見知らぬ旅人からの答えは、「物語をまったく違った角度から語る」ものでした。そしてこれまで彼らの目からは覆い隠されていた、歴史上の実例と預言者たちによる約束と詩篇の祈りの中に一貫して存在しているテーマとパターンを、彼は示したのです。

エジプトにおいてイスラエルの苦しみが大いに増して民の叫びに変わったとき、贖いが起こりました。イスラエルが苦しみの中から主に向かって叫んだとき、主はイスラエルの救いのためにさばきつかさたちを起こされました。アッシリアがイスラエルを攻めてエルサレムを包囲し、町がまさに落ちようとするとき、主はアッシリア軍を他の所に向かわせました。敵からの抑圧のゆえにイスラエルが意気消沈したり嘆き悲しんだりしたとき、イスラエルの神は行動を起こして、荒野における雲と火の柱のようにイスラエルを導く「光とまこと」を送ってこられました。

アッシリアの成し遂げられなかったことがバビロンに引き継がれ、そしてさらに他の異教の帝国に引き継がれていき、今やこの抑圧がローマ帝国でクライマックスに達しています。預言者たちはこの暗闇を指して、まさにこの暗闇を通してこそ贖いが来ると宣言しました。イスラエルは絞り込まれて少数となり、残りの者《レムナント》、神のしもべ、大きな獣たちに襲われる人の子と呼ばれています。この少なくなった小さな集団が、猛威を振う大水の中でも溺れず、火の中を通っても焼かれず、生き続けます。しかしなぜか奇妙なことに、ヤハウェの計画によれば、イスラエルの救いとイスラエルを通しての世界全体の救いは、最も激しい苦しみを通してもたらされるのです。そしてついに捕囚の縄目は解かれ、歴史の中でなされたわざとして、罪は赦され、神と人の契約は更新され、神の国が最終的に到来するのです。

このようにして物語は進行していきます。これこそが、預言者たちがこれまでずっと語ってきた物語《ナラティヴ》です。確かに、旧約聖書は、クライマックスに向かって進んで行く物語《ナラティヴ》として読まれるべきものでした。単なる寄せ集めの文書ではなく、一部のテキストを引用して自分の主張を補強するためのものでもありません。ただし、この物語は、イスラエルが敵を打ち負かして、この世界の最強の権力者になっていくための物語ではありません。創造主である神、またイスラエルと契約を結んだ神が、イスラエルの苦しみとその正しさが立証されることの両者を通して、全世界の救いの目的をどのようにして実現していくかという物語なのです。

「それからイエスは、モーセやすべての預言者たちから始めて、ご自分について聖書全体に書いてあることを彼らに説き明かされた」（ルカ二四・二七）。これはいわば、自分がメシアであることを、それに合致する聖句を引用しながら証明してみせたということではありません。これは聖書全体の物語《ナラティヴ》、その完成されたストーリー展開、祈りと希望がつくり出した世界を指しています。ただしこの物語《ナラティヴ》は、世界を救う神の約束の担い手であるイスラエルに焦点を当て、イスラエルの全運命の担い手である残り《レムナント》の者に焦点を当て、最終的には、残り《レムナント》の者の働きのすべてが委ねられた、イスラエルの真の王であるたった一人の方に焦点を当てるのです。その方こそが、「神に仕えるしもべの民」に仕える究極的なしもべでした。イスラエルと世界ができなかったことを彼らのために成し遂げたのです。

したがって、このエマオへの道にいる二人の弟子たちの心が鈍く、預言者らを信じなかったのは、ただ単に霊的な目が閉ざされていたからというだけではありません。旧約聖書の物語を間違った形で語り、その間違った理解のもとに生きてきたからです。しかし今や突然に、彼らの頭と心に正しい物語が与えられました。そして新たな、とてつもない大きさの、息を飲むほどに驚きに満ちたような可能性が、彼らの目の前に出現し始めたのです。

たとえて言うならば、これまで鍵が鍵穴にうまく合わなかったのは、間違ったドアを開けようとしていたからです。イエスの十字架の死は、彼のメシアとしての召しを反証するものではなく、それに確証を与えるものであり、クライマックスなのです。十字架は、異教がイスラエルの民に勝利したことの新たな一例ではなく、悪を一度限りで徹底的に打ち負かした神の手段です。結局のところ、どのようにして捕囚が終焉を迎えるように計画されていたのか、どのように罪が赦されるのか、どのように神の国が到来するのかを、十字架はあらわしていました。そして、神の民を神の臨在のもとに予期しない形で導く「神の光とまこと」がどのようなものであるかを、十字架はあらわしていたのです。

このような奇妙なことを徐々に認識し始めたとき、一行は目的の村に着きました。彼らはこの見知らぬ旅人に、一緒に泊まるように頼みます。するとこの人は、逆に二人を招いた主人であるかのように、パンを取って祝福し、裂きます。すると、そのとき二人は、この人がイエスであるとわかったのです。そしてイエスは、彼らの前から姿を消し味がたちまちのうちに理解できるようになったのです。「道々お話しくださる間、私たちに聖書を説き明かしてくださる間、私たちの心は内で燃えていたではないか」(ルカ二四・三二)。互いにこのように証言し合った二人は、すぐさまエルサレムに行って仲間たちに伝えたいという情熱へと導かれていきます。エルサレムに戻ってみると、この知らせを携えて来た二人は、十一人の使徒たちからも知らせを聞くことになります。「本当に主はよみがえって、シモンにお姿を現された!」二人は、エマオへの道で起こったことや、パンを裂いたときにそれがイエスであるとわかったことなどを話しました。

何が起きたかに気づきましたか。

彼らの祈りが応えられたのです。その切願がかなえられたのです。彼らは神の聖なる丘に戻り、神の住まいに帰ったのです。神の光とまことが彼らを導き帰したのです。そして、彼らの悲しみは賛美に変えられたのです。

もちろん私たちは、何が起こったかという「ありのままの事実」だけを語っているわけではありません。結局のところ、「ありのままの事実」などというものは、少なくともこのような物語においては存在しません。重要なのは、物語をどのような角度から語るか、です。

私たちはここまで、弟子たちにずっと焦点を当てて考えてきました。それでは少し焦点を変えて、著者であるルカがこの物語を通して何をしたかったのかを考えてみましょう。

ルカがさらに広いキャンバスに描いた「エマオへの道」

最初に指摘しておきたいのは、イエスの十字架と復活において旧約聖書がまさに成就したということをルカが強調している点です。二四章は三つの段落に分けることができ、それぞれの段落を理解する手がかりは、七節、二六～二七節、四四～四五節にあります。これらの箇所でルカが強調しているのは、これまで語ってきた物語がモーセと預言者たちと詩篇によって告げられた物語の大いなるクライマックスであると考えるべきであるという点です。このように考えて初めて、すべての意味が理解できますし、こう考えないかぎり、ルカの語ってきた物語の意味を理解することはできません。つまり、モーセと預言者たちと詩篇は、創造主である神がその民イスラエルを通してどのように世界を救うのかについての物語なのです。そして、この神の救いの御業は今やイエスというメシアにはっきりと焦点を当てたのです。

ここでは、様々な特徴の中の一つだけを扱うことにしましょう。ルカの福音書二四章の中心的な物語である「エマオへの道」の語り口は、この物語を創世記三章と比較対照しながら学ぶことへと私たちを招いています。人とその妻は園にいて、神の創造された新しい世界で、神のかたちをあらわす存在としての働きを始めています。彼らの働きは、神の愛と配慮と賢明な秩序を、被造物全体にもたらすものでした。妻は、食べることが禁じられていた木の実を取り、アダムに渡し、二人はそれを食べました。「こうして、ふたりの目は開かれ、自分たちが裸であることを知った」（創世三・七）。そして彼らは悲しみと恥の中、この過ちの責任はだれにあるのかと争い始め、茨とあざみに満ち、それゆえ人々を悩ませる世界への一歩を進み始めました。

この二人の物語が今や逆転したのだとルカは語りたいのです。私は、エマオへの道の二人の弟子がクロパとマリアの夫婦であった考えています（ヨハネ一九・二五）。この二人の世界に満ちている茨とあざみは彼らの頭を悩ませるのに十分です。二人は悲しみと恥の中に沈んでいました。その希望がずたずたに裂かれたからです。イエスによる驚くような聖書の説き明かしを聞いていくうちに、二人は自分の家に着きました。そこでイエスはパンを取って祝福し、これを裂きます。「すると彼らの目が開かれ、イエスだと分かった」（ルカ二四・三一）（この表現をギリシア語で見ると、創世記三章七節の「ふたりの目は開かれ」というギリシア語七十人訳に非常に近いものです)。ここで目を開かれることによって二人は、世界を回復するという神の計画を先取る者となりました。つまり、神のかたちを持つ者たちが、神の赦しの愛と賢明な秩序（それは神の国ということですが）を全被造物へと行き渡らせていくという計画に彼らは加わったのです。アール・エリスは注解書の中で、エマオにおける食事は、ルカの福音書の中の八番目の食事の場面であり、最後の晩餐は七番目の食事であると指摘します。最初の創造の一週間は終わり、イースターは新しい創造の始まりの日なのです。*3 神の新しい世界の秩序が到来しました。捕囚がついに終わったのです。イスラエルが経験した実際の、そして霊的なバビロン捕囚が終わったわけではありません。人類の捕囚、つまりエデンの園からの追放状態が終焉を迎えたのです。新しい世界の秩序は、人々がこれまで考えてきたようなものとは違います。しかし彼らは、神の国が今ここにあるという事実と、自分たちがその恩恵にあずかる者というだけでなく、使節であり、証人でもあるという事実に慣れなければなりませんでした。

この新しい世界のうちにあるとき初めて、イエスが何者であるかを新たに認識することができます。ルカはエマオの物語と、福音書のいちばん最初に出てくる神殿における少年イエスの物語で福音書全体を挟み込んでいます（ルカ二・四一～五二)。二章の物語は、村全体が過越の祭りのためにエルサレムへと上って行ったときの出来事です。祭りが終わったとき、イエスの両親は家族や友人たちみなとともに、家に向かって出発しました。ところがやがて両親は、イエスがいないことに気づき、パニックに陥ります。そこで彼らはエルサレムに急いで戻り、三日間かけてイエスを捜すのです。ついにイエスを見つけます。彼は神殿にいました。そのときイエスは言うのです。「どうしてわたしを捜されたのですか。わたしが自分の父の家にいるのは当然であることを、ご存じなかったのですか」(四九節)。しかし両親には、イエスの言ったことの意味を理解することができませんでした。

この挟み込みを通してルカは何をしたのでしょうか。数十年後の過越の祭りの後のこと、二人の人がエルサレムから去ろうとしていました。彼らは三日間苦悶の中で待っていました。そして、ついに町を出たのでした。今回は、イエスが一緒にいましたが、二人にはそのことがわかりませんでした。イエスは彼らにこう言ったのです。「あなたがたは知らなかったのですか。この方法が本来なされるべきやり方であることを」と。そして今や二人の目は開かれて、イエスだとわかったのです。そして二人は喜びに溢れて、エルサレムに駆け戻って行きました。

福音書の残りの部分をこのようにして挟み込むことによって、ルカは私たちに詩篇四

二、四三篇を地上の歴史の中で具体的に実演しているのです。ルカの福音書二章においては、マリアとヨセフの二人は、道の途中にあって神を求めて渇いているのに、神を見いだすことができませんでした。嘆きと涙の中で生きており、エルサレムから離れていました。ルカの福音書二四章に登場するもう一組の夫婦もまた、同じように悲嘆の中にありました。しかし、「神の光とまこと」がイエスという人のうちにあらわされ、聖書が説き明かされて、パンが裂かれています。そして二人は神の都であるエルサレム、希望と約束の場所に導かれて戻るのです。ルカの福音書の最後のことばは、詩篇四三篇四節の引用です。「彼らはイエスを礼拝した後、大きな喜びをとともにエルサレムに帰り、いつも宮にいて神をほめたたえていた」(同五二～五三節)。

エマオ途上で、文字どおり、また比喩的に彼らを導く「神の光とまこと」がやって来たのです。そして彼らを神の臨在のもと、すなわち希望が喜びに、嘆きが踊りに変わる場所に導きました。

いったいどのようにして、これは実現したのでしょうか。メシア自らが苦しみを受け、イスラエルと世界全体の深い嘆き悲しみを経験したからです。メシアは敵によって捕らえられ、虐げられました。彼は、詩篇四二、四三篇の三つの部分で繰り返されていることばをゲツセマネにおいて祈ったのです。「わたしは悲しみのあまり死ぬほどです。」

そして十字架の上で、詩篇四二篇九節を自分の身であらわしたのです。「私は　わが巌なる神に申し上げます。『なぜ　あなたは私をお忘れになったのですか。』」　イエスは苦難のイスラエルのために、苦難のイスラエルそのものとなりました。イエス自身が捕囚の身となったのです。イスラエルの捕囚、園を追われた人類の捕囚、全宇宙の捕囚を自ら負ったのです。捕囚の身にあるものすべてを贖うためです。そして、捕囚の身となることによって、十字架で、復活において、そしてイースターの朝に詩篇四三篇三節を体現しました。何千年の祈りに対する答えとして、神の臨在から現れて、神の民をその聖なる山と住まいへ導きます。そして彼らを涙のあるところから希望と喜びの溢れる場所へと戻してくれるのです。

この物語のどこに「神の光とまこと」があるのでしょうか。道の途上ではわからないように隠されていましたが、弟子たちに聖書を理解させ、パンを裂くなかで不思議な形で自らを知らせたのです。そして「神の光とまこと」が自らを知らせたからこそ、荒野の雲と火の柱のように神の光とまことがそこにあったのだという告白に、私たちは導かれるのです。それも前の金曜日の午後、カルバリの荒地に、あのエルサレムの城壁の外に、園の外に、涙の場所に、神がその御顔を永遠に隠してしまわれたように思われる場所に、神の光とまことがあったという告白へと導くのです。

ルカがエマオへの道の物語で語っている最後のポイントは、すでに述べてきた中心的な象徴《シンボル》と関係しています。その象徴《シンボル》はエマオへの道の物語《ナラティヴ》の核心に置かれていて、慎重に繰り返されています。パンを取って神をほめたたえ、裂いたとき（二四・三〇）、それがイエスだとわかりました。ルカは後に、二人の弟子たちが興奮して、このことを告げていると記しています。彼らはまず、エマオ途上で起こったことを伝えました。読者である私たちはすでに知っているように、そこでは聖書全体が見事に講解され、神の物語が再び語られたのです。そして、その人がパン、を、裂いたとき、、目の前にいるのがイエスであることがわかったと彼らは伝えました。

よほど勘が鈍くないかぎり、ここでルカが語っていることを見逃すことはないでしょう。これ以前にイエスがパンを裂いたのは、言うまでもなく最後の晩餐においてです（二二・一九）。ルカが教会の様子を最初にまとめたのは、使徒の働き二章四二節です。「彼らはいつも、使徒たちの教えを守り、交わりを持ち、パンを裂き、祈りをしていた。」このまとめの中にも、「パンを裂き」という表現が入っているのは、「裂く」という表現に特別な意義があるからです。ルカの福音書を最初に聞いた人たちは、「聖書の説き明かし」と「パン裂き」、みことばと聖礼典、物語と象徴《シンボル》が初代教会の歩みの中心であり、規範となるしるしとして一つにまとめられていることに気づいたでしょう。ルカは、「私たちの心は内で燃えていたではないか」と言っていますが、聖書が説き明かされて真実の物語が語られ、そしてパンが裂かれて主の姿が示されたとき、心が燃えるのです。この二つは一つです。互いに解釈し合って、共に新たな世界、新しい使命、神の国、そしてイスラエルの歴史のクライマックスであり、今や世界の主となったイエス自身を指し示しているのです。

それでは、ルカは旧約聖書の物語全体をどう読み直しているのでしょうか。このことを検討することを通して、詩篇四二篇と四三篇をクリスチャンとしてどのように読むことが可能かがわかってきます。神がご自身の民とともに住むと約束された場所である神殿は、静かにではありますが、決定的な意味でイエス自身に置き換えられました。神殿における礼拝は、イエスの名によってパンを裂く行為に置き換えられたのです。

「わがたましいよ
なぜ　おまえはうなだれているのか。
なぜ　私のうちで思い乱れているのか。
神を待ち望め。」　（詩篇四二・五）

このことばのとおり、待ち望むのです。ことばが人となった方を、ゲッセマネで涙を流し、十字架で神に見捨てられた神を、エマオ途上で見知らぬ旅人としてあなたのもとに来た神を、あなたを聖なる山と神の臨在の場所へと導く光とまこととして来た神を、敵の前であなたに食卓を整えてくれる神を。パンを裂くことによって自身を現した神を。

「この神を待ち望め。
あなたはなおも神をほめたたえる。
あなたの救い　あなたの神を。」

エマオからドーヴァー海岸へ

これらのことから、ポストモダンの世界におけるクリスチャンの宣教《ミッション》について、何が言えるのでしょうか。この章の最初に述べたことをもう一度振り返りましょう。私たちが現実と呼んでいたことが、それほどのものではないし、つまり、厳然たる事実と考えてきたことがだれかのプロパガンダであったことがしつこく言われてきました。一八世紀から二〇世紀の西洋社会において、特に一部のキリスト教信仰の世界において尊重されてきた自律的自我が、脱構築されて、様々な力や動きの騒乱にすぎないことが明らかにされ、私たちは戸惑っています。キリスト教近代思想を含む近代思想がこの世界を秩序立てるためにこれまで用いてきた、ものの見方を支配する物語をポストモダンが破壊していくさまをも見てきました。残されたものは、ポストモダンが提供する仮想的なビュッフェ形式、すなわち「あなたが欲しい世界観を選んで生きていってください」という生き方です。

このような世界に向けて、イエスの福音をどのように語ることができるでしょうか。正しい教理を勢いよく浴びせかければいいでは、もう通用しません。そんなことをしても、人々を傷つけて、そして去らせてしまうだけでしょう。ただし、このような状況が決して悪いというわけではありません。福音宣教は教理を人々の頭に注ぎ込むようなものではないからです。福音宣教は、もっと包括的な方法でなされていくべきです。つまり、実践と象徴《シンボル》と物語によってなされるべきであり、さらにいくらか近代的な言い方をすれば、〝単刀直入〟な〝真理〟の説き明かしによってもなされるべきなのです。

聖フランシスコが弟子たちを派遣する際に与えた指示が思い出されます。「福音をあらゆる方法で宣教しなさい。そしてもし本当に必要なら、言葉を使ってもよいでしょう」という教えです。史上最高のバレリーナの一人と呼ばれている方のことを考えるたびに、象徴《シンボル》を実践するときの力は言葉を遥かに超えることを思い起こします。彼女が素晴らしい演技をしたあとに、ある人が厚かましくもその踊りの意味を尋ねたそうです。彼女の答えはとてもシンプルなものであり、それはポストモダンの世界における私たちの宣教《ミッション》を考えるとき、多くのことを教えてくれるものでした。「もしそれを言葉で言うことができるなら、踊る必要はないでしょう。」

ポストモダンが近代文化の死という役割を果たしているとしたら、私たちの多くは、自分たちがエマオ途上にある弟子たちのようであることに気づくのではないでしょうか。西洋に生きるクリスチャンは、近代にかなり入れ込んでいたために、その近代が瀕死の状態にあり、遅かれ早かれ完全な死を迎えることにショックを受けています。だからこそ、エマオ途上で出会う見知らぬ旅人に耳を傾けることを学ばなければなりません。何が起こったのか、どのような形で新たな世界が生まれようとしているのか、この旅人は教えてくれるからです。そして私たちは、この世界の助産師になるように召されています。

ポストモダンからの挑戦《チャレンジ》に対する答えは、近代の胸に、涙しながら飛び込んで行くことではありません。むしろポストモダンの中にあって、近代の愚かさや失敗、その自己中心的な傲慢さに対する神のさばきを聞き、その向こう側にある神の新しい世界への復活を捜し始め、そのために祈り、労することです。私たちは、文化の大きな分岐点にいます。ポストモダンの世界におけるクリスチャンの宣教《ミッション》は、世界が正しい道へ進むよう教会が主導権を取っていくことです。

したがって、クリスチャンとしての実践の本物に生きることを含む宣教《ミッション》に身を慣らしていかなければなりません。クリスチャンの実践は、キリストにある神の愛が私たちの内側に注ぎ込まれ、また私たちを通して外へと流れ出ることから本来はできているからです。これが本当に実践されていくなら、ポストモダンからの批評、すなわちあらゆる真理の主張を色眼鏡で見て、それに対して疑義を呈する「懐疑の解釈学」の打撃を被ることはありません。私たちは、神・イスラエル・イエス、そしてこの世界の物語を語ることに身を慣らしていかなければなりません。この物語は、癒しと自己犠牲の愛の物語であり、真のメタ・ナラティヴです。さらに、キリストと共に本当に死んでよみがえった者として生きることに身を慣らしていかなければなりません。そうすれば、この世が押しつけてくる主張によってではなく、神の霊によって、一度は徹底的に脱構築された自分自身がもう一度組み合わされていくのです。

この物語にとらえられていることに気づくならば、人生をこのメタ・ナラティヴの象徴《シンボル》によって再び秩序づけることを学ぶでしょうし、その結果使命へと繰り返し召されていくでしょう。この使命は真理の一翼を担っています。物語・象徴《シンボル》・実践が私たちの歩みの中で一つになっていくとき、そして失望から賛美へという詩篇四二、四三篇を順に経験していくとき、私たちは神を理解するようになるのです。悲しみに打ちひしがれてエマオへの道を歩いていても、聖書が開かれるときに心が内に燃えることに気がつき、パンが裂かれるときに目が開かれてキリストのうちに神が臨在することに気づき、私たちは神を理解するようになるのです。そして私たちの足は一瞬のうちに力を得て、出て行って、人々に良い知らせを告げるのです。

以上のことから、現在の西洋世界にある文化的な危機は、取るに足りない一時的な現象だといって無視するのは間違っている、と私は考えます。ポストモダンは、取るに足りない短命の現象であると言われることがあります。しかし、近代の傲慢さに対するポストモダンの厳しい批評は（クリスチャンの近代主義者も含めて）、的を射ています。「ポストモダンなど本当は起こっていない」というふりをしてはなりません。どんな形であれ近代にすがりつくならば、ポストモダンの破壊的な力を、見て見ぬふりをしてやり過ごすことになります。それはあたかも、二人の弟子が「イエスは十字架にかかっていない」と思い込もうとするようなものです。まだイエスはどこか近くにいる、すべてはうまくいっていて、極悪非道のローマ帝国の兵士たちがイエスを殺してはいないと思い込もうとしているようなものです。これまでの夢にしがみつくことは、それはそれでよいことかもしれません。しかし、それは嘘を生きようとするようなものであって、真理に生きているのではありません。兵士たちがイエスを実際に殺したと認めることは、彼らを見て見ぬふりをすることでも、悪魔の仲間になることでもないのです。それこそが真理を真理として受け入れることです。

しかし、キリスト教の世界観をポストモダンそのものから生み出すことはできません。自分の文化と時代の中で、復活と等価なものを見いだしていくべきです。カトリックであれプロテスタントであれ、ファンダメンタルであれリベラルであれ、近代が提示してきた心配不要の確実性に戻ることはできません。前へと進むこと、つまり、神の物語が新たに語られている世界へと進むことしかできません。イエスの十字架の死と復活を語る象徴《シンボル》を手に、へりくだって福音を実践しつつ進むのです。文脈は幾層にも重なっていますが、そこで新たに考え、新たに論じ、新たな知的理解をもって進んで行くのです。

「ああ、愚かな人たち。神がなしてこられたことを理解できない、心の鈍い人たち。近代主義に基づくキリスト教は、必ず死ぬはずではなかったのですか？　それは、真理が教理や理論としてではなく、ある人の人格として、そしてその人を内に宿す人々の人格として、新たにその片鱗を見せるためではなかったのですか。」

ポストモダン後の世界（ポスト・ポストモダン）形成の最前線にいることが、クリスチャンのなすべきことであると理解するのに、多くの時間がかかっています。六〇年代にあった個々の実在論的不安が、九〇年代には共同体の、そして文化的な不安になりました。六〇年代には個々が協力できませんでしたが、九〇年代には社会をまとめることができなくなったのです。これに対するクリスチャンの応答はどのようなものでしょうか。

クリスチャンは「神の愛」と答えます。死を経験したうえで、それを越えて向こう側へ行くのが「神の愛」です。ポストモダンの方程式には、言うまでもなく愛が欠けています。あらゆるポストモダンは極端な「懐疑の解釈学」という特徴をもっており、この解釈学は本質的に虚無主義《ニヒリズム》です。しかし、人を癒したり、つくりあげていったりする愛の可能性をまったく否定しています。イエスの十字架と復活に、答えを見いだすことができます。世界を創造した神は、自己犠牲の愛という形でご自身を啓示されました。「懐疑の解釈学」はその愛に触れることさえできません。なぜなら、「神の愛」において自己は自らをささげることによって自らを見いだしますし、物語は他者を操ることをせず、むしろいつも癒しと再創造を行い、リアリティーは認識が可能なものであるからです。そしてリアリティーを知ることによって、知識の新しい次元、つまり、愛し、愛されることの新しい次元を発見するのです。

新しい千年紀が緩やかに始まったこのとき、このメッセージが本当に必要となる世界に、それを宣言する機会が私たちに到来しています。これこそが私たちの使命である、と私は信じます。つまり、物語を語り、象徴《シンボル》によって生き、実践をするのです。さらに、この神の世界において私たち自身が生き、宣教《ミッション》を果たすことによって、これまでは不明瞭にささげられていた祈り、それも当惑しきっていた一人の詩篇の記者の祈りだけでなく、今や人類全体と神に造られたものすべての祈りへの答えに私たち自身がなることによって、投げかけられてきた問いに答え、私たちの使命を成し遂げるのです。

「どうか　あなたの光とまことを送り
それらが私を導くようにしてください。
あなたの聖なる山　あなたの住まいへと
それらが私を連れて行きますように。」

（詩篇四三・三）

私たちは、現代世界における真理の崩壊という危機的状況の中にあります。しかし、この「光とまこと」にとらえられ、イエス・キリストの御顔にある神の栄光にとらえられたならば、いまだ戸惑っている世界と、私たち自身のうちにある部分に向かって、私たちはこう言うことができます。「わがたましいよ。なぜ、おまえはうなだれているのか。思い乱れているのか。」これらのことは必ず起こるはずではなかったのですか。」「神を待ち望め。私（たち）はなおも神をほめたたえる。御顔の救いを。」これらのことを単に言葉によってではなく、行いによっても語ります。具体的な方策をもって、象徴的な実践をもって、神の癒しの愛を行動によって明らかにしていくのです。

エマオへの道の物語を再び想起させる一つのたとえでこの章を終わることにしましょう。近代の世俗主義の有名な象徴《シンボル》の一つである、マシュー・アーノルドの「ドーヴァー海岸」（Dover Beach）〔邦訳、『イギリス名詩選』平井正穂編、岩波書店〕という詩を背景としたたとえです。「ドーヴァー海岸」でアーノルドは、自身の生きた一九世紀後半の視点から、「信仰の海」と彼自身が呼ぶものの干上がってしまった姿を描いています。潮が引いてしまったので、遠く離れた海からの「愁《うれ》いをおび、陰にこもった長い唸《うな》り声」しか聞くことはできません。「無知の軍隊」が「夜陰に乗じて激突」する暗闇の中に私たちは置き去りにされているのです。実に預言的な詩です。良識ある、信仰者ではない二人が、家へ帰ろうと共に歩いています。彼らは二一世紀初頭の世界を理解しようとしていました。進歩と啓蒙主義の夢は、潮が引くように消え去りました。周知のとおりです。ポストモダンの批判が、この世界に向けて警笛を鳴らしています。

信仰者ではないこの二人は、ドーヴァー海岸への道を歩いています。これからどのようになっていくのか熱心に話しています。たくさんの人々の人生の指針となってきた物語の数々は、私たちをどれほど失望させたことだろうか。私たちの持っている非常に曖昧な文化的象徴《シンボル》を、どのように取り替えたらよいのだろうか。あらゆる面で進歩していくという夢が「バベルの塔」のように倒された現在の世界で、私たちはいったい何をしていくべきなのか。

この会話の中に、イエスが知らないうちに入り込んできました。（イエスだとわからなかったのは良いことです。なぜなら、近代は彼らに「どんな宗教も信じてはならない」と教えてきたからです。そしてポストモダンが多くのことを修復した結果、イエスは大勢いる「教祖」の一人とはなりました。）イエスは二人に聞きました。「いったい何を話しているのですか？」　彼らは立ち止まり、悲しそうな顔をしました。

そして、一人が口を開きました。

「二〇世紀が悲劇的な時代だったことを知らないのは、この町であなただけではありませんか。ニーチェ、フロイト、マルクスが言ったとおりです。戦争を終わらせるために戦争を始め、そしてこれまでずっと戦争を繰り返してきました。性の革命を起こしましたが、今やＨＩＶウィルスが蔓延し、どの時代よりも家族を持たない人たちが増えてしまいました。富を追い求めましたが、予測不能な不景気がやってきて、世界の半分は莫大な借金を抱えるようになりました。自分の好むことは何でもできるようになりましたが、なぜそれが好きなのかを忘れてしまいました。私たちの夢はすべて儚《はかな》く終わり、自分自身が『だれ』であるのかすら、もはやわからないのです。そして今や教会も、私たちを失望させました。教会は、被造物や政治の解放を語るばかりで、その霊的なメッセージを腐らせてしまっています。」

イエスはこう答えました。

「ああ、愚かな人たち。世界を創造した神が言われたことをまったく信じない、心の鈍い人たち！　神は知恵をもって世界を造られたと聞いたことがないのですか。

そして神は、その創造された世界の中で、真の『神の民』を造ろうと働いておられると聞いたことがないのですか。神ご自身がこの民の中から来て、真の人間として歩んだことを聞いたことがないのですか。この方が死ぬことによって、悪の力をただ一度完全に打ち倒したと聞いたことがないのですか。その方がご自身の霊によって、神の新しい家族を造るために今も働いておられることを聞いたことがないのですか。この家族は悔い改めと罪の赦しの日々を送り、そのことによってこの世界を支配する戦争、性、富、権力に挑み、ひっくり返すのです。」

そして、モーセの律法とすべての預言者の書から始めて、新約聖書の使徒や預言者たちに至るまで、イエスはこの二人のために、自身について聖書全巻に書かれてある事柄を説き明かしていったのです。

彼らはドーヴァー海岸に着きました。近代という潮が引いて行ったはずの信仰の海が、再び満ちていました。ポストモダンの潮が入り込んでいて、チェスタトンの金言が真実であることが証明されたのです。「人々が神を信じることをやめたとき、何も信じなくなるわけではない。彼らは〝何か〟を信じるのだ。」

腹をすかせた多くの人々が海岸に佇《たたず》んでいます。彼らは自分のパンを近代という引き潮に投げ込んだのですが、流れ込んで来た潮は、魚の代わりにレンガやムカデを運んで来ました。
二人の旅人は疲れた顔つきで、人々のお腹を満たすにはとても十分と言えない小さなピクニック用のバスケットを差し出しました。イエスはそれを優しく受け取ると、すぐさま海岸のあちらこちらを行き来して、すべての人のお腹を満たしていきました。そのときに二人の目が開かれました。この見知らぬ人がだれであるのかを悟ったのです。そのとき、イエスは彼らの目の前から消えてしまいました。二人は互いに言いました。「道々、あの人が創造主とその造られた世界の物語や、あの人自身が悪に打ち勝った物語を話しているとき、私たちの心は内に燃えていたではないか。」そして二人は、ドーヴァー海岸への道で起きたこと、そしてパンが裂かれたときにイエスであるとわかったことを伝えるために、友人たちのいるところへ急いで行きました。

実際には、これは物語ではありません。これは戯曲であり、現実の人生というドラマです。そしてこのイエスの役を、あなたや私が演じるべきなのです。これこそが、ポストモダンにおけるクリスチャンの宣教《ミッション》です。そしてこの働きの土台にあるものが何か、実践的には何をすべきなのか、もっと詳しい説明を望む人々は、この本の最後の章をお読みください。そこで私はその方向を指し示そうと思います。

注

1 ここでは *The Millennium Myth* (London and Louisville: SPCK and Westminster John Knox, 1999), Ch. 3で述べたことを繰り返している。

2 *What St Paul Really Said* (Oxford and Grand Rapids: Lion and Eerdmans, 1997), Ch. 7.〔邦訳、『使徒パウロは何を語ったのか』二一六頁以下〕 *Paul and the Faithfulness of God,* Ch. 10.

3 E. E. Ellis, *The Gospel of Luke* (London and Nashville: Nelson, 1966), ad loc.

第八章　世の光

まず、私がここまで論じてきたことをまとめ、第三千年紀の始まりにあたってクリスチャンが直面している働きと私の論点がどのように結びついているのかを考えていきます。イエスが世の光であると信じているとすれば、イエスを見つめ、彼が同時代のユダヤ人に投げかけた挑戦《チャレンジ》を知った私たちは、どのようにすれば今の世界に同じイエスが照らす光を輝かせることができるのでしょうか。どのようにすれば、そのイエスが今の世界で放っている光を人々は見ることができるのでしょうか。どのようにしたら、真のイエスを今日の私たちの働きと関連づけるという私たちに投げかけられている挑戦《チャレンジ》を、学問的や専門的な領域に限定されることなしに受けとめることができるのでしょうか。さらに、イエスの挑戦《チャレンジ》をもって今日の世界に向き合うという挑戦《チャレンジ》を受けとめることができるのでしょうか。

すでに見てきたように、歴史的なイエスの研究と今日の教会の使命を一緒にして考えていくことには、たくさんの問題があるとよく感じます。イエスを一世紀のユダヤ教の文脈にしっかりと置き、イエスのメッセージが一世紀という特定の状況と密接に関わっているることを見ると、イエスが現代にどう関わってくるのかをつかむのが、より難しくなっているようにも思われます。このことは、私がすでに示唆してきましたし、読者の多くもそのように考えておられるでしょう。

私たちはイエスのたとえ話や山上の説教について、自分自身あるいは自分の教会、クリスチャン全般に向けて語られたものとして読むようにしてきました。このようにして特定の霊的な教訓や普遍的な真理、ある特別な倫理的規範を指し示すものとして読むようにしてきたため、それらとはまったく異なる読み方をすることに恐れを覚えるのです。つまり、イエスはそもそも同時代の人々に挑戦《チャレンジ》を投げかけたのであり、それはイエスの十字架上での特別な死へと導くものであると理解して読むことを恐れるのです。

しかし、この最後の章では、そのような読み方を恐れる根拠などまったくなく、むしろ、それとは対照的に、イエスを一世紀という特定の時代状況の中で理解することから、今日においてもイエスに従う道を考えることが可能であることを論じたいと思います。なぜなら、イエスに従い、イエスの福音のメッセージとみわざによって私たちの世界を形造っていく道には、力があり、正しい論点に焦点があてられており、実に価値があるからです。

一世紀のイスラエルに対するイエスの宣教とメッセージは独自のものであって、繰り返すことなどできません。この特徴を今日の教会に与えられている召命に繋げる方法を理解するにあたって、まず第六章で論じた、身体の復活の意義をしっかりと理解することが大切です。私たちは復活の意味を、「死は終わりではなく、死後の世界がある」と簡単なものとして理解してきました。イエスと同時代の一般のユダヤ人はだれもこのことを否定はしません。あるいは私たちは復活の意義を、イエスが今日も生きていて、交わりを持つことができるという事実にのみ見いだしてきました。これもまた確かに素晴らしいことですが、しかしこれはイースターそのものが示す真理ではありませんでした。新約聖書の多くの記事で、イースターの真理の多面性が示されていますが、とりわけヨハネの福音書にはこの多面性が顕著に現れています。ヨハネの福音書二〇章一節、一九節で、ヨハネは、イースターが「週の初めの日」であったことを明確に伝えています。

ヨハネは無駄に言葉を費やそうとはしません。そのヨハネが二回も同じことを語っているとすれば、当然そこに彼の特別な意図があります。イースターが日曜日に起こったということだけではありません。ヨハネは読者に、イースターは神の新しい創造の最初の日であるということを理解してほしかったのです。イースターの朝は、神の新しい世界の誕生日なのです。その週の六日目、金曜日には神はすべての働きを終えられました。「完了した（tetelestai）」と大声で叫んだというヨハネの福音書一九章三〇節の場面は、創世記一章に描かれた創造の六日目を私たちに思い起こさせます。その日には、神はご自身のかたちに似せて人を創造し、創造の最初のみわざすべてを終えられたのです。そして今、ヨハネは十字架の聖金曜日の出来事として、「見よ、この人だ」（一九・五）と語るのです。この方こそ神の似姿である真の人間なのです。それから、ヨハネは私たちを土曜日に導いていきます。十字架の聖金曜日と復活の日曜日の間に置かれた安息日を、創造の完成後の神の安息日の休みとして理解するように私たちを導いています。

墓の闇の中で　七日目に神は休まれた
喜びと破滅に関わる働きをみな　六日目に終えて

今やことばは沈黙し　その水は渇き
パンはすべてまきちらされ　光は空から失われ
羊の群れは羊飼いを失い　種は悲しみのうちに蒔かれて

国々はその王に反逆し　彼をその王座に釘づけにした
ああ　カルバリにおける安息日の休みよ
ああ　なんと眼下の墓の静かなことよ
葬りの布と香料が彼の揺りかごであったとは　私たちは知らなかった！

安らかに眠れ　愛するイエスよ
カエサルの主　イスラエルの王
聖霊に覆われて　春の闇の中で

そして、イースターの朝、それは週の初めの日でした。創造のみわざは完成しました。今や新しい創造が始まったのです。初めに創造された水の面を静かに覆っていた聖霊は、いま神の世界を覆い、春の季節のいのちを芽ばえさせる備えができました。マリアは朝のまだ暗いうちに墓に行き、そして朝の光の中、園でイエスに出会います。マリアはイエスのことを園の管理人だと考えます（二〇・一五）。確かにある重要な点において、彼は園の管理人です。これは新しい創造なのです。新しい創世記なのです。

その週の初めの日、夕方のことです。ユダヤ人を恐れて戸が閉められていたとき、イエスが来て、弟子たちの中に立って言いました。「平安があなたがたにあるように。」古い世界の知識やあり方は、もはや私たちを縛るものではありません。古い世界と同様に、古い週に関するものは、もはや新しい週では不要になるのです。新しい創造とともに、新しいあり方の秩序が新たな可能性を拓きながら、戸惑う古い世界に突然現れたのです。それに伴うメッセージは、古代からのユダヤ教のメッセージであるシャローム、「平安あれ」でした。これは単なる挨拶ではありません。十字架が達成したものを、深みをもって暗示しています。ヨハネはすぐその後でこのように書いているからです。

「こう言って、イエスは手と脇腹を彼らに示された。」

そして、ヨハネの福音書二〇章一九～二三節の派遣のメッセージが続きます。クリスチャンのあらゆる証しと宣教《ミッション》、弟子として成長することと、世界を変革するあらゆる働きに先立つイエスの派遣のことばです。「平安があなたがたにあるように」とイエスはもう一度言います。「父がわたしを遣わされたように、わたしもあなたがたを遣わします」と。そして、その昔、神がアダムとエバの鼻にご自身のいのちの息を吹き入れたように、イエスは弟子たちに息を吹きかけ、こう言うのです。「聖霊を受けなさい。あなたがたがだれかの罪を赦すなら、その人の罪は赦されます。赦さずに残すなら、そのまま残ります。」

三つの要素を持つこの派遣の命令について考えてみたいと思います。私たちは今、イエスを世の光として見つめ、すべての世代に投げかけられている挑戦《チャレンジ》として見つめているからです。三つの要素とは以下のものです。

(1) 父がわたしを遣わされたように、わたしもあなたがたを遣わします。

(2) 聖霊を受けなさい。

(3) あなたがたがだれかの罪を赦すなら、その人の罪は赦されます。赦さずに残すなら、そのまま残ります。

少しここで時間を取り、この三つの要素を単にヨハネの物語《ナラティヴ》という角度からではなく、より広い角度から論じてみましょう。

私はすでに、新約聖書全体が「イスラエルは、創造主である神が世界全体の問題に取り組んで、それを解決するための手段として選ばれた民である」と仮定していると述べました。救いはユダヤ人から来ます。初期のクリスチャンは、ただひとりの真の神がこの約束を誠実に守り、ユダヤ人の王、すなわちイエス自身を通して救いをもたらしたことを信じていました。イスラエルは世の光となるべく召命を受けました。ですから、イスラエルの歴史と使命は、イエスただひとりにゆだねられました。イエスこそ真のイスラエルであり、全世界の真の光であったのです。

それでは、世の光であるとは、どのような意味でしょうか。ヨハネの福音書によれば、すべての国民を自分のところに引き寄せるためにイエス自らが上げられることを「世の光である」ことは表していました。十字架の上で、イエスはその身をもって、真の神が世界を愛し救う方として働いていることを啓示しました。それは、神と共に歩んだイスラエルの歴史と、イスラエルと共に歩んだ神の歴史、その両方がイエスにおいてクライマックスに達したからですし、イエスの物語が、カルバリと空の墓においてクライマックスに達したからです。ですから私たちは、「ここに、世の光がある」と言うことができます。創造者である神は約束したことを成し遂げられました。これから、私たちは、すでに始まった新しい世界を、新しい時代を生きるのです。今や世の光は闇の中に輝いています。そして、闇は光に打ち勝たなかったのです。つまり、教会すなわちイエスに従っていく者たちは、イースターと最終的な偉大な完成の間にある、輝ける中間の時代を生きているのです。

二つの両極端な間違いを犯さないように気をつけてください。初期のクリスチャンたちが喜びに満たされて歩んでいたのは、自分たちが終わりの日よりはむしろ（もちろん、このことも真実なのですが)、初めの日、つまり神の新しい創造が始まった日に生きているいることを知っていたからです。イエスのわざは、単に他のだれかの模範ではなく、より広大な真理の現れでもありません。イエスのわざ自体が、全宇宙の歴史のクライマックスの出来事でした。このときからすべてが変わったのです。

終末の希望のすべての比重を「いまだ来ていないこと」に置かないようにしてください。新約聖書に基づくキリスト教信仰は、「終わりの時代は、メシアであるイエスにあって、今現在ここにやって来た」ことを指し示しています。

同じように犯してしまいがちな間違いは、イースター、ペンテコステ、エルサレムの崩壊の後に、最終的な大いなる終わりの時がやって来るということを忘れてしまうことです。パウロはこのことをローマ人への手紙八章とコリント人への手紙第一、一五章で述べています。つまり、被造物自体が、出エジプトを迎え、滅びの束縛から自由にされ、死すらも打ち負かされ、神がすべてのすべてとなられるのです。ヨハネの黙示録二一章では、「新しい天」と「新しい地」という言葉を使って、最終的な終わりの時について語られています。[*1] あらゆるシナリオの中で最も栄光に満ちているのは、もちろんイエスが人格的に、王として、愛のうちに臨在してくださることです。これまで教会で歌った賛美歌の中で、私が最も感動した歌詞は、古いクリスマス・キャロルの中にある次の言葉です。

そして　私たちの目はついにイエスを見る
イエスご自身の贖いの愛を通して

「見ないで信じる人たちは幸いです」とイエスは言いました。確かにそのとおりですが、しかしその時が来れば私たちはイエス自身の姿を見、イエスが計画し、今はまだ途中段階にある新創造が完成するのを共に味わうのです。ですから、私たちはイースターと完成の時の間に生きています。聖霊の力によってイエスに従い、イエスがイスラエルのために遣わされたように世界全体のために遣わされ、神の贖いによる再生を世界へともたらすのです。

ここで私たちの現在の働き、すなわちこの世界を今再生していくことと、神が造ろうとしておられる未来の世界との関連について整理しておきましょう。クリスチャンはこのことを理解したり、明確に表現したりすることに困難を覚え、しばしば二つの方向のどちらかに全体像を歪めてきたようです。

現在の世界とそこにおける私たちの働きが、神が造られる未来の世界と断絶していることを強調する人たちがいます。神が現在の世界をゴミ箱に投げ捨て、まったく違う世界に私たちは置かれるのだと考えているのです。けれども、それではイエス・キリストの光によって現在の世界を再生しようとする試みには、何の意味もなくなってしまいます。「ハルマゲドンが来るのだから、酸性雨や第三世界の債務など気にしないでおこう。」これは二元論の考え方であり、創造論に徹底的に反した視点に立っています。ヨハネは特に復活の記事で、この考え方に真っ先に挑戦《チャレンジ》を投げかけています。イースターを新しい週の初めの日、神の新しい創造の始まりとしているからです。

その一方で、現在の世界が来たるべき新しい世界と連続していることを強調する人たちがいます。実際には私たちが神の国を自分のたゆまない努力によって建て上げるのだと想像するのです。ここでは、昔からあるいわゆるリベラルな社会的福音だけでなく、カルヴァン主義の伝統に見いだされるいくつかの観点をも思い浮かべています。この観点は、二元論に陥った先の考えに対抗して出てきた考えで、現在の世界と来たるべき世界の本質的な断絶を軽く扱う傾向があります。けれども、この観点も大きく間違っています。神がご自身の意図したことをなさるとき、それは新たな恵みのみわざであり、徹底的に新しいみわざです。会えるとはまったく思っていなかった人がゲストとして現れるサプライズパーティーのように、あるいは私たちが考えたことも味わったこともない美味しい食べ物のように、来たるべき世界はまったく予期していなかった形で来ます。それと同時に、以前に過ぎ去ったものとの実に豊かな連続性もあるのです。ですから、神のわざに直面した驚きと喜びのただ中で、「そうだった。これこそ、あるべきかたちだったのだ。私たちはまったく想像していなかったけれども」と言うのです。

「連続性」は、神の世界、すなわち私たちのこの世界を形造る私たちにとって非常に重要なものです。ですから、「連続性」をもここで強調しておきます。そして、この連続性はコリント人への手紙第一、一五章の終わりに見いだすことができます。この一五章には、これまでに見てきたとおり、最終的な復活と私たちの未来のからだの特徴を具体的に示した、壮大で詳細かつ複雑な説明が記されています。ところが最後の五八節で、パウロは何かクライマックスに似つかわしくない、どこか期待はずれのようなことを述べています。あなたや私が、復活についての章を書くならば、私たちを待ち受けている栄光の未来を覚えて賛美の叫びをもって、それを終えるでしょう。それは確かに妥当なことですが、パウロはこのように終えるのです（五八節）。

「ですから、私の愛する兄弟たち。堅く立って、動かされることなく、いつも主のわざに励みなさい。あなたがたは、自分たちの労苦が主にあって無駄でないことを知っているのですから。」

パウロは何を言いたいのでしょうか。からだの復活に関して重要なのは、今の世界とやがて来る世界の間に、重要な連続性と非連続性が同時に存在することです。新しい世界はすでにイースターとペンテコステをもって始まっているからです。さらに、イエスの復活を土台とする、聖霊の力によってなされることはすべて、この新しい世界に属し、神が新創造の新しい七日間ですでに前もって用意しておられる、神の国を建て上げる働きの一部であるから、連続性と非連続性が同時に存在することが重要なのです。

ですからパウロは、コリント人への手紙第一、三章一〇～一五節において、イエスが土台であり、各人がその土台の上に、金、銀、宝石、木、草、藁で家を建てると語っています。もしその土台の上に今、金、銀、宝石で建てるなら、あなたの働きは残ります。主にあって、その人の労苦は無駄にはなりません。あなたは、まもなく崖から落ちようとする車の車輪に油をささないでしょう。神の国を自分自身の努力によって建てるようなこともしないでしょう。あなたはイエスに従い、私たちの世界を形造っていきますが、それは聖霊の力によります。そして終わりの完成の時が来たなら、あなたが成し遂げたわざは、それが聖書研究の分野であれ、生化学の分野であれ、説教の分野であれ、純粋数学の分野であれ、掘削作業であれ、交響曲の作曲であれ、それは堅く立ち、しっかり残るのです。

私たちは終末的な枠組みの中で生きています。つまり、「終わりの始まり」と「終わりの終わり」の間の時代を生きています。ですから、イエスがイスラエルに対して遣わされたのと同じように、この世界に遣わされ、聖霊の力によって罪を赦し、また残すという使命を私たちは受け入れることができるのです。コリント人への手紙第一、三章の、イエスが土台であって、私たちの仕事は建てることだというイメージを用いて、この点をもう少し詳しく論じましょう。二つの点をここで取り上げます。

第一に、土台は唯一のものであり、繰り返し作られることはありません。もし自分でもう一度土台を作ろうというなら、それは背教を意味します。教会は、福音書が時間を超越した真理を教えるものであると考えて、よくイエスが自分の時代において成し遂げたのとまったく同じことを、私たちも現代に成し遂げ、同じ真理を教えたり、同じように生きていったりするべきである、と考えてきました。この考えによれば、イエスは偉大な模範です。私たちはただイエスの真似をすればいいのです。これはイスラエルを中心に置いた神の計画と真っ向から否定してしまいますし、メシアであるイエスにおいて神がなされたわざが唯一無二で、決定的なものであったということも否定しています。

このように考える人たちは、十字架さえも自己犠牲の愛の好例という形で矮小化してしまうおそれがあります。十字架は、歴史において愛なる神が邪悪な力を打ち負かした瞬間であり、世界の罪と、私たちの罪をただ一度で最終的に解決したものであるのに、それを見逃してしまいます。繰り返しになりますが、このように考えるならば、福音は「良い知らせ」ではなく、「良いアドバイス」になってしまいます。そうではありません。土台は一つしかありません。そして、何かを建てるときはいつも土台をよく調べ直さなければなりません。それがどのような建物として建てられようとしているかを知り、どのようにこれから建てていくのが最善であるかを知るためです。「イエスがイスラエルに遣わされたように、教会も世界に」と言う前に、まず、「イエスがイスラエルに遣わされたのだから、それゆえに教会は世界に」と言わなければなりません。イエスが行ったことは唯一無二であり、歴史のクライマックスであり、決定的なことです。ですから、この唯一の土台を知るという観点から、史的イエスの探求を続けていくことは神学的に正当であると言えるのです。

第二に、据えられた土台が、建設される建物のために図案、形、基礎を提供します。イエスがすでに成し遂げたことを私たちは成し遂げる必要などありません。不可能なことですし、イエスのわざを真似することができると考えること自体、イエスしか成し遂げられなかったわざを彼が成し遂げた事実そのものを否定することになります。イエスが成し遂げた比類なきわざを実施することこそが私たちの働きです。私たちの働きを理解するためには、何よりもこの点を押さえておく必要があります。だれかが書き上げた、ほかにはない曲をその楽譜にしたがって歌ったり演奏したりするように招かれたミュージシャンが私たちだからです。その曲をもう一度作る必要はありません。しかしそれを演奏しなければならないのです。あるいは、パウロがコリント人への手紙第一、三章で使っているイメージを用いるとしたら、私たちは、熟達した建築家によってすでに据えられていた立派な土台を見つけた若い設計士のようなものです。ただし、そこにどのような建物を建てることが意図されていたかを見いださなければなりません。その建築家は玄関がここにあるようにと考えていたことはわかります。大広間はこちら側で、そこからの眺めもこんなふうに決まっています。こちら側の端には塔があって、などと定まっているのです。福音書を学び、イエスからイスラエルに対する唯一無二のメッセージ、挑戦《チャレンジ》、警告、そして命令を、そこで見ます。この唯一無二の土台の上に、イエスに従う者たちは神の国という建物、すなわち、神の家であり、神の御霊の住まいを建設していかなければなりません。

あまりに恣意的で危険だ、と考える人がいるかもしれません。しかし、熟達した建築家の「霊」が私たちのうちに住んでくださり、私たちの背中をそっとついて導き、過ちがあれば正し、危険があればそれを前もって教え、ついには私たちにそれを建て上げさせてくださると、聖書の至るところで約束してくださっています。この「霊」の導きに従うならば、金、銀、高価な宝石でできた建物が完成するのです。

「父がわたしを遣わされたように、わたしもあなたがたを遣わします。」「聖霊を受けなさい。」イエスのこの二つのことばは一つに結び合わされています。神は人の鼻に息を吹き込み、私たちはそれによって生きるものとなります。このことは、創世記においてそうでしたが、新しい創世記、つまり新創造においても同じです。私たちはここでも管理者となり、園の世話をし、神のかたちを持つ従順な者として神の世界を形造っていくのです。パウロは、コリント人への手紙第一、三章において建築家とともに、園(畑)を管理する者のイメージを用いています。私たちは、イエスが成し遂げた比類なきことを実施していくのです。

この視点から見るならば、福音書はまったく新たな形で私たちの前に開かれていくはずです。福音書はみな、土台について語っているのであり、その上に建てるように私たちは招かれています。したがって福音書はすべて、どのような建物を建てるべきかの手がかりを提供しています。イエスがイスラエルに遣わされたように、教会も世界に遣わされているのです。

次のように反論する人もいるかもしれません。イスラエルはその初めから特別な神の選びの民であって、世の光となるべく召し出され、隠れることのできない山の上の町ではないのですか。ところが、私たちが仕え、私たちとともに働く人々、たとえばコンピュータ科学の研究所の同僚や芸術学部の同僚、食料品店の店員や発電所で働く人はだれ一人として一世紀のユダヤ人ではありません。イエスが同時代の人々に語りかけたように、私たちが彼らに語りかけるとしたら、どうしたらそれができるのでしょうか。イエスが同時代人に挑戦《チャレンジ》を投げかけたように、私たちが彼らに語ることなどできるのでしょうか。それに相当する言葉はどのようなものなのでしょうか。イエスのメッセージを現代に翻訳する手がかりは何でしょうか。

人間はすべて神のかたちに造られていることが手がかりです。より広い枠組みでとらえるならば、イスラエル固有の立場と使命に相当するのが「神のかたち」です。神のかたちに造られていることは事実ではありますが、それ以上にそれは使命なのです。神の創造的な贖いの愛を世界に反映させるべく、召されていることを意味します。人格的な関係を持つため、管理するため、そして礼拝するために召されていることを意味します。もっと鮮烈な表現を用いるならば、男女間の性的関係のため、園のために、神のためめに召されていることを意味します。お互いのために造られ、この世界の世話をし、それを形造るために造られ、そのかたちに似せて造ってくださった神を礼拝するために造られたということを人間は知っています。しかし、イスラエルがその使命を正しく果たせなかったのように、私たち人間もその使命を正しく果たせないでいるのです。

他の神々を拝み、その姿を安易に反映してしまっています。神の造られた世界を、金の鉱脈か灰皿かのように扱い、私たちに託された管理するという召命を歪めてしまって、権力のみを求めています。そして、癒しに満ちた美しい人間関係、創造性に富み、多様な側面を持つ人間関係を築くようにという召命を、搾取と乱用に歪めてしまっています。マルクス、ニーチェ、フロイトの三人は、堕落した世界を描き出しました。そこでは、金銭や権力と性が規範となっており、これらが人間関係とスチュワードシップと礼拝のあるべき場所を占拠しています。ポストモダンは、傲慢な近代に対して堕落を説教することによって、神の奇妙な摂理のもと、その目的を果たしています。現代の文化において私たちは、原罪の教理のポストモダンならぬポスト・クリスチャン版に直面しているのです。人間の努力はみな欠けだらけです。そしてジャーナリストたちはそのことを面白がって指摘していますが、実はそれは、創世記三章の物語を現在の指導者、政治家、王室、ロックスターに当てはめて繰り返し語っているにすぎないのです。そして、神のかたちを担い、神を愛し、キリストに似せて形づくられ、御霊に満たされたクリスチャンとして、キリストに従い、この世界を形造ろうとしている私たちの働きは、まず、堕落していることに気づいている世界に贖いを語ることです。また、自らが崩壊していることに気がついている世界に癒しを伝え、搾取と恐れと懐疑しか知らないこの世界に愛と信頼を宣言することです。

イスラエルに対するイエスの比類なきメッセージを、同時代人に対する私たちのメッセージへと翻訳するための手がかりは、その類似性を把握することです。この類似性は、旧新約両方の聖書に編み込まれているもので、神のかたちを担うという人間の使命と、世の光となるように召されているイスラエルの使命の間に見いだされます。人間はこの世界に対する神の創造的なスチュワードシップの力を映し出すために造られました。イスラエルは神の救いの愛を世界にもたらすために造られました。イエスは、真のイスラエル、真の世の光として、目に見えない神の真のかたちとして、この世界に来ました。真のユダヤ人であり、真の人間です。イエスが土台を据えたので、私たちはその上に建てなければなりません。そして、イエスの贖いの愛と創造的なスチュワードシップの両者をもたらす者となるべきです。イエスが建てた土台を祝い、これを模範とし、これを宣言し、その上で踊るのです。

「父がわたしを遣わされたように、わたしもあなたがたを遣わします。……聖霊を受けなさい。罪を赦しなさい。そうすれば、その人の罪は赦されます。赦さずに残しなさい。そのまま残ります。」

（ヨハネ二〇・二一～二三、英訳）

最後に二つ重ねられた命令が、まさにこの点と繋がっています。私たちは、罪をそのまま残したり赦したりできる神の権威を持って、世界に向かって出て行くべきです。イエスが罪を赦したとき、人々はイエスが神を冒瀆していると考えました。そんな重大なことが私たちにも可能だと想像することができますか。実は、聖霊という賜物によってそのことは可能になるのです。

神はより広い世界に対して、イエスが土台を据えたことを、私たちを通して進めようとしておられます。私たちは、放蕩息子と兄息子の物語を、自分自身で生き、そして語るべきです。神が溢れるばかりの喜びと豊かな癒しをもって罪人を迎え入れるとともに、傲慢で人を抑圧して強欲であり続ける者たちに対しては、神が嘆きながらも容赦なく立ち向かわれることを語るべきです。聖霊の力によってキリストに従っていくことは、私たちの世界に福音をその具体的なかたちをもってもたらすことです。それを熱望する者への赦しという、これまでにない最高の知らせと、不正と強欲と傲慢を続けることによって自らと他者を人ならぬものへと変えてしまおうとする者へのさばきに、福音の具体的な形があらわされています。

ここまで語ったことがどう機能するのかを見ていきましょう。そのために、これまでの章で取り扱ってきたイスラエルに対するイエスの宣教《ミッション》、つまりイエスによる神の国の宣言を、簡潔ではありますが、考えてみましょう。

イエスは、その時がついに来たことを宣言しました。かねてからいつも意図していた形で、ついに神が王となられたのです。これは捕囚の終焉であり、悪の敗北であり、シオンへのヤハウェの帰還です。この素晴らしいことはイエスにおいて起こった出来事だということを、まず述べておかなければなりません。神はこれを確かに成し遂げられました。土台が据えられたのです。園に種が蒔かれたのです。曲が書かれたのです。私たちを捕囚にとどめていた「支配と力」（エペソ六・一二参照）は打ち負かされたのです。この「支配と力」が敗北したことを思い起こす必要があります。私たちもそうすべきです。このことは確かに起こったのです。もし起こっていなかったのなら、十字架は失敗であったということです。ですから私たちは、今や家を建て、園を美しくし、楽譜を演奏するのです。人類はずっと捕囚にありました。主の園から追われ、家から締め出され、音楽の代わりに砲撃を浴びせかけられていました。ですから、捕囚がついに終焉したと、行いと言葉によって私たちは宣言するのです。つまり、癒しと赦しを表す象徴《シンボル》を実行するのです。聖霊の力によって神の世界で大胆に行動するのです。これまで提案してきたように、イエスのたとえ話を現代の人々に説明する適切な方法は、問いかけるということです。これらのイエスのたとえ話がふさわしい答えとなるような、当惑や怒りに満ちた問いかけを引き起こすためには、何をするべきなのでしょうか？

自分がほとんど知らない領域に立ち入ってしまうことを覚悟して、このことがうまくいく可能性があるいくつかのことについての手がかりを投げかけましょう。ＩＴ業界で働いているとしたら、その分野はどのような傾向を持っているでしょうか。権力へと向かっているでしょうか。それとも愛へと向かっているでしょうか。ＩＴの分野だけが繁栄すればよいという考えを示しているでしょうか。ＩＴを自由に使える情報強者が、うまく使えない情報弱者を抑圧するという考えを示しているのでしょうか。それとも、本当の人間関係、スチュワードシップ、真の礼拝がなされるという目的でＩＴ開発をしているでしょうか。それとも、それぞれの人が個人的、自己陶酔的、閉鎖的な世界を築くような社会を促進させようとしているでしょうか。ルターは罪を、“homo incurvatus in se"と定義しています。つまり「自分自身にだけ関心が向いている人」です。

あなたの分野での働きは、自分自身にだけ関心を向けることを助長させていますか。それともこれに挑戦《チャレンジ》していますか。あなたの分野での働きの現在の状況を今すぐに変えることはできないかもしれません。けれども、時間と機会が与えられたならば、その方向に何歩かは進むことができるでしょう。とはいえ、このような大きな変化をもたらすことがあなたの召命であるとは限りません。あなたの仕事はむしろ、これまでとは違った形で物事を行う象徴的な方法を見いだし、敵意の中に旗を立てて、人間として生きる別の道があることを示す道標を立てることです。そして、あなたのしていることを見て、人々が当惑したときはじめて、人類が捕囚から帰還する物語を伝える新鮮な方法を見いだして、それをあなた自身の説明に用いるのです。

美術や音楽、建築の世界で働いているとしたらどうでしょうか。あなたの分野の働きは、依然として近代の傲慢に囚われたままでしょうか。それとも、すべてポストモダンが生み出した断片化の様相を呈しているでしょうか。つまり、あらゆる素晴らしい物語も、あらゆる包括的なシステムも、権力を誇示する戦略にすぎないと宣言する世界に住んでいるのでしょうか。話の内容や制度が権力争いを奨励する世界になっているでしょうか。あなたの働きの分野は、強い政治的構想《アジェンダ》を持つ人々によって動かされており、たとえば熱心なマルクス主義者でなければ本格的な芸術家とは認められない、と言われているのでしょうか。

あなたは、贖いの物語を語る新たな方法を発見するように招かれているのかもしれません。ホームレスの人々のために家庭《ホーム》、すなわち彼らにとっての捕囚の終わり、園への種蒔き、家の再建を示す新しい象徴《シンボル》を創造するのです。

私の知人に、オックスフォード大学でクリスチャンになった若い画家がいます。彼は、クリスチャンになった自分を見下す指導教員らに悩まされていました。彼がとった対応は、彼自身をも驚かせたのです。それは抽象画で聖画《イコン》を描き始めるというものでした。その絵は壮大で、深みを持った美しさを呈していました。彼は指導教員らにその絵が何であるかを伝えることなく、彼らがこの新たな創作に彼が前進したことを喜ぶまで待ったのです。やがて教員らも、彼が生み出した新鮮で創造性に富んだその作品を称賛せざるを得なくなりました。そして指導教員たちが「これはいったい何なのか?」と尋ねてきたとき、彼は初めて聖画《イコン》が指し示す物語を語ったのです。

このような話はいくつでも語ることができます。もしキリストに従っていくことで世界を形造っていくのであれば、高い倫理基準を持ち、あらゆる機会を用いて、人々にイエスについて語り、学生のために祈り、学生とともに祈り、採点や評価において公正であり、発言に誠実であることは、クリスチャンの専門家や研究者であること（今このときはこれらの分野に限定して語っていますが）にとって大切なことです。しかし、これらだけでは十分と言えません。みな重要かつ必要なことですが、あなたはそれ以上のことに召されています。あなたは、自分の専門分野において、人間の企てのどこに捕囚のしるしが示されているかを、祈りの中で見極めるように召されています。そして、力と支配が打ち負かされ、イエスというユダヤ人のメシアにおいて神の国が到来し、人間であることを表現する新たな道が示されたことを宣言するようなやり方で、謙遜かつ大胆に象徴的に行動し、これらの象徴《シンボル》を説明する物語を語るように召されているのです。

加えて、こうしたことすべてにおいて、「イエスが主であり、カエサルは主ではない」ということを、「イエスが主であり、マルクスもフロイトもニーチェも主ではない」ということを、「イエスが主であり、近代もポストモダンも主ではない」ということを、象徴《シンボル》をもって、実践をもって、そして問いへの明瞭な答えをもって宣言しなければなりません。パウロが福音を語ったとき、いかにすれば救われるかをまず語ったのではありません。象徴《シンボル》と言葉で、「イエスこそ世界の真の主であり、真の世の光である」と宣言したのです。

これまで語ってきたことが理想論のように聞こえるのは、私もよくわかっているつもりです。若い研究者は博士号を取得し、仕事を得て、安定した地位を手に入れ、その分野の専門家として身を立てていくことを望みます。自分の使命が、教え、執筆し、運営をし、神の世界のこの分野に秩序をもたらすところにあると自覚しているからです。他の分野に取り組んでいる人々も、正当かつ適切な目標を持っています。そして、その目標を達成するために専門分野の中で責任を果たしつつ、自らの選んだ分野で謙虚に生きる必要があります。クリスチャンは、自分が風変わりで、厄介で、政府に対して常に反抗し、絶えず物事をひっくり返す者でなければならないと考えてしまう危険性がありま す。もちろん、生まれつきそうではないかと思えてしまうような人もいて、福音が命じていることを、自分の意固地さや傲慢さを押し通すための言い訳として使う人もいます。しかし、ここでは知恵が必要です。話すべき時があり、沈黙すべき時があります。そもそもある分野で働くことに価値があるとすれば、その分野が健全かつ大切なもので、人々に支持されるべきだからです。

けれども仕事について祈り、教会においてあなたと兄弟姉妹がつねづね神の国の主要な象徴《シンボル》の種を蒔き続けているとしましょう。つまり、聖礼典と、神の民の家族としてその全体の人々に手を広げた生活という象徴に生きているのです。そうするならば、自分がこれからできること、自分の仕事をこれから進める新しい方法が次第にわかってくるでしょう。小さなことであったとしても、とても重要な象徴《シンボル》の所作を軽んじてはいけません。神はおそらく、あなたの仕事の分野全体やあなたの使命に関わる世界を、すぐに、つまり一晩のうちに変えるようなことは望んでおられません。神の国のために、「象徴《シンボル》を造る者」、そして「物語を語る者」となることを学んでください。礼拝、スチュワードシップ、人間関係において、真の人間の模範になることを学んでください。世界に向かっての教会の働きは、真の人間の模範となり、周囲の人々に対するしるし、そして招待状となることなのです。

イエスによる神の国の宣言と同様に、この働きには、罪を赦さずにそのまま残すことと罪を赦すことが含まれます。また、仕事や目標を達成するために非人間的で破壊的な方法を用い続ける人に対して、その人は自らと自らの世界に破壊を招いているのだ、と宣言することも含まれます。「もし、平和に向かう道を、この日おまえも知っていたら」（ルカ一九・四二）とイエスは言いました。ですから、私たちも象徴《シンボル》と言葉によって言わなければなりません。「もし、平和に、スチュワードシップに、正義に、愛に、信頼に向かう道を、この日おまえも知っていたら」と。「残念ながら、おまえはそれを知らないから、おまえが取り組んでいることは、わざわいへと向かっているのだ」と。
大学院生が学位論文審査会のメンバーや任用審査会のメンバーにこのことを話すことなど勧めたりしません。入社面接でこんなふうに語ることを決して勧めなどしません。これまでそのことに真剣に向き合ってこなかったり、これらの問題について真剣に考えてこなかったりしたクリスチャンが、大学の先生や職場の上司を「非人間的な行動をとるクリスチャンでない人だ」と言って安易に拒絶し、そのことによって自分の能力のなさを隠そうとするのは、非常に危険です。語っていることが正しい評価であるときももちろんありますが、語っている人が自分の野心を果たせなかったことの単なる負け惜しみということもあるでしょう。

しかし、神の国を宣言する者となって、人間の新しいあり方の模範となろうとするならば、私たちは十字架を背負う者でもあるべきです。これは、イエスに従っていく者として当然受け継ぐべき権利でもある、奇妙で暗いテーマです。クリスチャンにとって世界を形造るというのは、自分たちはこの仕事をうまくこなすことができる、自分たちの思い描くとおりの形に世界を再構築できると傲慢にも考えて、出て行くというものではありません。世界の痛みや戸惑いを共に担っていくことであり、そのことによって、キリストにあって十字架に示された神の愛を、今まさに世界の癒しのためにもたらすのです。イエスが私たちのために、これまでにないやり方で十字架を負ってくださったがゆえに、あらためて赦しを獲得する必要はありません。すでにそのことはなされているからです。しかし、イエス自身が言っているように、イエスに従っていくとは十字架を負っていくことも含まれています。ですから、新約聖書が繰り返し語るように、イエスの土台の上に建てるということは、自分の生活や仕事の中に十字架が刻み込まれるのを何度も見いだすことであると思っておくべきです。

私たちはむしろ、そうではないことを願いますし、それを何とか避けようとしがちです。ゲッセマネに自分がいることがわかると、こう言うのです。「主よ、これが本当に歩むべき道なのでしょうか。私がこれまであなたに忠実であったのであれば、どうしてこんなことが起こるのでしょう。あなたは私がこのように感じることを望んでおられないでしょう?」　時には神からの答えが「そう、望んでいない」ということもあるでしょう。実際に道を間違えて進んでいることはあります。その場合は方向転換をし、別の道を行かなければなりません。けれども、ゲッセマネにとどまり続けなければならないという答えのときも多くあるのです。クリスチャンが証し人であるということは、静寂主義者のように閉じこもることでもなければ、ヘロデ時代のような妥協の道を進むことでもなく、怒りが引き起こす好戦的な熱心を持つことでもありません。世界が痛みを覚えているところでキリストにある道、御霊にある道を示すことによって、癒しに満ちた神の愛を今まさにそこにもたらすのです。

この見解は、新約聖書の神学、特にローマ人への手紙八章に根ざしています。この箇所でパウロは、被造物全体が産みの苦しみをしていると語っています。教会はこのときに、どこにいるべきなのでしょうか。教会は答えを持っているといって、澄ました顔で遠巻きに見ているのでしょうか。いいえ、とパウロは言います。私たちも一緒にうめくのです。私たちもまた刷新を、最終的な束縛からの解放を待ち望んでいるからです。こうした中で神はどこにおられるのでしょうか。天に座し、私たちがうまくやることを望んでおられるのでしょうか。いいえ、とパウロはまた言います（八・二六～二七）。神もまた、世界が痛んでいるその場所に立つ教会の中に臨在するお方として、うめいておられるのです。御霊なる神は、私たちのうちでうめき、祈りの中で父なる神に向かって呼びかけてくださいます。クリスチャンの使命とは、祈りのうちに、聖霊にあって、世界が痛むその場所にいることです。この使命を受け入れるとき、それこそがイエスに従っていく道であることに私たちは気づきます。この道は、十字架へと至るイエスのメシアとしての使命に基づいて形づくられたものです。そして十字架の形に両腕をいっぱいに広げつつも、世界の痛みと神の愛を同時にしっかりとつかんで離さないことで、この道を歩んでいくのです。

注意しなければならないのは、パウロはある一つの点についてはかなりはっきりとした姿勢を示しているということです。それは、この使命を受け入れるときに、私たちの祈りは言葉にならないものになっているという点です。祈りは、周到に考え抜かれた、問題の分析や解決策である必要はありません。それはまさにうめきであるべきです。神の御霊、すなわち、十字架につけられて復活したキリストの御霊が私たちのうちでうめいているのです。その結果、十字架で成し遂げられたことが、痛みの場所で新たなかたちで実施されていくのです。十字架の音楽が、痛んでいる場所で優しく歌われ、十字架という土台が、捕囚の地に建つ新しい家を支えるのです。

あなたが行政や外交、金融や経済、ビジネスの分野で働いているのであれば、世界が痛みと恐れの中にあることに、今このとき気づくでしょう。東ヨーロッパやウクライナで、今何が起こっているでしょうか。中東において何をすべきでしょうか。世界の金融システムは崩壊の一途をたどっているでしょうか。再び大恐慌に向かって進んでいるのでしょうか。巨額の国際的な債務に関して何ができるのでしょうか。別のところでも論じたように、ジュビリー・プロジェクト（ヨベルの年プロジェクト）を支援するように招かれている、と私は信じています。このプロジェクトは、世界の最貧国が抱えている支払うことのできない巨額の負債を帳消しにしようというものです。ジュビリー・プロジェクトこそ、新しい千年紀を祝う最善の方法である、と私は信じています。ですから、もしあなたがまだこの運動に加わっていないのなら、ぜひ参加することをお勧めします。[*2]
しかしこのプロジェクトは、クリスチャンが世界に対して上から目線で自らの解決策を押しつけるものではありません。これは、金融や経済、銀行や企業、外交や行政などに関わっているクリスチャンたちがそれぞれの課題に取り組むものです。このように取り組むとき、世界の痛みと神の癒しの愛が言葉にならない祈りのうちに一つになるというゲツセマネのような苦悩を味わうこともあるでしょう。比喩的にいうならば、クムランの洞穴に逃げ込み、「自分の信仰はあくまでもプライベートなものだから、国際金融などには関わりたくない」と言うのは、どれほど楽なことでしょうか。あるいは、既存の制度に妥協して、何とかなるだろうと望むことも、どれほど楽でしょうか。あるいは、問題の深刻さを真剣にとらえることなく、やかましく言う割にまったく深みのない構想《アジェンダ》を取り入れるのは、どれほど楽でしょう。この本の読者の中には、神の癒しの愛が、危機的な状況にあるこの世界をもう一度形造るために、ゲツセマネの中を生きるように召されている人がいます。

ひょっとしたら、あなたは大学の学生として教授たちの間の深刻な対立に巻き込まれているかもしれません。両陣営は対話をすることなく、相手の陣営の者が博士号を取得することに反対したり、学位論文を提出しても落第させたりしているかもしれません。経済学部や歴史学部や他の学部において、その半分がマルクス経済学者で、残りがそうでないところや、半分がポストモダンに傾倒し、残りがそうでないところを知っています。こうした状況で、クリスチャンはどうあるべきなのでしょうか?

そうした争いの中で一方に立つように福音は求めているると信じているかもしれませんが、事はそれほど簡単ではありません。むしろ、あなたの研究分野が痛んでいるそのところであなたが祈ることへと招かれていると理解することを、私はお勧めします。あなたの研究分野と、そこにある問題を心に留めて、ひざまずき、聖書を開いてください。聖餐にあずかり、裂かれたパンの中に、世界を癒すために与えられたキリストの裂かれた身体を見てください。神はあなたをこの世界のきわめて重大なところに置いておられます。そこでその場所の痛みと破れとともに、そしてその痛みと破れから祈る道を学んでください。その祈りから、平和をつくる者となる道、両方の陣営に耳を傾けるというリスクを負う道、また、そうすることによって双方から攻撃される危険をも引き受ける道を見いだしてください。

あなたは十字架につけられたメシアに従っていく者でしょうか。もちろん、このあり方は、家族や結婚、公的政策や個人的な問題など、多くの分野に当てはまるものです。

少し私自身のことについて書きたいと思います。私は非常に明確な使命を持っていましたが、それが結果的にはいくつかの不明確な選択をすることになりました。啓蒙主義以来、教会と学問を必死になって切り離そうとする世界に、私は生きています。こうした事態は、教会と学問の両方から人間性を奪っていくものであると、私は確信しています。ですから、成人して以来ずっと、この分離された両陣営に片足ずつを置いてきました。そのために、しばしば両者から誤解を受けました。献身的なクリスチャンや福音的な敬虔さを持った人々が新約聖書の真剣な歴史的探求に猜疑心を持ち、時には容赦なく敵意を示したりする世界に、またその逆にそのような人々に対して猜疑心を持ち、敵意を示したりするような世界に、私は生きています。このような状況は福音に深いダメージを与えるものだと思っています。ですから、私は誠実な歴史家として、説教と祈りに全力を尽くしてきました。また誠実な説教者、祈り手として、歴史的探求を行ってきました。このことで、同僚の歴史家からはファンダメンタリストと呼ばれ、同じ信仰を持つ人たちからは、妥協した似非リベラル派と呼ばれてきました。このような皮肉な状況は、苦痛以外の何ものでもありません。

こうしたことを述べるのは、同情してほしいからではありません。私の経験上、このような裂け目で私自身が祈っているときに、つまり、もう一つの私のゲッセマネで苦悩の中にあるときに、生きておられるメシアの臨在と慰めを私は見いだしてきたからです。そして、私と格闘し、私のもののつがいを外して足を引きずるようにさせた方が、まさしく主の使いであることを見いだしたからです。そうした経験を通して、ポスト啓蒙主義、そして今やポストモダン世界に存在する二元論的な構造を解決することではなく、世界が痛んでいるその場所において祈りによって生きることが私の使命だと、何度も確認させられてきました。このような手段をとることによって、表面的な問題の解決よりもはるかに深いレベルにおいて、私の専門分野が新鮮で豊かな実りを生み、私の教会もおそらくは新たな方向を見いだすという確信をいただいています。

そして、このようなことが、平和をつくりだす働きを実りのあるものに育てるようにと、私は祈っています。これまで何度も、最も暗い時期があらゆるレベルにおいて最も実り豊かな時でした。私たちイギリス人は、公的な場で自分について語ることを好みませんし、自分をそのことの模範とすることに抵抗を覚えます。しかし私の経験が本書の読者の幾人かの心に共感を呼び、ゲッセマネという現実が正確に何であるかがわからず、それゆえに誤解してきた人々の励ましとなればと願っています。

「父がわたしを遣わされたように」とイエスは言いました。「わたしもあなたがたを遣わします。聖霊を受けなさい。あなたがたがだれかの罪を赦すなら、その人の罪は赦されます。赦さずに残すなら、そのまま残ります。」私たちは、「父がわたしを遣わされたように、わたしもあなたがたを遣わします」の意味を熟考し、このことばとともに生きていく必要があります。

この召命に対して私たちが忠実かつ誠実であるとき、まったく予期しない、そして畏敬の念に打たれるようなことが起こります。とりわけ多くのプロテスタントや福音派の伝統にある人々はそのように感じるでしょう。私たちは、イエスがイスラエルに遣わされたように世界に遣わされるだけではなく、ヤハウェがイスラエルと世界に対してかつてなされ、今もなさっていることを、今度は私たちが世界のために行うことになります。あなたの生活の中に聖霊の臨在と力があることを信じているなら、その現実は、このようなことを意味します。あなたは真の人間となるべく招かれています。しかしそれを可能にさせるのは、あなたのうちにある神のいのち以外の何ものでもなく、このいのちによってあなたは神のかたちに再び造られるのです。C・S・ルイスが有名な講義の中で言っているように、あなたの目にすることのできるものの中で、聖礼典《サクラメント》に次いで聖なるものは、クリスチャンの隣人です。なぜなら、その人のうちに、生けるキリストが真に臨在しているからです。*3

通常、私たちはそのようには考えていません。ですから結果的に、自分自身をとても貧相なものとしているのです。だれかがこのようなことを言おうものなら、即座に「私たちは不完全で弱く、もろい存在です。失敗し、罪を犯し、恐れを抱き、堕落しているのです」と言うほど不安を抱いています。もちろんあなたの言うことは間違ってはいません。しかし、パウロの書いたものをもう一度読んでください。ヨハネの書いたものももう一度読んでください。そして私たちは、内側が栄光で満たされた、ひびの入った器であり、傷ついた癒し人であるということに気づいてください。啓蒙主義の影響で形づくられてしまった、真の人間性について私たちの抱いているイメージに関して、神の赦しを乞おうではありませんか。私たちは、成功し、なんでもうまくやり遂げ、すべての答えを知り、決して間違いを犯さず、所有者であるような顔をしてこの世界を歩き回ることこそ、人間らしさであると考えてきたからです。けれども、生ける神はイエスのうちにご自身の栄光を現されました。それも、イエスが十字架で、「わが神、わが神、どうしてわたしを見捨てになったのですか」と叫んで死んだときに、これ以上ないほどに明確にその栄光を示されました。痛みと祈りの中に立ち、キリストに従い、世界をもう一度形造っていく私たちは、真の人間となるとはどういうことかを見いだすだけでなく、東方正教会が「神化」という言葉で表現することの本当の意味をも見いだすのです。突き詰めて言うならば、このことを信じないということは、聖霊を信じないことです。傲慢に聞こえるかもしれません。もしそうなら、神の御霊を内に住まわせ、力づけられ、導かれ、指示されることなしに世界を再び形造ろうとすることがどれほど傲慢なことかを考えてみてください。真の神性は、啓蒙主義が主張するように自身の栄達に現れるのではなく、自らを与える愛に現れます。このことを悟り、イエスのうちに啓示された神を礼拝し、その神をより一層映していくとき、あなたは、神の謙卑と真の人間の崇高さが一つのものであることを悟るのです。

これらのことを通して、私たちは本当に知ることへと導かれます。私たちがどのように物事を知るのか、知識とはいったい何であるのかという主題は、本書のきっかけとなった会議において行き交った多くの会話の中で、少しだけ触れられたときもありましたし、話の中心となることもありました。学問の世界にいる人たちにとっては、知ることがまさに仕事ですが、知ることという概念そのものに福音が挑戦《チャレンジ》をし、それを造り直す必要があります。クリスチャンはだれでも、どんな仕事に就いていても、神を知り、自分自身を知り、互いを知り、世界を知ることへと招かれています。このことはどのようにして実現するのでしょうか。

　啓蒙主義の知ることに関する理論を、ポストモダンが批判したことの重みを、よく理解しておかなければなりません。啓蒙主義の吹聴してきた客観論（「私たちはただ物事をそのまま見ているだけ、事物をありのままに言っているだけだ」）が、しばしば政治権力や社会一般の権力とそれらによる支配のカモフラージュであったのは事実です。とはいえ、結局のところ、創世記に示され、キリストにおいて確認されたのは、神を知り、互いを知り、神の世界を知ることこそが、私たち人間の本質的な働きであるということです。「新しい人は、それを造られた方のかたちにしたがって新しくされ続け、真の知識に至ります」（コロサイ三・一〇、傍点筆者）とパウロは語っています。この知識は、脱構築される危険を絶えず持つ単なる当て推量をはるかに超えるものです。

　知ることに関する説明を見ると、いわゆる客観的・科学的な知識（試験管でテストすることができる認識論とも言えます）が特権的な立場に置かれていることがわかります。このような認識論から少しでも離れようとすると、不明瞭で、曖昧で、主観主義へと導くものであるとみなされます。そして、その端的なものが美学と形而上学であると人々は考えています。ですから、私がイエスについてこの本で書いているようなことを語ると、「『イエスは自分が神だと知らなかった』とあなたは本気で言っているのですか」と多くの人が質問してくるのです。

そのような質問に対して私は次のように答えます。啓蒙主義が言っているような意味で「知っている」か、とあなたがお尋ねなら、イエスは「知りませんでした」。ただし、イエスはもっと豊かで深い意味で「知っていました」と。クリスチャンとして、一つの哲学的、文化的な運動である啓蒙主義が求めた認識論で満足していてはなりません。この認識論の一部は明確にキリスト教に反対するものから生み出されたものだからです。メシアであるイエスに従っていくことには、イエスについての私たちの知識、さらに、私たちについてのイエスの知識が、「真の知識とは何か」ということをも教えてくれるという側面があります。私は、聖書が語る「知る」は、高名な哲学者バーナード・ローナガンの理解に符合すると考えます。つまり、「愛」が知ることの基本的様式であり、知ることの最も崇高で完全なかたちが神の愛です。ですから、神の愛から「知る」ということを考えるべきなのです[*4]。

愛とはいったい何でしょうか。愛しているとき、私は、その人が私とは異なっていることを肯定しています。肯定しないとしたら、それは愛でも何でもなく、ただの欲望です。同時に、愛しているとき、私は超然とした観察者ではありません。「客観主義者の認識論という壁にとまるハエ」のような存在ではありません。情熱と同情をもって、それが物であっても、人であっても、神ご自身であっても、私が愛している相手のいのちと存在に深く関わります。私は「知る」というプロセスに深く関わっていますが、知られるべき相手など存在しておらず、それゆえにその相手を私が創り出して知ることを意味しているというわけではありません。言い換えるなら、自分の心の外に存在する現実について語ってはいますが、そのことが、私が超然とした観察者であることを意味しているのではないのです。ポストモダンの世界に生きるクリスチャンとして、音楽や数学、生物学や歴史、神学から化学に至るまで、どの分野においても適切だと考えられる「人間が何かを知る」ことの意味を私たちは説明できます。そしてこのことは、私たちがしなければならないことであると私は考えます。ポスト・ポストモダンの世界のために、「愛の認識論」とでも呼ぶべきものを明確にして、提示する必要があります。

　クリスチャンは、真剣に、そして喜びに満ちてポスト・ポストモダンの世界へ今このとき、宣教に携わる必要があります。そして私たちに宣教の絶好の機会を提供してくれるのが、この認識論理解です。私たちは、文化という観点からも危機の時代に生きています。ポストモダンの泥沼から抜け出して前進していく道を示している人はだれもいない、と私は考えています。依然として拒絶というシャッターを下ろして、近代以前《プレ・モダン》の世界を生きようとしている人もいますし、近代主義《モダニズム》に懸命にしがみついている人も多くいます。また、ポストモダンのゴミの山からの拾い物で生計を立てていくのが最善の選択だと思っている人も少なくありません。けれども、私たちはそんなものよりももっと素晴らしい選択肢を示すことができます。

イエスの福音が他の宗教よりも優れた宗教的な選択肢を提供できるということではありません。また、文化的、社会的な様々なもので満ちているビュッフェの一角に並べられている「宗教」という枠のセクションを、他のものよりも効果的に占拠できるというのでもありません。イエスの福音は、あらゆる文化の最先端に立つことを私たちに示し、さらにそこに立つように押し出してくれます。そして、物語、音楽、絵画、哲学、教育、詩、政治、神学、そして聖書学における、近代とポストモダンとに対する、歴史に根ざしたキリスト教の挑戦《チャレンジ》の口火を切る世界観を明確にし、喜びとユーモアと優しさと適切な判断と真の知恵をもってポスト・ポストモダンの世界へ道を導いてくれるのです。

私たちは、「もしそれが今でないなら、いつなのか」という問いに直面しているのではないでしょうか。そして、もしこのビジョンをしっかりととらえているならば、「私たちでなければ、いったいだれが行うのか」という問いも耳にするでしょう。そして、もしイエスの福音がこれらの働きへの手がかりでないならば、何が手がかりになるのでしょうか。「父がわたしを遣わされたように、わたしもあなたがたを遣わします。」聖霊を受けなさい。罪を赦しなさい。罪を赦さずに残しなさい。

一つのたとえ話と詩で、本書を締めくくりましょう。

妻と私は、会議に出席するためにパリへ行き、ルーブル美術館をしばしの間訪れました。私たち二人は、初めてそこに行きました。けれども、そこで私たちを待ち受けていたのは失望でした。すべての観光客が目ざして行き、それを見て、目を見張るモナリザは、いつもの謎めいた微笑みを浮かべていましたが、損壊事件があったため、防弾ガラス越しにしか見ることができなくなっていたからです。その有名な瞳をのぞき込み、それが何を意味するのか、はたして本当にそんなに意味があるのか、それともそれは見る人が勝手に押しつけたものなのか、という有名な問いに対峙しようとしても、防護のガラスケースに映る自分自身の目や周囲の人々の目によって、彼女の目が霧で覆われているようでした。

そして、ポストモダンは、人生とはまさにそのようなものだ、と言うのです。知識だと思われるものは、自分自身の世界の投影、自分自身の傾向や内的世界の反映にすぎないのだ、と。だから、あなたは何をも信頼することはできない。すべてのものは疑ってかからなければならないのだ。

しかし、これは真実でしょうか。私は、愛というもの、「知る」ということ、疑惑の解釈学ではなく信頼の解釈学があることを信じています。そして本書の読者に対して、それぞれ自分の置かれた世界でこのことに取り組むよう、私は挑戦《チャレンジ》します。二一世紀において最も必要とされていることは、愛であり、「知る」ことであり、信頼の解釈学なのです。

パリに初めてやって来た
あの黒い瞳に追われたことはなく
そして　謎めいたあの微笑みに魔法をかけられたこともなかった
その意味するところは　美　挑発
肖像画　画家と　見る者たちとの間にある柔らかな空間で踊ることのよう
けれども　今や二倍の内気さで
彼女は木とガラスの後ろに隠れている
そして　彼女の世界をじっとのぞき込む私たちは

カメラや小学生や　人々のまなざし
人々の気になる笑顔を見る
そして今　私たちは見る
この世界　お互い　神を　監獄のガラス越しに
疑い　恐れ　不信
私たち自身の不安を映し出すものを
私たちの知ることはみな　私たち自身の反映にすぎないのか
いや　信じよう　目を開いてみよう
愛のまなざしが追い求めてくれれば　私は自由になる

注

1　N. T. Wright, *New Heavens, New Earth: The Biblical Picture of Christian Hope*. Grove Biblical Series no. 11（Cambridge: Grove Books, 1999）; *Surprised by Hope*（London: SPCK, 2007）を見よ。

2　N. T. Wright, *The Millennium Myth*（London Louisville: SPCK and Westminster John Knox, 1999）, esp. Ch. 5 を見よ。

3　C. S. Lewis, 'The Weight of Glory', in *Screwtape Proposes a Toast and Other Pieces* (London: Fontana, 1965; repr. Fount 1977, 1998).〔邦訳、『栄光の重み』、C・S・ルイス宗教著作集8、新教出版社〕

4　Lonerganについては、Ben F. Meyer の著書、特に *The Aims of Jesus* (Philadelphia: Fortress, 1978; London: SCM Press, 1979) および *Critical Realism and the New Testament* (Allison Park, PA: Pickwick, 1989) を見よ。

訳者あとがき

N・T・ライト氏のイエス研究に関する著作『イエスの挑戦《チャレンジ》』をここに翻訳出版できることを感謝いたします。この本はライト氏の講演がもとになっていて、学術的な体裁をとっていますが、同時に平易な記述となっています。史的イエス研究の「第三の探求」、またイエス研究者としてのN・T・ライトの入門編に位置する著作だと思います。そして最後の二つの章、七章、八章においてはライト氏のポストモダン論も披露され、イエスからの挑戦《チャレンジ》が私たちに投げかけられています。

史的イエスの研究は、一九世紀の初期の探求（the First Quest）から始まって、二〇世紀前半の非常にリベラル色の強かったブルトマン学派の時代、一九五〇年代からの新しい探求（the New Quest）へと進み、八〇年代からライト氏もその担い手である「第三の探求」（the Third Quest）に行き着きました。ライト氏は自身の参加している第三の探求と、リベラルなポジションを継続するイエス・セミナー（Jesus Seminar）を区別し、しばしば議論をしてきました。

史的イエス研究の流れ（Mark Strauss, *Four Portrait, One Jesus,* p.351 より）

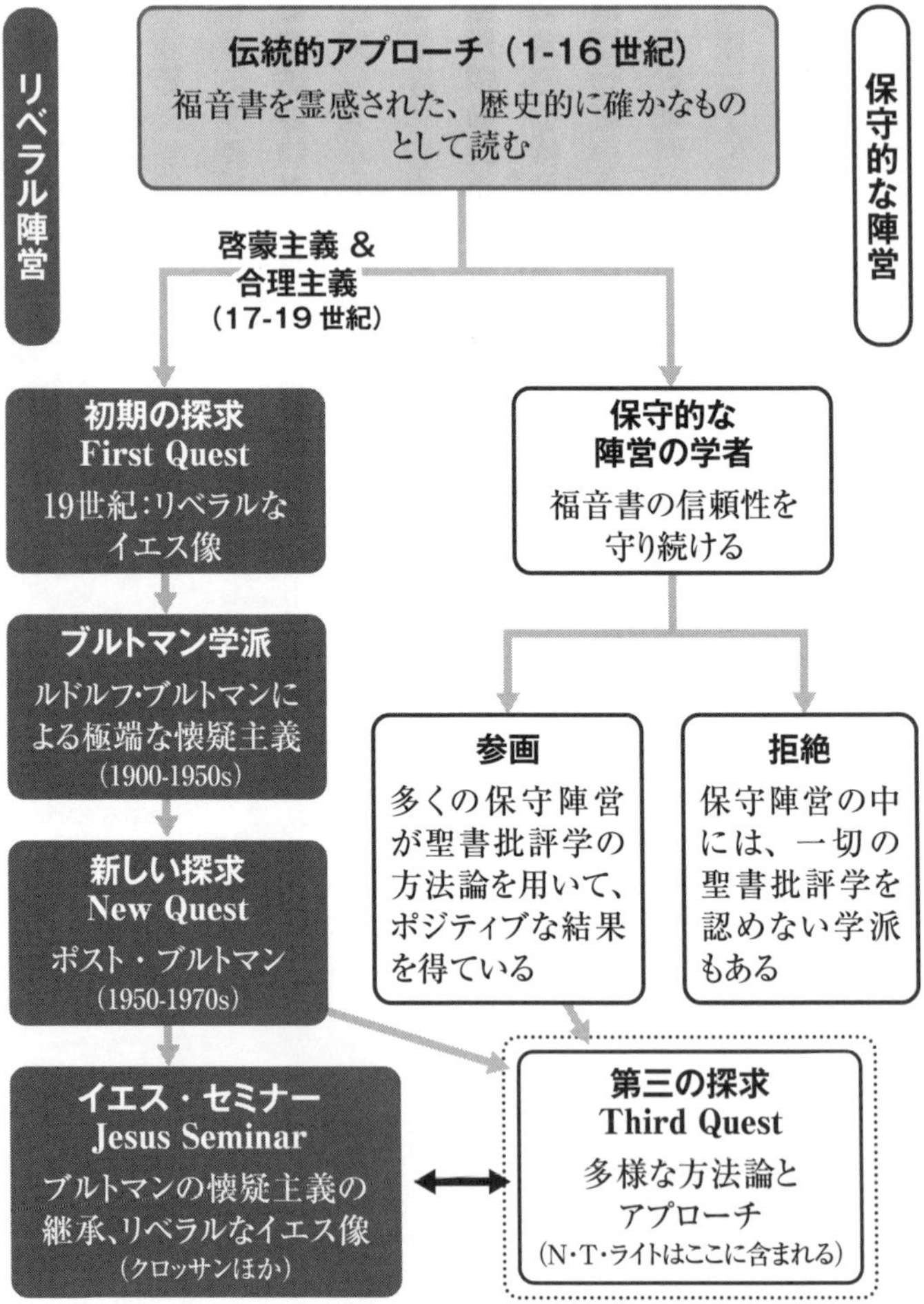

史的イエス研究の流れを図に書くなら、前頁のようになります。

訳者がライト氏に連絡してこの図を見せた際に、この図で「第三の探求」の位置に自身がいることと、クロッサンをはじめとした超リベラルなイエス・セミナーとは主張を異にしていることを、明言してくださいました。

そのときにライト氏が訳者にあらためて教えてくれたことは、歴史を学問する態度は（それは教父たちのキリスト論とも響き合うとのことですが）、「イエスは完全な神であると同時に完全な人であるので、イエスを歴史的な一世紀のコンテクストの中で研究するのは理にかなっている」ということです。そして、その一世紀のユダヤ世界というコンテクストこそが、ブルトマン学派やその流れを汲むイエス・セミナーが理解していないことだ、というのです。ライト氏自身によれば、第三の探求とは、一世紀のユダヤ世界を新鮮に理解し直すこと、正典四福音書のイエスがその一世紀ユダヤ世界の中に描かれている姿を発見することなのです。

第三の探求と一口に言っても、学者によってそれぞれの主張に幅があります。

ライト氏は、初期の探求のシュヴァイツァーに源流を見ることができる「終末の預言者であるイエス」（Jesus as an eschatological prophet）という見方をE・P・サンダースらとともに提唱しています。しかしパリサイ人とイエスの議論に関する歴史性や、そのほかの幾つかの点において、サンダースとライト氏でも相違点があります。

イエス研究に関してライト氏の最も独自の主張は、「一世紀のユダヤ人は物理的には捕囚から帰還していたが、霊的・精神的にはまだ捕囚状態にあった」(still in exile) とする説だと思います。これは本書の重要ポイントの一つであり、詳述されます。これに関しても、読者はライト氏の主張を鵜呑みにする必要は全くなく、大いに論じられてよいと思います。

イエスは終末の預言者として、イスラエルの神がシオンに戻って来てイスラエルを捕囚から解放して回復させる、と告げました。そして、イエスは単なる預言者以上の方です。ライト氏は、イエスは自分自身を神殿に帰還して民を捕囚から解放する神ご自身とみなしていた、と主張します。ライト氏の方法論は、このイスラエルの回復の神学の枠組みを通してイエスのことばや行いを理解する、というものです。


本書とは、初めて読んだ日から数えて、十年近くの付き合いとなってしまいました。一～六章のどの章も多くを教えられ、福音書の読みとイエス研究への理解が深まりました。七章、八章のポストモダン論も、現代において宣教に携わる人には（本来はすべての教会にとって）、たいへん興味深く、考えるに値する内容だと思います。個人的には、ある日カフェで訳文を検討しながら読み返していたとき、涙が出てきたことが一つの思い出として心に残っています。イエスさまのもたらした福音がどれだけ大切で、どれだけ力を持っているか。イエスさまが二千年前にイスラエルの光となったように、二一世紀の日本の教会も、その十字架と復活の福音を世界に輝かせたい。イエスの挑戦《チャレンジ》を私も受け取った一人です。

翻訳に際し、訳者が学問的知識と翻訳技術に乏しかったため、多くの方々の手助けをいただくことになりました。特に監修をしてくださった関西聖書神学校の鎌野直人先生、いのちのことば社の長沢俊夫さん、米本円香さんには、たいへんお世話になりました。この場を借りて感謝を申し上げます。本当にありがとうございました。

本書が日本の宣教の一助となることを祈りつつ。

飯田　岳

著者

N・T・ライト（Nicholas Thomas Wright）

英国セント・アンドリューズ大学神学部教授。

元ダラム主教。

専門は新約聖書学と初期キリスト教学。史的イエス研究、パウロ研究について多くの論文、専門書を執筆、出版している。また、英国国教会の教職者でもあり、一般向けのキリスト教書籍も多数執筆している。

邦訳には『使徒パウロは何を語ったのか』、『コロサイ人への手紙、ピレモンへの手紙』〔ティンデル聖書注解〕（いのちのことば社）、『驚くべき希望』、『シンプリー・ジーザス』、『クリスチャンであるとは』（あめんどう）、『新約聖書と神の民』（新教出版社）などがある。

訳者

飯田岳（いいだ・たかし）

東京フリー・メソジスト南大沢チャペル牧師。

1975年生まれ、東京育ち。北海道大学卒業。

日本hpと野村総合研究所で7年間サラリーマン勤務を経たのち、牧師の道へ導かれる。インマヌエル聖宣神学院を卒業後、米国に留学し、アズサ・パシフィック大学の神学大学院にて聖書学を学ぶ。修士論文は物語批評・編集史批評とマルコ福音書における弟子がテーマ。

家族は妻と中学生の息子。

監訳者

鎌野直人（かまの・なおと）

関西聖書神学校校長。日本イエス・キリスト教団姫路城北教会牧師。

AGST/J Th.D. 課程主任、日本福音主義神学会西部部会理事。

京都大学卒業。同大学院修了。Asbury Theological Seminary（M.Div.）、Yale University Divinity School（S.T.M.）、Union Theological Seminary and Presbyterian School of Christian Education（［現Union Presbyterian Seminary］Ph.D.）修了。訳書に『預言者の想像力』（W・ブルッゲマン）などがある。

イエスの挑戦《チャレンジ》

2018年11月1日　発行

著　者　N・T・ライト
訳　者　飯田　岳
監訳者　鎌野直人
印刷製本　日本ハイコム株式会社
発　行　いのちのことば社
〒164-0001 東京都中野区中野2-1-5
電話 03-5341-6922（編集）
03-5341-6920（営業）
FAX03-5341-6921
e-mail:support@wlpm.or.jp
http://www.wlpm.or.jp/

ISBN 978-4-264-03966-2